ANNA FREUD

Wege und Irrwege in der Kinderentwicklung

GEMEINSCHAFTSVERLAG
HANS HUBER BERN
KLETT-COTTA STUTTGART

Anna Freud veröffentlichte im Jahr 1965 eine englische Fassung dieses Werkes unter dem Titel »Normality and Pathology in Childhood. Assessments of Development« bei International Universities Press, Inc., New York

CIP-Kurztitelaufnahme der Deutschen Bibliothek

Freud, Anna:

Wege und Irrwege in der Kinderentwicklung / Anna Freud. — 3., unveränd. Aufl. — Bern: Huber; Stuttgart: Klett-Cotta, 1982.
(Schriften zur Psychoanalyse und psychosomatischen Medizin; Bd. 7)
ISBN 3-608-95035-4

NE: GT

Dritte, unveränderte Auflage 1982

Druck: Zechnersche Buchdruckerei, Speyer
3. Auflage, 1982 ISBN 3-608-95035-4 (kartoniert)
2. Auflage, 1971 ISBN 3-12-902720-3 (Leinen)

INHALT

III

VORWORT
FÜR DIE DEUTSCHE AUSGABE VON „NORMALITY AND PATHOLOGY IN CHILDHOOD“

Das vorliegende Buch ist das Ergebnis von mehr als fünfzehnjähriger Arbeit in der Hampstead Child-Therapy Clinic in London, England. Dieses psychoanalytische Ambulatorium für Kinder vom frühesten Alter bis in die späten Jugendjahre gibt Gelegenheit zum analytischen Studium einer weiten Reihe von seelischen Störungen, angefangen von den gewöhnlichsten Erziehungsschwierigkeiten und den Verlangsamungen von Entwicklungsvorgängen bis zu schweren psychotischen oder autistischen Krankheitsformen und Verwahrlosungserscheinungen. Eine der Klinik zugehörige Mütterberatungsstelle verschafft Einblick in die Entwicklungserscheinungen des ersten Lebensjahrs. Ein Kindergarten für 2—5-Jährige gibt Gelegenheit, die schrittweise soziale Anpassung dieser Altersstufe im einzelnen zu verfolgen. Ein zweiter Kindergarten für blinde oder erblindende Kinder führt zur Einsicht in die abwegigen Entwicklungen der menschlichen Persönlichkeit unter den erschwerten Bedingungen von physischer, in diesem Fall sensorischer Schädigung.
Die Hampstead Child-Therapy Clinic und das ihr angegliederte Lehrinstitut für analytisch geschulte Kindertherapeuten verdanken ihre Existenz der Großmut und dem Verständnis einer kleinen Anzahl von Freunden und Kollegen in den Vereinigten Staaten von Amerika, im besonderen Miss Helen Ross, Washington, D. C., und Dr. K. R. Eissler, New York City. Ihren nie endenden Bemühungen gelang es, verschiedene amerikanische Foundations zu interessieren und ihre tätige Mithilfe zur Erhaltung der Klinik zu sichern. Die Hampstead Child Therapy Clinic ist infolge dieser Schritte eine unabhängige Organisation, an keine öffentliche Behörde gebunden, und frei, die Kräfte ihrer Mitarbeiter nach eigenem Gutdünken für die am wichtigsten erschei-

nenden Zwecke zu verwenden. Unterricht, Therapie und das Studium der dunklen Gebiete in Normal- und Fehlentwicklung streiten hier um den Vorrang.

Unter den amerikanischen Foundations, denen wir zu Dank verpflichtet sind, sind vor allem die folgenden zu nennen: The Field Foundation, Inc., New York; The Anna Freud, Foundation, New York; The Grant Foundation, Inc., New York; The Estate of Flora Haas, New York; The Foundation for Research in Psychoanalysis, Beverly Hills, California; The National Institute of Mental Health, Bethesda, Maryland; The Newland Foundation, New York; The Old Dominion Foundation, New York; The Psychoanalytic Research and Development Fund, Inc., New York; The Taconic Foundation, Inc., New York.

Der vorliegende Text des Buches ist keine Übersetzung im eigentlichen Sinne des Wortes, sondern eine unabhängige Fassung, von der Autorin selbst auf Grund ihrer deutschsprachigen Vergangenheit hergestellt.

London, Dezember 1967. *Anna Freud*, LL. D., Sc. D.

I. KAPITEL

DIE PSYCHOANALYTISCHE PSYCHOLOGIE DER KINDHEIT UND IHRE QUELLEN

Die Einsicht, daß Hysteriker vor allem an ihren Erinnerungen leiden, steht am Anfang der psychoanalytischen Erkenntnis und ist ausschlaggebend für die weitere Richtung aller analytischen Forschung. Mit der Erfahrung, daß die Analyse nichts aufklären kann, außer durch Zurückführung auf früher vorgefallene psychische Vorgänge, verschiebt sich die analytische Therapie von der Gegenwart des Patienten zu seiner Vergangenheit und von den Problemen des Erwachsenen zu denen der ersten Lebensjahre. Hand in Hand mit dem Verständnis für das reife Triebleben geht auf diese Art der allmähliche Aufbau einer Vorstellung von seinen Vorstufen, d. h. ein Bild von den Phasen der infantilen Sexualität und den ersten Zusammenstößen zwischen Ich und Trieb. Als Hintergrund der psychoanalytischen Neurosenlehre entstehen so, mit ihr Schritt haltend, die infantile Sexualtheorie und, auf ihr aufgebaut, die ersten tastenden Umrisse einer psychoanalytischen Psychologie und Psychopathologie der Kindheit.

Zu Beginn der psychoanalytischen Bewegung war diese neue Sachkenntnis noch weit entfernt von jeder praktischen Verwertung. Was die Analyse zur Zeit beschäftigte, waren ganz andere Aufgaben. In der Technik der Therapie war es wichtig, den Übergang von Hypnose und Suggestion zur freien Assoziation und zur Deutung von Widerstand und Übertragung zu befestigen. In der wissenschaftlichen Arbeit war es wesentlich, das durch Deutung zu Tage geförderte neue Material zu ordnen. Die Aufeinanderfolge der libidinösen Entwicklungsphasen (oral, anal, phallisch), die Einzelheiten von Ödipus- und Kastrationskomplex, das regelmäßige Vorkommen einer Amnesie für die frühe Kindheit waren als Funde ausnahmslos das Ergebnis der Analyse von Erwachsenen. Was im Mittelpunkt des analytischen Interesses stand, war keineswegs eine direkte Beschäftigung mit dem Kind, sondern Rückschlüsse auf Kindererlebnisse, wie sie in der Erwachsenenanalyse gemacht werden konnten. Die Ausfüllung der Erinnerungslücken und die Aufdeckung immer neuer Einzelheiten des Entwicklungsvorgangs mit Hilfe der Rekonstruktionsmethode waren zur Zeit der Ehrgeiz jedes Analytikers.

Die Anwendung der aus der Erwachsenenanalyse gewonnenen Kenntnisse kam erst nach ein bis zwei Jahrzehnten analytischer Arbeit, in einer Ära, in der es die Analytiker aus guten Gründen drängte, sich in der praktischen Pädagogik zu versuchen. Die Analyse der erwachsenen Neurotiker hatte eine steigende Zahl von schwerwiegenden Erziehungsfehlern aufgedeckt und über ihre Rolle bei der Neurosenbildung keinen Zweifel gelassen. Unaufrichtigkeit der Eltern in sexuellen Fragen, unrealistisch hohe moralische Anforderungen, übermäßige Strenge oder übermäßige Nachsicht, unnötige Versagungen, Strafmaßnahmen, frühe Verführungen offenbarten sich als pathogene Einflüsse, denen das Kind von seiten einer unwissenden Außenwelt ausgesetzt war. Es schien keine unmögliche Aufgabe, durch Aufklärung der erwachsenen Welt die Lage entscheidend zu verändern und eine nächste Generation von Kindern unter günstigeren Bedingungen aufzuziehen. Was den Analytikern in dieser Hinsicht als Zukunftsideal vorschwebte, war eine auf die neu erworbenen Kenntnisse gegründete „psychoanalytische Erziehung".

Der Erfahrung nach sind Ideale dieser Art leichter aufzustellen als zu verwirklichen. Was Eltern, Lehrer und Erzieher von der Psychoanalyse erwarteten, war ein geschlossenes System von Regeln und Vorschriften. Was die Analytiker zu bieten hatten, waren Mahnungen, Warnungen, Einsichten, bestenfalls Ratschläge. Das analytische Wissen um den Entwicklungsvorgang wuchs zur Zeit langsam, von den Phasen der Triebentwicklung zu den Stufen der Objektbeziehung, von der Objektliebe zur Identifizierung und Idealbildung; von den Ichfunktionen zu den Ichapparaten; von Angst und Abwehr zur Kompromiß- und Symptombildung; von den Symptomen zurück zu den Fixierungspunkten und zur pathogenen Regression; von den

Neurosen zu den Entwicklungsstörungen und Charakterabweichungen. Für den Analytiker eröffnete jeder einzelne Fund, in pädagogisches Denken und Handeln umgesetzt, eine neue Hoffnung auf Neurosenverhütung. Für die pädagogische Welt blieb es enttäuschend, daß die neue psychoanalytische Erziehungslehre nicht vollkommener war als die ihr zu Grunde liegende Theorie, mit der sie Schritt halten mußte, nämlich lückenhaft, unsystematisch und in fortwährender Veränderung begriffen.

Die Umsetzung der psychoanalytischen Funde in pädagogische Vorschriften und Handlungen ging Stück für Stück vor sich, und Beispiele für sie sind nicht schwer zu finden. Viele Analysen brachten überzeugende Beweise von der traumatischen Wirkung der sogenannten „Urszene", d. h. der Beobachtung des elterlichen Koitus, und von der sexuell stimulierenden Wirkung des Schlafens mit Vater oder Mutter; die pädagogische Folge war eine Warnung an die Eltern, ihr Sexualleben vor den Kindern zu verbergen, und schließlich die Verbannung aller Kinder, auch der jüngsten, aus dem elterlichen Schlafzimmer und elterlichen Bett. Viele intellektuelle Hemmungen entpuppten sich in der Analyse als die Folge unbefriedigter Sexualneugier in der Kindheit; wer sein Kind davor bewahren wollte, wurde angehalten, frühe sexuelle Aufklärung zu geben. Frigidität und Impotenz im erwachsenen Leben erwiesen sich als die Folgen des kindlichen Onanieverbots im speziellen und der kindlichen Sexualverdrängung im allgemeinen; analytisch aufgeklärte Eltern entwikkelten daraufhin eine bisher ungeahnte Toleranz für die Äußerungen der prägenitalen, oralen, analen und phallischen Sexualität.

Der Fortschritt in der analytischen Trieblehre zur Anerkennung eines der Sexualität gleichwertigen Aggressionstriebs mahnte zur Duldung für die Äußerungen der kindlichen Ambivalenz und Aggression und erlaubte den Kindern das Bewußtwerden ihrer feindseligen Gefühle gegen Geschwister und Eltern. Besonders eindrucksvoll für jeden Kenner der Analyse war die pathogene Rolle von Angst und Schuldgefühl, und die Erzeugung einer angstfreien Atmosphäre in der Kindheit erschien damit als die beste Garantie für Neurosenverhütung. In pädagogische Vorschriften umgesetzt, hieß das die Vermeidung aller elterlichen Strenge in der Außenwelt sowie die Vermeidung aller autoritären Vorbilder für eine strenge Über-Ich-Bildung in der Innenwelt. Die analytische Theorie, die dem Ich die Vermittlerrolle zwischen den inneren Instanzen und den Außenweltsforderungen zuerkennt, sah ihrerseits die Neurosenprophylaxe in der Intaktheit des kindlichen Ichs und machte den Eltern die Stärkung der Ichfunktionen zur erzieherischen Aufgabe. Das in den letzten Jahrzehnten im Vordergrund stehende Interesse an den Entwicklungsvorgängen des ersten Lebensjahrs und der frühesten Mutter-Kind-Beziehungen gab Anlaß zu neuen und in vielen Beziehungen revolutionären Methoden in der Säuglingspflege etc.

Ein Rückblick auf das erste halbe Jahrhundert psychoanalytischer Erziehungslehre läßt keinen Zweifel an ihrem unfertigen und widerspruchsvollen Charakter. Im Ziel an die Neurosenprophylaxe gebunden, wechseln die pädagogischen Ratschläge mit den wechselnden Vorstellungen vom Ursprung der Neurosen und mit dem Vordringen der Analyse in immer tiefere und ältere Schichten der Persönlichkeit. Was psychische Gesundheit zu gewährleisten scheint, ist in historischer Aufeinanderfolge zuerst die Triebfreiheit, dann die Stärke der Ichinstanzen und -funktionen, dann wieder die Intaktheit der infantilen Liebesbeziehungen, nicht alles Ziele, die sich in Einklang miteinander bringen lassen.

Trotz mancher berechtigten Einwände gegen sie hat die auf die Psychoanalyse gegründete pädagogische Umwälzung ihre großen Erfolge zu verzeichnen. Das neue Verständnis für die Bedürfnisse der oralen Phase (Stillen nach Bedarf, allmähliches Abstillen, Vermeidung von Zwang mit Bezug auf Quantität und Qualität der Nahrung) wirkt günstig auf die Herabsetzung der späteren Eß-Störungen; die neue Toleranz für autoerotische Betätigungen (Lutschen, Masturbation) leistet das Gleiche für die Einschlafstörungen; Neuerungen in der Reinlichkeitserziehung (Verspätung, Verlangsamung, größere Nachsicht) beseitigen den in der Analität wurzelnden Eigensinn der Kleinkinder; Freiheit für Schau- und Zeigelust in der phallischen Phase steigern die Lernlust und Freude am Erfolg; Aggressionsfreiheit bringt ungehemmte Aktivität im Körperlichen und Geistigen; größere Aufrichtigkeit in sexuellen Dingen erlaubt ein bis dahin ungeahntes Vertrauensverhältnis zwischen Kindern und Eltern.

Als Kehrseite dieser Gewinne gibt es gleichzeitig auch eine Anzahl von Enttäuschungen und Mißerfolgen. Die sexuelle Aufklärung der Kinder zum Beispiel erreicht trotz aller auf sie gesetzten Hoffnungen im allgemeinen nicht das beabsichtigte Ziel. Was hier im Widerspruch miteinander steht, sind einerseits die realen Tatsachen des erwachsenen Sexuallebens, andererseits die Unreife der infantilen Sexualkonstitution. Auf Grund der letzteren fahren die Kinder fort, auch die sorgfältigsten Aufklärungen in die Sprache ihrer prägenitalen Sexualtheorien zu übersetzen (Empfängnis durch den Mund, Geburt durch den Anus, Koitus als aggressiven Angriff auf den weiblichen Partner etc.), d. h., auf Mißverständnissen zu beharren, die in der Entwicklung selbst verankert sind und erst durch spätere Reifungsvorgänge zum Verschwinden gebracht werden. Auch die Auswirkungen der Masturbationsfreiheit sind nicht nur die erwünschten. Was die neue Erlaubnis beabsichtigt hatte, war die Herabsetzung von quälenden Schuldgefühlen; was sie gleichzeitig zur Folge hat, ist ein unerwartetes Defizit auf der Seite der Moralentwicklung, wo dem Onanieabgewöhnungskampf als frühem inneren Konflikt zwischen Ich und Trieb eine entscheidende Rolle in der Charakterbildung zugefallen war. — Noch aussichtsloser ist es, Kindern die beabsichtigte Angstfreiheit zu verschaffen. Wo die Angst vor der elterlichen Strenge verschwindet, steigt die Gewissensangst; wo die Strenge des Über-Ichs sich mildert, finden die Kinder sich überwältigt von der Angst vor der eigenen Triebstärke, der sie ohne den Einspruch von äußeren oder inneren Instanzen hilflos ausgesetzt bleiben.

Im großen und ganzen bleibt also die psychoanalytische Pädagogik hinter dem Ziel zurück, das sie sich eingangs gesteckt hat. Die unter dem neuen Regime aufgewachsenen Kinder mögen in mancher Hinsicht anders sein als die Kinder früherer Generationen. Sie sind aber nicht freier von Angst und von Konflikten und darum neurotischen und anderen psychischen Störungen nicht weniger ausgesetzt. Der Fehler liegt hier nicht in einem Versagen des erzieherischen Handelns, sondern in unseren unberechtigten Erwartungen. Streng analytisches Denken sollte uns darauf vorbereiten, daß die Suche nach einer eindeutigen „Wurzel der Neurose“ so unrealistisch ist wie die Hoffnung auf eine auf Erziehung gegründete Neurosenprophylaxe. Psychoanalytische Erfahrung zeigt, daß die Neurosen der Preis sind, den die Menschheit für die Kulturentwicklung zahlt. Es, Ich und Über-Ich als psychische Instanzen haben jede ihre eigene Herkunft, ihre eigenen Absichten und ihre eigenen Arbeitsmethoden. Daß sie im Widerspruch miteinander sind, ist naturgemäß und so unvermeidlich wie die Folgen, die dem Individuum in der Form von inneren Konflikten bewußt werden. Konfliktfreiheit und Einheitlichkeit der Person sind also unerfüllbare Ideale für den Kulturmenschen. Das meiste, was eine verständnisvolle Erziehung hier leisten kann, ist, dem einzelnen Kind zu Konfliktlösungen zu verhelfen, die mit einem Modikum von psychischer Gesundheit verträglich sind. Wo der innere Zwiespalt zu groß ist, bleiben pathologische Kompromißbildungen zwischen Trieb, Ich und Über-Ich trotz aller äußeren Bemühungen unvermeidlich.

Die Einführung der Kinderanalyse und ihre Folgen

Wo die Bemühungen zur Neurosenverhütung im erzieherischen Handeln auf ihre Grenzen stoßen, entsteht ein neues und wirksameres Instrument: die Kinderanalyse, d. h. die Verwertung der analytischen Technik und Therapie zum Angriff auf die frühkindlichen Konflikte zur Zeit ihrer Entstehung.

Für die psychoanalytische Kinderpsychologie, die bis dahin ausschließlich auf der Rekonstruktion aus Erwachsenenanalysen fußt, eröffnet sich damit eine ergiebige zweite Quelle, und der Vergleich und die Gegenüberstellung der Funde beider Art werden zur wichtigen theoretischen Aufgabe für den Analytiker. Rückschlüsse aus der Analyse von Erwachsenen, aus der Analyse von älteren Kindern und Daten aus der Analyse der Jüngsten beginnen sich zu ergänzen und gegenseitig zu korrigieren.

Langsam wächst auch auf Grund der neuen psychoanalytischen Spezialität die Sachkenntnis in Kindheitsfragen, die die Laienwelt sich von Anfang an von der Psychoanalyse erwartet hatte. Die Kinderanalyse gibt Aufschluß über die „Wechselwirkungen zwischen der Außenwelt des Kindes und der Entwicklung seiner Innenwelt"; sie eröffnet den Einblick in „unzählige Einzelheiten des Kinderlebens"; sie schafft Zugang zu „dem realen täglichen Erleben und den Phantasien der Kinder"; „nur in der Kinderanalyse gibt es die Umstände, unter denen Tagträume und nächtliche Ängste, Spiel und schöpferisches Handeln der Kinder in nie dagewesener Weise auftauchen und dem Verständnis des erwachsenen Beobachters zugänglich werden können"[1]. Für den analytischen Therapeuten ist es bedeutungsvoll, daß in den Frühanalysen die infantilen Komplexe und ihre pathologischen Folgeerscheinungen dem Bewußtsein des Patienten und dem Blick des Analytikers noch zugänglich sind, d. h., daß er mit einem Lebensalter arbeitet, in dem infantile Amnesie und Deckerinnerungen ihre volle Wirkung noch nicht entfaltet haben.

Wer als Kinderanalytiker Jahre hindurch solche Frühentwicklungen aus der Nähe verfolgt hat, kommt zu Schlüssen, die mit den aus der Erwachsenenanalyse gezogenen nicht immer zusammenstimmen. Die Kinderanalyse leistet in dieser Hinsicht mehr als die von ihr erwartete Bestätigung von rekonstruierten Daten. Sie verhilft zu theoretischen Entscheidungen, wo die Rekonstruktionsmethode Fragen offen läßt, d. h., sie führt zur „Wahl zwischen alternativen Hypothesen"[2]. Sie rückt bisher vernachlässigte Tatsachen in den Vordergrund der Aufmerksamkeit; sie korrigiert Perspektiven. Wie ich im folgenden zu zeigen versuche, ist sie auch fähig, eigene Beiträge zur Theorie der psychoanalytischen Therapie und zur psychoanalytischen Metapsychologie zu liefern.

Direkte Kinderbeobachtung im Dienst der psychoanalytischen Kinderpsychologie

Als erster unter den Theoretikern der Psychoanalyse gesteht Heinz Hartmann zu, daß die psychoanalytische Psychologie im allgemeinen und die psychoanalytische Kinderpsychologie im besonderen nicht genötigt sind, „sich auf Daten zu beschränken, die mit der

---

[1] Siehe Ernst Kris, 1950 und 1951.
[2] Siehe Ernst Kris ad Robert Waelder, 1936.

psychoanalytischen Methode selbst zu Tage gefördert werden" (1950a). In der Praxis des analytischen Lebens war dieser Standpunkt seit langem akzeptiert. Schon nach dem Erscheinen der „Drei Abhandlungen zur Sexualtheorie"[3] begannen viele Analytiker ihre eigenen Kinder zu beobachten und Bestätigungen für die Existenz der infantilen Sexualität, für Ödipus- und Kastrationskomplex aufzuzeichnen. Der Pädagogenkurs am Wiener Psychoanalytischen Institut in den zwanziger und dreißiger Jahren ermunterte Kindergärtnerinnen und Lehrer in der gleichen Richtung. Aichhorn, Bernfeld und ihre Schüler lieferten Beobachtungsmaterial über verwahrloste Kinder, jugendliche Verbrecher und Pubertätsjugend im allgemeinen. Ihnen folgen, während und nach dem zweiten Weltkrieg, viele mehr systematische Institutionen und Projekte, in denen die Beobachtung von Säuglingen, Kleinkindern und Halbwüchsigen im Mittelpunkt des Interesses stehen.

Weitverzweigt und vielversprechend wie diese Anfänge waren, blieb es für viele Analytiker schwierig, ihren Blick von der Tiefe, d. h. vom unbewußten Verdrängten, auf die Oberfläche, d. h. auf das manifeste Benehmen auszudehnen. Ob die außeranalytische Beobachtung für die analytische Theorie von Bedeutung ist und was sie leisten kann, waren durch Jahrzehnte offene und unter Analytikern viel umstrittene Fragen, und die öffentliche analytische Meinung änderte sich nur langsam vom Negativen zum Positiven. Daß sie schließlich bei der letzteren Einstellung anlangte, verdanken wir vor allem den Beobachtungen in den Hampstead Nurseries, René Spitz, John Bowlby, Margaret Ribble, Margaret Mahler, Sally Provence u. a. und auf der theoretischen Seite den entscheidenden Arbeiten von Ernst Kris und Heinz Hartmann.

Im allgemeinen ist die Geschichte der Beziehungen zwischen Beobachtung innerhalb und außerhalb der Analyse eindrucksvoll und wechselvoll und verdient, in ihrer historischen Folge dargestellt zu werden.

[3] S. Freud, 1905.

Diese Geschichte beginnt ganz unzweifelhaft mit Ablehnung und Feindseligkeit von seiten der Analyse. In dieser Frühzeit, lange vor dem Auftauchen einer kinderanalytischen Spezialität, gab es nur zwei legitime Aufgaben: den Ausbau der analytischen Technik und, mit ihrer Hilfe, ein weiteres Vordringen in die Regionen des Unbewußten. Beide führten in die der Oberfläche des Bewußtseins entgegengesetzte Richtung. Es war zur Zeit von der größten Wichtigkeit, die Unterschiede zwischen Oberfläche und Tiefe, d. h. zwischen Benehmen und Motivierung zu betonen, nicht ihre Übereinstimmungen. Daß Motive hinter dem Bewußtsein verborgen, d. h. unbewußt sein könnten, war ein neuer Begriff, der verdiente, mit aller Energie vertreten zu werden. Die nicht-analytische Außenwelt hatte keine Neigung, an die Existenz eines Unbewußten zu glauben, zu dem das Bewußtsein keinen Zutritt haben sollte, oder die Wirksamkeit von Kräften ernst zu nehmen, von denen ihre Selbstbeobachtung ihnen nichts verriet. Heute, wo viele analytische Grundlehren intellektuelles Allgemeingut geworden sind, ist es schwer, sich in die Mischung von Unglauben, Unwissenheit und Aberglauben zurückzuversetzen, die damals die Einstellung des Publikums zur Analyse und zum Analytiker beherrschte. Manche trauten jedem analytischen Arbeiter die unheimliche Fähigkeit zu, auf den ersten Blick alle Geheimnisse seiner Mitmenschen zu erraten; daß das nicht der Fall ist und daß die analytische Methode nur langsam und unter streng festgelegten Bedingungen wirksam ist, konnten sie als unwichtige Tatsache beiseite schieben. Andere — namhafte Psychiater unter ihnen — machten keinen Unterschied zwischen bewußt und unbewußt. Der tatsächliche Inzest eines psychotischen Vaters mit seiner Tochter war für sie dasselbe wie die verdrängten Strebungen des Ödipuskomplexes. In einem berühmten Kriminalfall dieser Zeit[4] führte der Richter sogar die Todeswünsche aller Söhne gegen ihre Väter im Beweisverfahren an, ohne sich um die Unterschiede zwischen latenten und manifesten, verdrängten, zielgehemmten und zur Handlung zugelassenen Regun-

[4] Der Fall Halsmann. Siehe S. Freud, 1931.

gen zu kümmern. Auf seiten der akademischen Psychologie wurden wiederholt Versuche gemacht, mittels Fragebogen Beweise oder Gegenbeweise für die Existenz des Ödipuskomplexes zu finden, d. h. mit einer Methode, die ihrem Wesen nach ungeeignet ist, über die Grenzen des Bewußtseins vorzudringen und in der bewußten Erinnerung des Erwachsenen die verdrängten Restbestände seiner infantilen Liebesregungen aufzuzeigen.

Verwechslungen zwischen dem Inhalt des Unbewußten und seinen bewußten Abkömmlingen waren sogar bei der jüngeren Generation von Analytikern nicht selten. In den Lehrinstituten zum Beispiel war es durch Jahre eine der schwierigsten Aufgaben, die psychoanalytischen Kandidaten von dem Unterschied zwischen manifesten und latenten Trauminhalten zu überzeugen und sie davon abzuhalten, den bewußten Traumtext selbst für die Deutung zu verwenden. Nicht weniger selten war der Übereifer, der auch die Erfahreneren veranlaßte, ohne freie Assoziation und außerhalb der analytischen Situation aus den leisesten äußeren Anzeichen auf die unbewußten Komplexe, die inzestiösen oder masochistischen Phantasien, die Kastrationsängste oder feindseligen Todeswünsche ihrer Mitmenschen zu schließen. Deutungen dieser Art, auf Grund von ungenügendem Material unternommen, konnten bei dem damaligen Wissensstand nur zu Fehlschlüssen führen und das Ansehen der Psychoanalyse weiter herabsetzen. Kein Wunder also, daß jeder verantwortliche Analytiker es sich zur Aufgabe machte, von der manifesten Oberfläche abzusehen, sich dem verdrängten Unbewußten nur schrittweise, unter Einhaltung aller Deutungsregeln zu nähern, d. h. streng innerhalb der eigenen Arbeitsmethode zu verharren.

Die Abkömmlinge des Unbewußten als Beobachtungsmaterial

Auch der entschlossenste Tiefenpsychologe konnte anderseits nicht behaupten, daß die Umstände der analytischen Situation mehr bewirken als eine Profileration der Abkömmlinge des Unbewußten, durch die Ruhelage des Patienten, die Herabsetzung oder Einstellung seiner kritischen Funktion, die Verwendung der Person des Analytikers als Übertragungsobjekt, die Ausschaltung der Handlung und damit des Agierens. An und für sich war es unleugbar, daß diese Abkömmlinge überall im Alltagsleben der Menschen zu finden sind und ein Recht darauf haben, ernst genommen zu werden. Solche Durchbrüche aus dem Unbewußten erscheinen bei den Erwachsenen in der Form der bekannten Fehlhandlungen und Symptomhandlungen, die ihren latenten Hintergrund verraten; in Form der typischen Träume und der Traumsymbole, die sich ohne die Assoziationen des Träumers übersetzen lassen. In der Kindheit erscheinen sie zusätzlich in Form der unentstellten Wunschträume, die sich ohne weiteres verstehen lassen; der bewußten Tagträume, die nur minimale Entstellungen der libidinösen Regungen enthalten. Beispiele für die letzteren sind die heroischen und Rettungsphantasien der männlichen Kinder auf der Höhe des positiven Ödipuskomplexes; der Familienroman und die Zwillingsphantasien[5] der Latenzzeit, in denen die Enttäuschung an den Eltern der Frühzeit offenbar wird; die Schlagephantasien, deren Vorkommen auf eine Fixierung an den analen Sadomasochismus hinweist. Nicht alle Analytiker sind gleichmäßig an diesen spontanen Eruptionen interessiert oder bereit, sie in die therapeutische Arbeit mit den Patienten aufzunehmen. Manche sind geneigter als andere, sie aufzuspüren und allgemeine Schlüsse aus ihnen zu ziehen. Manche gehen im Übersetzen des Manifesten weiter, als dem orthodoxen Analytiker erlaubt ist, und lassen sich verleiten, Kurzschlüsse zu machen, Abkürzungen auf dem Weg zum Unbewußten zu bevorzugen, auf die Mitarbeit des Patienten weitgehend zu verzichten und damit den korrekten Weg der Analyse über die Deutung von Widerstand und Übertragung zu verlassen. Sie charakterisieren sich durch solches Verhalten als „wilde“ Analytiker. Aber dasselbe Geschick im Erraten, das in der Therapie zur Gefahr wird, ist von größtem Nutzen für den analytischen Beobachter und analytischen Diagnostiker, der sich auf diese Weise in den Stand setzt, verschiedene Arten von Oberflächenmanifestationen in analytisch bedeutsame Inhalte zu verwandeln.

---

[5] Siehe Dorothy Burlingham, 1952.

Ein nächster Schritt im Verständnis für die Bedeutung der Oberflächenvorgänge ist an die Anfänge der psychoanalytischen Ichpsychologie gebunden. Die Aufmerksamkeit des Analytikers verteilt sich von da an gleichmäßig, einerseits auf die Inhalte des Unbewußten und ihre Abkömmlinge, d. h. die Triebregungen, Wünsche, Phantasien und Vorstellungen, andererseits auf die dem Ich zugehörigen Methoden, die ihrer Abhaltung vom Bewußtsein dienen. Wenn auch die Abwehrmechanismen selbst automatisch sind, d. h. ohne Beteiligung des Bewußtseins vor sich gehen, so sind trotzdem ihre Resultate manifest und als solche dem Blick des Beobachters ohne weiteres zugänglich.

Der einzige Abwehrmechanismus, auf den die obige Behauptung nicht in vollem Sinn zutrifft, ist allerdings auch der wichtigste, nämlich die Verdrängung. Wo Verdrängungen gelingen, ist auf der Bewußtseinsoberfläche nichts zu sehen als eine Lücke, d. h. die Abwesenheit von Regungen oder Vorstellungen, die unserer Erwartung zufolge normaler Weise vorhanden sein sollten. Wo zum Beispiel Eltern ein kleines Mädchen als „brav, zärtlich, willig, bescheiden" beschreiben, fehlen dem Analytiker die der Kindheit entsprechenden Regungen von Aggression, Gier, Trotz etc. Wo Eltern überzeugt sind, daß ein älteres Kind alle jüngeren Geschwister liebt, sucht der Analytiker nach verdrängtem Neid und Eifersucht. Wo ein Kind keine Neugier zeigt und von der Herkunft der Kinder, den Geschlechtsunterschieden und dem elterlichen Verkehr nichts wissen will, schließen wir mit Recht auf Abwehrvorgänge, denen jede bewußte Äußerung der normalen sexuellen Neugierde zum Opfer gefallen ist.

Andere Abwehrmechanismen des Ichs machen dem analytischen Beobachter seine Arbeit leichter. Die *Reaktionsbildungen* zum Beispiel übersetzen sich ohne Schwierigkeit in den ihnen entgegengesetzten verdrängten Es-Inhalt. Ein kleiner Junge, der in Angstzustände verfällt, „wann immer die Eltern abends oder bei schlechtem Wetter ausgehen", verrät damit seine verdrängten Todeswünsche gegen sie; dasselbe gilt für ein Kind, das nächtlich auf das Atmen der schlafenden Geschwister horcht, um sich zu versichern, „daß sie noch am Leben sind". Von Scham, Ekel und Mitleid wissen wir, daß sie als Eigenschaften die Endergebnisse langer Abwehrkämpfe gegen Zeigelust, Schmutzlust und Grausamkeit sind; wo sie sich übermäßig auf der Oberfläche ausbreiten, schließen wir automatisch auf die Stärke der abgewehrten Regungen. Auch die Sublimierungen lassen sich unschwer in die primitiven Impulse rückübersetzen, von denen sie abgeleitet sind. *Projektionen* bei Kleinkindern entsprechen ihrer Abwehr gegen eine Mehrzahl von ihnen unerwünschter Regungen und Eigenschaften etc.

Die analytische Erfahrung am Patienten selbst führt dann von dem Verständnis für solche Einzelmechanismen zu ihrer Kombination in Charakter- und Persönlichkeitstypen, die einmal gesehen, der direkten Beobachtung auch außerhalb der Analyse zugänglich bleiben. Als ersten Typus dieser Art finden wir in der analytischen Literatur den Zwangscharakter beschrieben, in dem manifeste Eigenschaften und Neigungen wie Ordentlichkeit, Reinlichkeit, Sparsamkeit, Zögern, Sammeln etc. ihre Herkunft aus den verdrängten Regungen der analen Phase verraten. Es ist nicht einzusehen, warum dieser frühen Erfahrung nicht viele andere ähnlicher Art folgen sollten und warum die psychische Oberfläche auf diese Art nicht fortschreitend durchsichtig werden sollte. Wir teilen hier die von Freud ausgesprochene Erwartung, „daß auch andere Charaktereigenschaften sich in ähnlicher Weise als Niederschläge oder Reaktionsbildungen bestimmter prägenitaler Libidoformationen ergeben werden ..." (Ges. W. XV, 109).

Seit der Niederschrift dieser Zeilen in 1932 haben eine Anzahl solcher Hoffnungen schon ihre Erfüllung gefunden. Außer dem analen Charakter kennen wir heute auch die aus dem Oralen und Urethralen stammenden Charaktertypen, und viele Persönlichkeitsentwicklungen bei Kindern verraten uns ohne weiteres die speziellen Entwicklungsphasen, die ihnen zugrunde liegen. Wo Kinder in ihren Objektbeziehungen und anderwärts gierig, unersättlich, anspruchsvoll, abhängig etc. sind, wo sie Vergiftungsängste oder andere Eß-Schwierigkeiten entwickeln, zweifeln wir nicht daran, daß sie an die orale Phase fixiert geblieben sind und daß die Regression zu diesem Fixierungspunkt eine ständige Gefahr für ihre weitere Entwicklung bedeutet. Wo brennender Ehrgeiz und impulsives Benehmen an der Oberfläche sind, schließen wir auf einen Fixierungspunkt in der urethralen Phase. Für den Beobachter (oder Diagnostiker) ist es wichtig zu wissen, daß in Fällen dieser Art die Entsprechungen zwischen den verdrängten Es-Inhalten und den manifesten Ichbildungen nicht zufällig und auswechselbar, sondern entwicklungsbedingt und regelmäßig sind, so daß ein Blick auf die psychische Oberfläche genügt, um erraten zu lassen, was in den sonst nicht zugänglichen Schichten des psychischen Apparats vor sich gegangen ist.

Andere kindliche Verhaltensweisen als Beobachtungsmaterial

Was für die Abwehrmechanismen gilt, erstreckt sich dann allmählich auch auf andere kindliche Benehmensformen, Handlungen und Einstellungen, die dem Beobachter zu „signalisieren"[6] beginnen, was hinter ihnen in der Tiefe vorgeht. Auch hier sind die Ausgangspunkte die zwanghaften aus dem Analen stammenden Konstellationen, denen die Kinderanalytiker dann aus ihrer Erfahrung Verhaltungsweisen anderer Herkunft anzureihen versuchen.

Eine der ergiebigen Phasen in dieser Beziehung ist die phallische. *Schamgefühl* und *Bescheidenheit,* schon bei den Reaktionsbildungen genannt, entsprechen Umkehrungen der Exhibitionslust. Der bei Kindern häufige und besonders im Schulleben störende Zwang, den *Narren zu spielen,* ist uns jetzt als ein Fall von Entstellung und Verzerrung der Exhibition vertraut, bei dem die phallische Zeigelust vom Positiven zum Negativen verschoben ist. *Übertrieben männliches Benehmen* mit *lärmender Aggression* sind Überkompensationen und verraten die dahinter liegende Kastrationsangst. Kinder, die besonders in der Schule über Zurücksetzung von seiten der Lehrer und schlechte Behandlung von seiten der Kameraden klagen, sind in Wirklichkeit Passive, die passiv-masochistische Regungen abzuwehren haben. Wichtig ist hier auch die häufige Klage der Kinder über Lange-

---

[6] H. Hartmann, 1950 a.

weile, die fast regelmäßig auf die Unterdrückung von Masturbationsphantasien und masturbatorischen Betätigungen zurückgeht.
Auch die Beobachtung von Kindern während einer körperlichen Krankheit erlaubt Rückschlüsse auf ihren psychischen Zustand. Manche sind zu solchen Zeiten unersättlich in ihrem Wunsch nach Aufmerksamkeit, Trost, Pflege; andere wenden sich von der Außenwelt ab, wollen nur schlafen und alleingelassen werden. Die beiden Verhaltungsweisen entsprechen zwei Typen der *Libidoverteilung*, die erstere auf die Objekte in der Außenwelt, die letztere auf das eigene Selbst und den eigenen Körper gerichtet. Folgsamkeit der Kinder, dem Arzt, der Diät und den anderen nötigen Freiheitsbeschränkungen gegenüber, ist nicht immer eine Folge der Vernunft, wie die Eltern gerne glauben. Ein sonst normales Kind, das in Zeiten von Krankheit unerwartet „brav" wird, befriedigt wahrscheinlich auf diese Art regressive passive Regungen; oder es steht unter dem Eindruck von Angst und Schuldgefühlen, die jede Krankheit als verdiente Strafe für verbotene Handlungen erscheinen lassen. *Hypochondrische* Kinder, die um ihre eigene Gesundheit besorgt sind, verraten damit, daß die mütterliche Fürsorge unzureichend ist oder daß sie ihr, mit oder ohne Berechtigung, mißtrauen.
Die kindlichen Spiele sind eine weitere und ergiebige Quelle für den Beobachter. *Malen, modellieren, Sand- und Wasserspiele* sind bekannte Sublimierungen für anale und urethrale Wünsche. Sexualneugierde betätigt sich in dem oft beklagten *Zerlegen* von Spielzeug. Das *Eisenbahnspiel* ist je nach seiner Form für eine ganze Reihe von unbewußten Phantasien charakteristisch: eine nicht endende Folge von Zusammenstößen verrät, daß das spielende Kind im Unbewußten mit den Rätseln des elterlichen Geschlechtsverkehrs beschäftigt ist; die Vorliebe für Tunnels und Untergrundbahnen entspricht der Neugier für das Körperinnere; schwer beladene Fahrzeuge symbolisieren Schwangerschaftsgedanken; die Konzentration auf gutes Funktionieren und Schnelligkeit stammt aus der Freude des männlichen Kindes an der Penisfunktion. Im *Fußballsport* haben die Spieler reichlich Gelegenheit, ihre geheimen Einstellungen zu den Altersgenossen öffentlich zu offenbaren. Je nach seiner bevorzugten Position auf dem Feld symbolisiert der Einzelne seine Haltung zu Angriff, Verteidigung, Rivalität,

Erfolg, Niederlage, im Grunde zur Männlichkeit. Der *Reitsport* eröffnet die entsprechenden Möglichkeiten für die Beobachtung der Mädchen. Wer nur an dem rhythmischen Geschaukeltwerden der Reitbewegung interessiert ist, verrät die Bindung an Autoerotik; der Eifer für das Füttern, Striegeln etc. der Pferde weist auf Identifizierung mit der Rolle der pflegenden Mutter; die Reiterin, die sich eins fühlt mit dem großen Tier und das Pferd als Teil des eigenen Körpers empfindet, verrät — und verleugnet — damit ihren Penisneid; die Freude an der absoluten Herrschaft über das Pferd entspricht phallischem Ehrgeiz.

Weiteres Beobachtungsmaterial findet sich in den *Eß-Gewohnheiten* der Kinder. Der Eingeweihte braucht sich hier nicht auf die kindliche Unersättlichkeit oder ihr Gegenteil, die Appetitlosigkeit, zu beschränken, die beide als Störungen der normalen Eß-Funktion aus der oralen Phase stammen. Jede einzelne Vorliebe oder Abneigung auf diesem Gebiet entspricht der einen oder anderen geheimen Strebung, die dem oralen, analen oder aggressiven Triebleben zugehört. Dazu kommt, daß die verschiedenen Eß-Gewohnheiten und -Schwierigkeiten entwicklungsbedingt sind[7], und an und für sich durch ihr Auftauchen und Verschwinden dem Beobachter (und Diagnostiker) wichtige Anhaltspunkte dafür geben, an welche der aufeinanderfolgenden Entwicklungsphasen das Kind fixiert ist oder in welcher es sich zur Zeit befindet.

Ein anderes Feld für den Beobachter ist die Einstellung des Kindes zur *Kleidung*. Daß die Zeigelust sich vom Körper selbst auf seine Umhüllung ausdehnen kann und daß die manifeste Eitelkeit sich gleichmäßig auf beide bezieht, ist eine alte analytische Erfahrung. Verdrängte Eitelkeit erscheint deshalb im Benehmen als Vernachlässigung der Kleidung oder Gleichgültigkeit gegen Kleidung. Verdrängungen der Hauterotik erscheinen hier in der Form von Überempfindlichkeit für steife oder „kratzige" Stoffe. Der Penisneid der Mädchen, d. h. ihre negative Einstellung zum weiblichen Körper verrät sich entweder in der Abneigung gegen alle ausgesprochenen weiblichen Einzelheiten in der Kleidung (Spitzen, Maschen etc.) oder

[7] Siehe Kapitel V.

in dem Gegenteil davon, d. h. in überstarken Wünschen nach teueren und auffälligen Kleidungsstücken etc.

Die verschiedenen Verhaltungsweisen der Kinder, auch außerhalb der Analyse, im eigenen Heim, in der Schule, in der Gemeinschaft von Gleichaltrigen oder von Erwachsenen, sind nach dem Vorhergehenden also eine fast unerschöpfliche Quelle von Beobachtungsmaterial. Für den Eingeweihten ist jede einzelne der genannten manifesten Haltungen genetisch mit der speziellen Triebregung verbunden, aus der sie stammt, und gibt darum Auskunft über die latenten Komplexe und Konflikte, die im verdrängten Unbewußten eine zentrale Rolle spielen.

Für den Kinderanalytiker ist es andererseits wichtig, nicht zu vergessen, daß der Enthusiasmus für die direkten Beobachtungen und die aus ihnen gezogenen Schlüsse auch eine Gefahr bedeutet. Daß der Analytiker selbst das Unbewußte hinter dem Bewußtsein zu sehen gelernt hat, heißt noch nicht, daß er es auch in der Therapie dem kindlichen Patienten zugänglich machen kann. Typische Entsprechungen zwischen Es-Inhalten und Ichhaltungen sind keine guten Grundlagen für die Deutungsarbeit in der Analyse. Symboldeutungen überspringen und vernachlässigen die Ichmaßnahmen gegen abgewehrte Inhalte und steigern in der Folge die Ängste und Widerstände des Patienten, anstatt sie geduldig und allmählich abzubauen.

Es ist ebenso wichtig für den Analytiker, sich nicht von der scheinbaren Fülle der neuen Einsichten blenden zu lassen. Neben den manifesten Haltungen, die für uns durchsichtig geworden sind, gibt es eine Unzahl anderer, die nicht an eine spezielle Herkunft gebunden sind, oder deren Herkunft noch unerkannt geblieben ist. Ein Großteil des kindlichen Benehmens ist daher noch rätselhaft und wartet auf Aufklärung durch Forschungsarbeit innerhalb der Analyse selbst.

Das Ich in der direkten Beobachtung

Soweit es sich um die tieferen Schichten des seelischen Apparats handelt, hat der praktische Analytiker den Vorrang vor dem Beobachter außerhalb der Analyse; erst mit dem Einschluß der Ichforschung in die Tiefenpsychologie kommt der letztere zu seinem Recht. Auf Grund der Tatsache, daß große Anteile von Ich und Über-Ich manifest und bewußt sind, werden auch die Methoden der Bewußtseinspsychologie als legitimes Hilfsmittel in die wissenschaftliche Arbeit des Analytikers zugelassen.

Außeranalytische Beobachtungen beziehen sich in erster Linie auf die „konfliktfreie"[8] Sphäre des Ichs, d. h. auf die verschiedenen Sinnes*apparate*, die der Wahrnehmung von inneren und äußeren Reizen dienen. Wenn auch die auf den letzteren aufgebauten Internalisierungen, Identifizierungen und Über-Ich-Bildungen größtenteils zur Konfliktsphäre gehören und damit Material der Analyse sind, so sind die Apparate selbst und der Stand ihrer Reifung doch für die Beurteilung und Messung mit Mitteln der Bewußtseinspsychologie zugänglich.

In der Untersuchung der Ich*funktionen* kommen analytische und außer-analytiche Beobachtungsmethoden gleichmäßig zur Verwendung. Die Beherrschung der *Motilität* und die *Sprachentwicklung* — zwei wichtige Ichfunktionen — können beide durch direkte Beobachtung von außen her beurteilt werden. Die *Gedächtnisfunktion* kann getestet werden, soweit es sich um gewisse Qualitäten der Leistung handelt; ihre Abhängigkeit oder Unabhängigkeit vom Lustprinzip (d. h., ob auch Unlustvolles erinnert werden kann) läßt sich nur in der Analyse selbst feststellen. Das Gelingen oder Mißlingen der *Realitäts*prüfung offenbart sich direkt im Benehmen des Kindes. Die *synthetische Funktion* arbeitet im Stillen und verrät ihr Versagen, abgesehen von den Fällen schwerster Störung, nur unter dem Mikroskop der analytischen Technik.

Wir bedienen uns der Zusammenarbeit beider Arbeitsmethoden auch, wo es sich um die lebenswichtigen *Primär-* und *Sekundärvorgänge* handelt. Daß der Unterschied zwischen diesen zwei Typen von Denkvorgang besteht, und daß die ersteren für Traum- und Symptombildung, die letzteren für das rationelle Denken verantwortlich sind, ist, wie wir wissen, ausschließlich das Ergebnis analytischer Arbeit. Aber

---

[8] Siehe Hartmann, 1950 a.

als anerkannte und beschriebene Prozesse sind beide auch der direkten Beobachtung zugänglich, besonders dort, wo sie wie bei Kleinkindern oder verwahrlosten Jugendlichen in rascher Folge miteinander abwechseln. Die Sekundärvorgänge behaupten sich in diesen Fällen, solange das Individuum im psychischen Gleichgewicht ist; wann immer die Triebforderungen ansteigen (nach sexueller, aggressiver Befriedigung etc.) übernehmen die Primärvorgänge die Herrschaft. Der Übergang von der einen zur anderen Funktionsweise offenbart sich dann in manifesten Änderungen des Benehmens.

Schließlich gibt es auch einen Bereich in der psychoanalytischen Kinderpsychologie, für den viele Analytiker der direkten Beobachtungsmethode den Vorzug geben. Die analytische Technik hat, wie wir wissen, ihre Beschränkungen[9], bei Kindern durch die Ausdrucksmittel, die dem Patienten zur Verfügung stehen, beim Erwachsenen durch die Grenzen des übertragbaren archaischen Materials, das sich zur Rekonstruktion der frühinfantilen Erlebnisse verwerten läßt. Trotz aller Bemühungen, innerhalb der therapeutischen Analyse, in die Periode vor der Sprachentwicklung und zu den Anfängen des psychischen Lebens im Säuglingsalter vorzudringen, bleibt vieles über diese Phasen dunkel und unaufgeklärt. Hier spielen die direkten Beobachtungen über Mütter, Kleinkinder und die frühesten Wechselbeziehungen zwischen ihnen eine entscheidende Rolle als Ergänzung, Bestätigung und Berichtigung der in der Analyse gemachten Rekonstruktionen und der auf sie gestützten Hypothesen.

Es spricht noch zu Gunsten der direkten, außeranalytischen Methode, daß die Aufdeckung der folgenschweren Trennungsangst der Kleinkinder[10] den Beobachtungen in Anstalten, Waisenhäusern, Spitälern etc. zu verdanken ist, nicht einer Rekonstruktion aus der Erwachsenenanalyse oder den Funden aus der Kinderanalyse. Trotzdem wäre es ein Irrtum, die Methoden der Bewußtseinspsychologie zu Ungunsten der analytischen Methode zu überschätzen. Es ist ein beweiskräftiges Argument in dieser Frage, daß die Kinderpsychologen in vor-analytischen Zeiten an den Tatsachen der infantilen Sexualität,

---

[9] Siehe auch Hartmann, 1950 a.

[10] Siehe auch John Bowlby, 1960.

der libidinösen Entwicklungsphasen und der infantilen Komplexe trotz ihrer manifesten Auswirkungen blind vorübergegangen sind und daß erst die Forschungen und Funde innerhalb der Analyse die Augen der Beobachter geöffnet haben.

Zur Beantwortung vieler Fragen in der psychoanalytischen Kinderpsychologie ist die geeignetste Methode eine Kombination von direkter Beobachtung, longitudinalem Studium und Kinderanalyse. Detaillierte Aufzeichnungen über die Entwicklungsvorgänge im Frühstadium sind von besonderem Wert, wo sie sich mit den Ergebnissen einer Analyse im späteren Kindesalter vergleichen lassen. Analysen von Kleinkindern sind wertvolle Grundlagen für die weitere Verfolgung der manifesten individuellen Charaktere. Experimente dieser Art vervollständigen sich gegenseitig und erlauben gleichzeitig kritische Rückschlüsse auf die Korrektheit und Verläßlichkeit der in ihnen angewendeten Arbeitsmethoden.

II. KAPITEL

DIE BEZIEHUNGEN ZWISCHEN DER KINDERANALYSE UND DER ERWACHSENENANALYSE

Die Grundlagen der analytischen Therapie

Je erfolgreicher die neue Spezialität ihre Existenz behauptete, umso deutlicher wurden die Unterschiede zwischen Kinderanalyse und Erwachsenenanalyse für den Beschauer.

Die Kinderanalytiker selbst hatten keine Eile, ihre Abweichungen von der klassischen Technik zu proklamieren. Im Gegenteil: alle ihre Neigungen gingen dahin, die Ähnlichkeit oder Identität der beiden Methoden in den Vordergrund zu schieben und zu betonen, daß sie mit ihren kindlichen wie mit ihren erwachsenen Patienten an dieselben therapeutischen Grundregeln gebunden blieben. In die Sprache der Kinderanalyse übersetzt, verpflichteten diese Regeln sie zu folgendem:

1. dem Patienten gegenüber nicht von ihrer Autorität Gebrauch zu machen und damit soweit als möglich die Suggestionswirkung aus der Behandlung auszuschalten;
2. dem Abreagieren von Triebregungen keine therapeutische Wirkung zuzusprechen;
3. so wenig als möglich in das äußere Leben des Patienten einzugreifen, d. h. die Lebensumstände des Kindes nur zu verändern, wo es sich darum handelt, offenbar schädlichen oder traumatisierenden Einflüssen ein Ende zu machen;
4. in der Deutung von Widerstand und Übertragung und dem Bewußtmachen von unbewußtem Material die legitimen Mittel der Analyse zu sehen.

Eine Technik der Kinderanalyse, die diesen Vorschriften folgt, steht in keiner Weise hinter der orthodoxen Erwachsenenanalyse zurück und kann sicher sein, daß ihre Erfolge in denselben Grundprinzipien verankert sind; daß die Ichwiderstände vor den Es-Inhalten zur Deutung kommen und die Aufmerksamkeit des Therapeuten sich je nach dem Auftauchen des Materials von einer psychischen Instanz zur anderen wendet; daß die Richtung der Analyse von der psychischen Oberfläche zur Tiefe geht; daß der Analytiker sich dem Patienten als Objekt zur Verfügung stellt und daß an seiner Person unbewußte Phantasien und Einstellungen in der Übertragung wiederbelebt, gedeutet und verstanden werden können; daß Triebregungen, die aus dem Unbewußten auftauchen, so weit als möglich im Zustand der Versagung analysiert werden, anstatt vom Patienten agiert zu werden und zur Befriedigung zu kommen; daß der Analytiker nicht an kathartische Erfolge glaubt, sondern an die therapeutische Wirkung des Fortschritts vom Primärvorgang zum Sekundärvorgang. In anderen Worten: daß sein therapeutisches Streben ausschließlich darauf gerichtet ist, Es in Ich zu verwandeln.

Die Heilungstendenzen im psychischen Organismus

In anderer als methodischer Hinsicht ist es schwieriger, die Identität der Kinderanalyse mit der ihr übergeordneten Erwachsenenanalyse zu behaupten.

Wir verdanken Edward Bibring (1937) die Einsicht, daß im psychischen Organismus Kräfte vorhanden sind, die auf die Herstellung eines psychischen Gleichgewichts gerichtet sind und daß die analytischen Erfolge im Grunde der Freilegung dieser spontanen Strebungen zu verdanken sind. Diese von ihm sogenannten „Heilungstendenzen", mit denen der Analytiker sich verbünden und die er für seine Absichten nutzbar machen kann, erscheinen im psychischen Leben in verschiedener Form: als ein dem Individuum innewohnender Drang nach Vollendung der Entwicklungsvorgänge; als Streben nach Triebbefriedigung und nach Wiederholung von Gefühlserlebnissen; als Hochschätzung der Normalität und instinktive Abneigung gegen abnorme Manifestationen; als synthetische Funktion des Ichs; als Fähigkeit zur Externalisierung, bei der äußere Objekte gebraucht werden, um Teile des eigenen Selbst zu personifizieren.

So gerne wir bei Kindern denselben Heilungstendenzen begegnen würden wie beim Erwachsenen, so wenig kommt uns in dieser Hinsicht die Wirklichkeit entgegen. Der erwachsene Neurotiker will *gesund* werden, was für ihn Arbeitsfähigkeit und sexuelle Genußfähigkeit bedeutet; Kinder wollen in vielen Fällen *krank* bleiben, am primären und sekundären Krankheitsgewinn festhalten und der Anpassung an eine unlustbetonte Außenwelt ausweichen. Wo der Erwachsene dem *Wiederholungs*zwang unterworfen ist, der den Übertragungsvorgängen zugute kommt, steht bei Kindern zusätzlich der Hunger nach neuen Erlebnissen, Erfahrungen und Objekten im Vordergrund. Die *synthetische* Funktion des reifen Ichs, die beim Durcharbeiten des gedeuteten Materials unschätzbare Dienste leistet, ist beim Kind noch unvollkommen ausgebildet und leidet unter der altersgemäßen Bevorzugung von Abwehrmechanismen wie Verleugnung, Projektion, Isolierung, Ichspaltung. Der Drang nach *Triebbefriedigung,* der für den spontanen Auftrieb der Es-Inhalte verantwortlich ist, ist bei Kindern so überwältigend stark, daß er die analytische Bemühung stört, anstatt ihr zu Hilfe zu kommen. Kurz, der Kinderanalytiker müßte sich damit zufrieden geben, daß für seine Bemühungen wenig Hilfe von seiten der natürlichen Heilungstendenzen zu erwarten ist, wenn nicht eine bestimmte Ausnahme die gestörte Übereinstimmung wieder herstellen würde. Was bei Kindern unvergleichlich wirksamer ist als beim Erwachsenen, ist der Drang nach Vollziehung der Entwicklungsvorgänge, dessen Stärke zu dieser Lebenszeit von den in der angeborenen Konstruktion wurzelnden Reifungsprozessen gefördert wird.

Das Triebleben des erwachsenen Neurotikers ist zum großen Teil in seiner Symptomatologie verarbeitet und durch starke Gegenbesetzungen in dieser Verwendung festgehalten; frische Schübe von Triebenergie werden durch Nachdrängen in die gleiche Richtung gezwungen. Im Gegensatz dazu ist die unreife Persönlichkeit des Kindes *in flux,* d. h. in ständiger Veränderung begriffen. Symptome, die auf der einen Entwicklungsstufe als Kompromiß- und Konfliktlösungen dienen, sind auf der nächsten unbrauchbar und werden aufgegeben. Libidinöse und aggressive Energien sind nicht statisch und gebunden, sondern frei, und imstande, von neuen Ausdrucksmöglichkeiten Gebrauch zu machen, sobald solche Wege von der analytischen Therapie eröffnet werden. Ein Dilemma für den Kinderanalytiker liegt hier in der Unsicherheit der Beurteilung des analytischen Erfolgs. Abgesehen von den schwersten pathologischen Fällen, ist es nach der Behandlung oft nicht möglich zu entscheiden, inwieweit die beobachteten Fortschritte der Therapie zu verdanken sind und welcher Anteil an ihnen den spontanen Reifungs- und Entwicklungsvorgängen zuzuschreiben ist.

Die Technik der Kinderanalyse

Der praktizierende Kinderanalytiker braucht für seine tägliche Arbeit ein geordnetes System von Regeln und Vorschriften, auch wenn von der Theorie der Therapie aus gesehen, eine solche „Technik der Kinderanalyse" nicht mehr bedeutet als die logische Folge des Unterschieds zwischen reifer und unreifer Persönlichkeitsstruktur und zwischen den äußeren Lebensbedingungen in Kindheit und Erwachsenheit.

Wir vermissen beim Kind die Krankheitseinsicht, die zum Wunsch nach Herstellung und zum therapeutischen Bündnis mit dem Analytiker führt; wir finden nur zu oft, daß das kindliche Ich für die Widerstände Partei nimmt, anstatt sie zu bekämpfen; wir haben es als die Regel hinzunehmen, daß Beginn, Aufrechterhaltung und Vollendung der Behandlung nicht die eigene Verantwortung des Patienten, sondern die seiner Umwelt sind; daß in dieser und vielen anderen Beziehungen die Eltern als Stütze der kindlichen Ich- und Über-Ich-Funktionen mit in die Analyse gezogen werden und die ausschließliche Beziehung zwischen Patienten und Analytiker stören. Viele von den Vorbedingungen, die wir beim erwachsenen Neurotiker als unerläßlich für den Erfolg einer analytischen Behandlung ansehen, fehlen also beim Kind oder müssen erst mühsam durch technische Hilfsmittel hergestellt werden.

Das Versagen der freien Assoziation

Noch schwerer als die oben beschriebenen Abweichungen trifft den Kinderanalytiker der Ausfall der freien Assoziation. Was für den erwachsenen Patienten eine Grundregel ist, die Aufgabe seine Einfälle kritiklos mitzuteilen, stößt bei Kindern auf starre Weigerung. Sie finden sich in der Mehrzahl bereit, nicht anders als die Erwachsenen, ihre Träume und Tagträume in die Analyse zu bringen; aber im Gegensatz zu den Erwachsenen liefern sie nur selten Einfälle zu den einzelnen Traumelementen, eröffnen dem Analytiker also keinen verläßlichen Weg vom manifesten zum latenten Trauminhalt. Sie teilen ihre Erlebnisse mit dem Analytiker, vorausgesetzt, daß ein Vertrauensverhältnis innerhalb der Analyse hergestellt ist; aber ohne das Mittel der freien Assoziation können ihre Mitteilungen nicht über den Rahmen des Bewußtseins hinaus gehen. Daß Kinder nicht frei assoziieren können oder wollen, ist eine allgemeine Erfahrung und hat mehr als eine Ursache. Für das Bewußtsein ist es wahrscheinlich die Position des Erwachsenen als Autoritäts- und Über-Ich-Figur, die eine uneingeschränkte Aufrichtigkeit von seiten des Kindes verhindert. Dahinter spielt es im Unbewußten eine Rolle, daß das kindliche Ich seiner eigenen Widerstandskraft dem Triebleben gegenüber mißtraut und daß deshalb das volle Ausschalten von Kritik und Zensur dem unreifen Individuum eine größere Gefahr bedeutet als dem reifen Menschen.
Die Geschichte der Kinderanalyse ist im Grunde nichts anderes als eine endlose Kette von Versuchen, den Ausfall der freien Assoziation durch andere technische Hilfsmittel zu ersetzen. Freies Spiel mit der sogenannten „kleinen Welt“, zeichnen, malen, modellieren, Phantasiespiele aller Art füllen die Behandlungsstunde in der Kinderanalyse und sollen dem Analytiker Material liefern, das er zur Deutung verwenden kann. Aber auch dort, wo das Übertragungsbenehmen selbst bis aufs Äußerste zur Verwendung kommt, bleibt die durch den Wegfall der freien Assoziation gelassene Lücke eine empfindliche. Es macht sich als Nachteil fühlbar, daß die Spielhandlungen des Kindes vor allem symbolisches Material bringen, d. h. den Kinderanalytiker zu Interpretationen veranlassen, denen alle Unsicherheiten und Willkürlichkeiten der Symboldeutung anhaften. Es ist ein weiterer Nach-

teil, daß die Abkömmlinge des Unbewußten, die beim Erwachsenen in Form des Einfalls auftauchen, beim Kind, seiner Natur gemäß, im Handeln erscheinen. Diese Ersetzung des Wortes durch die Tat verändert die Grundlage der analytischen Situation. Wir betonen mit Recht als unerläßliche Bedingung für die klassische Technik, daß der freien Assoziation in der Ruhelage des Patienten, d. h. bei eingestellter Motilität, keinerlei Grenzen gesetzt sind, ein Prinzip, das nicht eingehalten werden kann, wenn der Patient, wie in der Kinderanalyse, tätig ist, anstatt zu sprechen. Sobald der kindliche Analysand seine eigene Person oder die des Analytikers in Gefahr bringt, sobald er größeren materiellen Schaden anrichtet, sexuell verführt oder Verführung zu erzwingen versucht, muß der Kinderanalytiker einschreiten, so wenig er auch geneigt ist, aus der analytischen Rolle zu fallen, und so ungerne er das in den Aktionen enthaltene Material vom Auftauchen abhält. Worte, Vorstellungen, Phantasien, sind, wie wir wissen, „frei"; Handlungen sind anderen Gesetzen unterworfen. Es ist nicht selten, daß Kinderanalytiker diesen Unterschied vergessen, sich wie in der Erwachsenenanalyse benehmen, und dem Kind versprechen, daß es in der Behandlungsstunde tun kann, „was es will". Sie sehen ihren Irrtum erst ein, wenn das Kind zu weit geht und sein Agieren die Grenzen des Erträglichen überschreitet.

Ein weiterer Unterschied zwischen Assoziieren und Agieren hat meines Erachtens trotz seiner Bedeutsamkeit bisher wenig Beachtung gefunden. Wo der freie Einfall in erster Linie die sexuellen Phantasien des Patienten an die Oberfläche bringt, wirkt das freie Handeln parallel auf die aggressiven Phantasien. In der Übertragung der Kinder spielt daher die Aggression (richtiger: die aggressive Seite der prägenitalen Sexualität) eine führende Rolle, und wird in Angriffen auf das Übertragungsobjekt, in tätlichen Provokationen, Spukken, Stoßen, Schlagen etc. geäußert. Praktisch sind die von der analytischen Freiheit entfesselten aggressiven Regungen nicht immer ohne weiteres unter Kontrolle zu bringen. Theoretisch ist es von Bedeutung, daß dieser Zusammenhang zwischen Agieren und Aggression in Gefahr ist, uns eine irrtümliche Vorstellung von dem Mischungsverhältnis zwischen Libido und Aggression im infantilen Leben zu vermitteln.

Agieren ist im Kindesalter normal, d. h. als Ausdrucksform dem Entwicklungsstand des Kindes angemessen. Das will nicht heißen, daß es an sich eine therapeutische Wirkung hat, d. h. zu Einsicht und innerer Veränderung führt. In der Analyse des Erwachsenen haben wir längst gelernt, das Agieren von Triebabkömmlingen negativ einzuschätzen, besonders dort, wo es nicht zur Deutung führt oder wo seine Deutung vom Patienten nicht angenommen wird. In der Kinderanalyse hat sich die gleiche Einsicht noch nicht an allen Orten durchgesetzt, und Restbestände des Glaubens an eine kathartische Heilwirkung des Agierens sind gelegentlich zu finden.

Deuten und Verbalisieren

Daß der Kinderanalytiker, nicht anders als der Analytiker des Erwachsenen, die Aufgabe hat, unbewußtes Material bewußt zu machen, ist im großen ganzen wahr, bedarf aber im Detail der Erläuterung und Berichtigung. Die Übereinstimmung zwischen den beiden Methoden betrifft hier vor allem das beabsichtigte Ziel, nämlich die Erweiterung der Bewußtseinsgrenzen, ohne die eine bessere Ichherrschaft über die Es-Strebungen nicht zustande kommen kann. Auch der Kinderanalytiker arbeitet auf dieses Ziel hin, so sehr der Wegfall der freien Assoziation, die Intensität des Agierens und andere technische Hindernisse seine Bemühungen erschweren.

Die Unterschiede zwischen den Methoden sind dort zu finden, wo es sich um das zu deutende Material handelt. In der Erwachsenenanalyse arbeiten wir lange Zeit hindurch an Material unter sekundärer Verdrängung, d. h. an dem Bewußtmachen von Es-Abkömmlingen, die irgendwann als bewußtseinsunfähig erklärt worden und der Abwehr verfallen sind. Erst hinter diesen, also in späteren Perioden der Behandlung, kommen wir zu den Resultaten der primären Verdrängung, d. h. zu Elementen, die aus der Zeit vor der Sprachentwicklung stammen, die nie der Ichorganisation angehört haben, und die nicht erinnert, nur in der Übertragung wiederbelebt werden können.

Je jünger der Patient, desto verschiedener die analytischen Vorgänge. Kinder in der Latenzperiode zeigen in dieser Beziehung viel Ähnlichkeit mit den Erwachsenen. Vor der Latenz, d. h. in der ödipalen und prä-ödipalen Periode, sind das Mischungsverhältnis zwischen primär und sekundär verdrängten Elementen, sowie die Reihenfolge ihres Auftauchens in der Analyse die umgekehrten.

Das infantile Ich hat die Aufgabe, sich in der äußeren und inneren Wahrnehmungswelt zurechtzufinden, und bemeistert beide normalerweise mit Hilfe der sekundären Denkvorgänge, die auf der Sprachentwicklung beruhen. Wo dieser Fortschritt sich verspätet oder ganz oder teilweise ausbleibt, kann die Analyse der Entwicklung zu Hilfe kommen. Was in solchen Fällen technisch eine Rolle spielt, ist weniger eine Deutung der unbewußten Strebungen im eigentlichen Sinn des Terminus und mehr ihre Umsetzung in Wortvorstellungen als erster Schritt auf dem Weg zum Bewußtsein, zur Ichzugehörigkeit und zur Bewältigung im Sekundärvorgang.

Wir verdanken Anny Katan (1961) wichtige Einsichten in die Rolle der Verbalisierung für die Entwicklung des Kleinkindes. Sie führt aus, daß ein direkter zeitlicher Zusammenhang zwischen der Über-Ich-Bildung und dem Fortschritt vom Primärvorgang zum Sekundärvorgang besteht; daß der Sekundärvorgang seinerseits an den Fortschritt in der Sprachentwicklung gebunden ist; daß die Verbalisierungen der äußeren Wahrnehmungen denen der inneren Wahrnehmungen vorausgehen; daß die letzteren ihrerseits einen befördernden Einfluß auf die Entwicklung von Realitätsprüfung und Triebbeherrschung ausüben.

Bei näherer Überlegung finden wir, daß die Rolle des Wortes in der menschlichen Entwicklung schon in den Anfängen der Psychoanalyse ihre Anerkennung gefunden hat. Freud zitiert in dieser Beziehung in 1893 einen englischen Autor, der als Gründer der Zivilisation den ersten Menschen bezeichnet, der seinem Feind nicht einen Speer, sondern nur ein Schimpfwort entgegenschleudert.

Die Umsetzung unbewußter Es-Inhalte in bewußte Wortvorstellungen ist das Wesen jeder Deutung und als solches ein wichtiges Element der Analyse in jedem Lebensalter. Was hier hervorgehoben wird, ist seine besondere Rolle in der Behandlung der Jüngsten, die mit Rückständen in Sprachentwicklung, Denkentwicklung und mit unzureichender Ichorganisation in die Analyse eintreten.

Die Widerstandsanalyse

In den Anfängen der Kinderanalyse schien es nicht unberechtigt zu hoffen, daß das unreife Ich der Analyse weniger Widerstand entgegensetzen würde als das des Erwachsenen, — eine Erwartung, die sich in keiner Weise erfüllt hat. Im Gegenteil, die Grenzen zwischen Ich und Es, bewußt und unbewußt, sind beim Kind nicht weniger streng gezogen als im späteren Leben; der Auftrieb der Es-Abkömmlinge und ihr Einschluß in das analytische Material kommt nicht leichter zustande als beim Erwachsenen; das Ich des Patienten hält um so ängstlicher an seiner Abwehr fest, je weniger sicher es sich in seiner Oberherrschaft und Vermittlerrolle fühlt.

In der Theorie der klassischen Therapie klassifizieren wir die Widerstände gewöhnlich auf Grund ihrer Herkunft. Wir unterscheiden zwischen den *Ich-Widerständen,* die bemüht sind, die Abwehr von Unlust, Angst und Schuldgefühlen aufrecht zu erhalten; den *Über-Ich-Widerständen,* die das Auftauchen von verbotenen Vorstellungen und Phantasien aus moralischen Gründen zu verhindern bemüht sind; den *Es-Widerständen,* die durch Drängen nach Befriedigung der auftauchenden Regungen dem analytischen Vorgang zuwiderlaufen oder sich, als Abkömmlinge des Wiederholungszwangs, jeder psychischen Neuordnung widersetzen.

Kinder teilen diese Widerstände mit den Erwachsenen, machen den weitesten Gebrauch von ihnen, und entwickeln noch zusätzlich Schwierigkeiten wie die im folgenden aufgezählten, die für ihre spezielle innere und äußere Position charakteristisch sind:

1. Sie sind in vielen Fällen widerwillige Patienten, nicht aus eigenem Antrieb in der Analyse. Wo sie kein freiwilliges Bündnis mit dem Therapeuten eingehen, fühlen sie sich auch an keine technischen Regeln gebunden.

2. Sie leben, als Kinder, für den Augenblick. Die in der Analyse unvermeidlichen Unlust- oder Angstgefühle wiegen also schwerer für sie als die Aussicht auf eine Heilung in der Zukunft.

3. Wie es ihrem Entwicklungsstand entspricht, bringen sie ihr Material nicht in Worten, sondern in der Form von Handlungen. Kin-

der, mit Ausnahme der Zwangsneurotiker, agieren in der Analyse.[11]

4. Das unreife Ich, das dem Druck von Trieb und Außenwelt weniger gewachsen ist als später, empfindet die Analyse als Gefahr, gegen die es seine Abwehr verstärkt.[12] Besonders fühlbar wird diese in der Kindheit regelmäßige Einstellung am Beginn der Pubertät, d. h. in einer Periode von ansteigender Triebgefahr, in der die Triebabwehr normalerweise einen Höhepunkt erreicht. Kinder in der Vorpubertät wehren sich oft gegen die Analyse, als wäre sie eine Aufforderung zum Ausleben oder zur Regression auf infantile Wunschbefriedigungen.
5. Kinder haben mehr Ichwiderstände zur Verfügung als Erwachsene, entsprechend ihrer Abwehrorganisation, in der die primitivsten Abwehrformen noch erhalten und neben den höher organisierten Ichmechanismen in Kraft sind.
6. Das kindliche Ich nimmt Partei für seine Widerstände, anstatt ihnen entgegenzuarbeiten.[13] Unter dem Druck von angsterregendem Material oder in Zeiten negativer Übertragung wollen die meisten Kinder sich der Analyse entziehen und können nur durch den elterlichen Einfluß in der Behandlung gehalten werden.
7. Die Wiederbelebung von archaischem Material in der Analyse widerspricht dem altersgemäßen Wunsch, die Vergangenheit hinter sich zu lassen. Die daraus entstehenden Probleme sind zu verschiedenen Lebenszeiten verschieden groß. Eine besonders kritische Periode für die Kinderanalyse ist der Übergang von der ödipalen Phase zur Latenzperiode, wenn das Kind, den Entwicklungsbedingungen folgend, sich von den infantilen Erlebnissen abwenden und sie vergessen will, während der Analytiker genötigt ist, der beginnenden Amnesie entgegenzuarbeiten und die Kommunikation mit den infantilen Komplexen aufrecht zu erhalten. Neurotische Kinder sind zu dieser Lebenszeit nicht weniger behandlungsbedürftig als vorher oder nachher, sind aber weniger analysebereit und verstärken ihren Widerstand.

[11] Siehe oben über Aktion an Stelle von Assoziation.
[12] Siehe oben über Verweigerung der freien Assoziation.
[13] Siehe oben.

Das gleiche wiederholt sich in der Pubertät. Der Pubertierende, der sich normalerweise von seinen infantilen Liebesobjekten abwendet, empfindet es als eine besondere Schwierigkeit, daß die analytische Übertragung ihn nötigt, gerade diese Beziehungen wieder zu beleben. Viele Pubertätsanalysen scheitern an dem daraus entstehenden Konflikt.

8. Es ist für die Kindheit charakteristisch, daß innere Konflikte in der Form von Kämpfen mit der Außenwelt ausgetragen werden. Das Kind „streitet" mit einer Person seiner Umwelt und erleichtert und verleugnet damit seinen inneren Zwiespalt. Der Analyse, die bemüht ist, den wirklichen psychischen Sachverhalt wieder herzustellen und dem Bewußtsein zugänglich zu machen, wird ein starker Widerstand entgegengesetzt, der sich unter Umständen zur vollen Weigerung steigert. Hier ist es wichtig für den Analytiker, die negative Haltung des Kindes auf seine Angst- und Unlustabwehr zurückzuführen, anstatt sie mißverständlich als „negative Übertragung" zu deuten.

Die vorangehende Aufzählung läßt keinen Zweifel daran, daß die technische Position des Analytikers in der Kinderanalyse schwieriger ist als in der Analyse mit Erwachsenen. Am empfindlichsten für den Kinderanalytiker ist der Umstand, daß er durch lange Perioden nicht auf die willige Mitarbeit seines Patienten rechnen kann.

Die Übertragung in der Kinderanalyse

Daß Kinder einzelne Übertragungsreaktionen entwickeln, aber keine volle Übertragungsneurose zustande bringen[14], ist eine Ansicht, die sich nach dem Wegfall der einleitenden Phase und ihrer Ersetzung durch die Abwehranalyse[15] nicht mehr aufrecht erhalten läßt. Das soll nicht heißen, daß ich auf Grund der heutigen Erfahrung von der Identität der kindlichen Übertragungsneurose mit der des Erwachsenen überzeugt bin. Die Beziehungen zwischen den beiden Erscheinungen sind, meiner Meinung nach, auch jetzt noch eine offene

---

[14] A. Freud, 1936.
[15] Berta Bornstein, 1949.

Frage. Was ihre Beantwortung erschwert, sind im besonderen zwei der oben genannten speziellen Umstände der Kinderanalyse: der Wegfall der freien Assoziation, ohne die der Analytiker kein volles Bild von den Übertragungsphänomenen bekommen kann; und das Agieren der Kinder, das die aggressive Übertragung zuungunsten der libidinösen Übertragungsreaktionen in den Vordergrund schiebt.

Dazu kommt, daß auch der Begriff der Übertragung in der Erwachsenenanalyse in den letzten Jahrzehnten verschiedene Wandlungen durchgemacht hat und von verschiedenen Analytikern verschieden definiert wird. Viele von uns halten noch an der ursprünglichen Auffassung fest, die den Verlauf der Übertragung etwa sieht wie folgt: daß zu Beginn der Behandlung die Beziehung zwischen Analytiker und Analysand eine mehr oder weniger realistische ist, d. h. den äußeren Umständen entspricht; daß in diese Beziehung im Verlauf der Analyse mehr und mehr libidinöse und aggressive Elemente eintreten, die aus der verdrängten und von der Analyse wiederbelebten Kindheit des Patienten stammen; daß dieses Wiedererleben der Vergangenheit in der Gegenwart sich fortsetzt, bis auch der zentrale pathologische Konflikt sich um die Person des Analytikers abspielt und die so entstandene irreale Übertragungsneurose die reale Arzt-Patient-Beziehung völlig in den Hintergrund drängt; daß letztere sich am Ende der Analyse wieder herstellt, nachdem der Analytiker die infantilen Elemente durch Deutung von ihr abgelöst hat und nachdem die Übertragungsphänomene für Analytiker und Analysand die erwarteten Einsichten in Struktur und Inhalt der Neurose vermittelt haben.

Anderen Ansichten zufolge sind die Übertragungen auf den Analytiker vom Beginn der Behandlung an vorhanden und müssen frühzeitig gedeutet und in das Bewußtsein des Patienten gezogen werden. Auch abgesehen von ihrem Widerspruch mit der realen Gegenwart, sind sie an und für sich das eigentliche Material der Analyse und haben als solches den Vorzug vor anderen Abkömmlingen des Unbewußten wie z. B. den Träumen, den Erinnerungen, den freien Einfällen etc. Analytiker, die ihre Arbeit in dieser Weise ausschließlich auf die Übertragung basieren, sind der Überzeugung, daß alle Vor-

gänge innerhalb des psychischen Apparats letzten Endes auf Objektbeziehungen zurückgehen und in der Übertragung auf den Analytiker analysiert werden können; daß alle archaischen Vorstufen der Objektbeziehung in gleichem Ausmaß der Übertragung und Deutung in der Analyse und der Veränderung durch Analyse zugänglich sind; daß die einzige Beziehung des Individuums zu den Personen der Umwelt die Besetzung mit Libido oder Aggression ist und daß neben diesen Objektbeziehungen andere Verwendungen der Umweltpersonen keine wesentliche Rolle spielen.
In ganz extremen Fällen spielt die übertragene Objektbeziehung in den Augen des Analytikers eine so überragende Rolle, daß sie aufhört, ein Mittel zum Zweck der Deutung zu sein, und zum therapeutischen Selbstzweck wird. (Heilung in der Übertragung, Korrektur der Pathologie durch Übertragungserlebnisse etc.)
Zur Beantwortung dieser und ähnlicher Streitfragen in der Erwachsenenanalyse kann der Kinderanalytiker aus seiner Erfahrung eine Reihe von Einsichten beitragen, die sich vor allem auf seine Rolle dem Patienten gegenüber beziehen.

Der Kinderanalytiker als „neues Objekt" für seinen Patienten

Was die Entwicklungsjahre des Menschen charakterisiert, ist, wie oben erwähnt, ein Erlebnishunger, der neben dem Wiederholungszwang besteht und ihm in jeder Beziehung entgegengesetzt ist. Je normaler ein Kind ist, desto mehr steht es unter der Herrschaft des ersteren; je neurotischer, desto stärker ist der Drang zur Wiederholung. Kinder, die in die Analyse eintreten, stehen unter dem Einfluß beider Neigungen. Für den gesunden Anteil ihrer Person ist der Analytiker eine interessante neue Figur, die in ihr Leben eintritt und zu neuartigen Beziehungen anregt; für die kranke Seite ist er ein Übertragungsobjekt, an dem sich alte Beziehungen wiederholen lassen. Für die Technik bedeutet diese doppelte Einstellung des Kindes eine offenbare Schwierigkeit. Wo der Analytiker die erstere Rolle akzeptiert und sich demgemäß benimmt, stört er die Übertragung; wo er das Umgekehrte tut, enttäuscht er den Patienten in Erwartungen, die, vom kindlichen Standpunkt aus gesehen, berechtigt sind.

Es ist auch nicht immer leicht für den Therapeuten zu unterscheiden, welche Anteile des kindlichen Benehmens der einen Einstellung, welche der anderen zuzuschreiben sind. Takt, Geschick, Einsicht und freie Beweglichkeit von einer Rolle zur andern gehören hier zum technischen Rüstzeug des Kinderanalytikers.

Der Kinderanalytiker als Objekt für libidinöse und aggressive Übertragungsbesetzung

Der Unterschied zwischen Kindern und Erwachsenen ist am geringsten dort, wo es sich um Übertragungsphänomene im eigentlichen Sinne des Wortes handelt. Hier bringt die von der analytischen Situation angeregte Regression alle Stufen und Formen der Objektbeziehung in die Behandlung. Narzißmus, Symbiosis mit der Mutter, Anlehnungsbedürfnis, Objektkonstanz, Ambivalenz, orale, anale und phallisch-ödipale Prägenitalität liefern, jede in ihrer Weise, Beiträge, die früher oder später, in der einen oder anderen Form, ihrer Chronologie gemäß oder auch in umgekehrter Reihenfolge, in die Analyse eintreten. Die auf diese Weise zustandekommenden Übertragungen geben je nach ihrer Herkunft Auskunft über das Ausmaß der pathologischen Regressionen des Patienten und den speziellen Typus seiner Pathologie; je nach ihrer Herkunft verleihen sie auch der analytischen Situation ihren speziellen Charakter. Die Wiederkehr der narzißtischen Haltungen offenbart sich in der Analyse als Rückzug auf das eigene Selbst und seine Interessen, Beziehungslosigkeit zur Außenwelt und zum Analytiker und Unzugänglichkeit für seine Bemühungen. Das Wiederauftauchen der symbiotischen Einstellungen verrät sich durch den Wunsch nach ununterbrochenem und durch nichts gestörtem Zusammensein mit dem Analytiker. Die Übertragung der Objektbeziehung nach dem Anlehnungstypus erzeugt technische Schwierigkeiten besonderer Art. Sie erscheint für den ersten Blick als Hilflosigkeit des Kindes, d. h. als Wunsch nach Hilfe. Bei näherem Zusehen zeigt sich dann die Einseitigkeit dieses Wunsches. Der Patient verlangt alles vom Analytiker, ohne zu irgendeiner entsprechenden Gegenleistung, Anstrengung oder Mitarbeit bereit zu sein. Im Gegenteil, er ist jeden Augenblick bereit, die Beziehung —

und damit die Analyse — abzubrechen, wenn auch nur die geringste Forderung an ihn gestellt wird. Übertragungen aus der oralen Phase sind für die unersättlichen Ansprüche des Kindes an den Analytiker verantwortlich, sowie für seine Unzufriedenheit mit allem Gebotenen (Spielmaterial etc.); die entsprechenden Regungen aus der analen Phase für den Eigensinn des kindlichen Patienten, das Zurückhalten von Material, die Provokationen und Feindseligkeiten, die agiert und ausgelebt, der Analyse zur Gefahr werden. Die infantilen Ängste vor Liebesverlust und Objektverlust erscheinen in der Analyse als Folgsamkeit und passive Unterwerfung und führen zu den oberflächlichen Übertragserfolgen, durch die Analytiker und Eltern nur zu oft getäuscht und in die Irre geführt werden.

Wir erkennen, daß es die prägenitalen, prä-ödipalen Strebungen sind, die der Übertragung des Kindes den negativen, der Analyse widerstrebenden Charakter verleihen. Der Kinderanalytiker wäre in einer schwierigen Lage, wenn er nicht gleichzeitig auf die positiven Beiträge rechnen könnte, die aus der Übertragung der Objektkonstanz und dem positiven und negativen Ödipuskomplex kommen und Ichhaltungen wie Selbstbeobachtung, Einsicht und rationelles Denken mit sich bringen. Sie befestigen das therapeutische Bündnis zwischen Kind und Analytiker und helfen dem Patienten wenigstens einigermaßen, seine Mitarbeit auch unter dem Druck von Widerstand und negativer Übertragung aufrecht zu erhalten.

Wir erinnern uns hier an eine der frühesten technischen Vorschriften, daß Übertragung immer dort zur Deutung zu kommen hat, wo sie beginnt, dem Widerstand zu dienen. Auf die Kinderanalyse angewendet, zeigt das die Notwendigkeit, die prä-ödipalen Anteile der Übertragung vor den ödipalen zu deuten.

Wir beginnen auf Grund des Vorangehenden auch zu verstehen, warum die Kinderanalyse besonderen technischen Schwierigkeiten begegnet, und technische Abänderungen notwendig werden, wo sie auf Kleinkinder vor Erreichung der phallischen Phase angewendet wird, oder auf Kinder, deren Entwicklung auf einer der prä-ödipalen Stufen zum Stillstand gekommen ist (im Gegensatz zur Regression von einer höheren zu einer niedrigeren Entwicklungsstufe). Für Fälle dieser Kategorien ist jede therapeutische Methode ungeeignet, die mit der Einsicht und freiwilligen Mitarbeit des Patienten rechnet, d. h. mit Libidopositionen und Ichhaltungen, die sich noch nicht entwickelt haben. In technischer Beziehung haben die Analytiker hier auch viel aus den Analysen der Mutterlosen, Verwaisten und in Konzentrationslagern Aufgewachsenen gelernt. Wo Kinder während ihrer Entwicklung keine Gelegenheit gehabt haben, dauernde Objektbindungen herzustellen, fehlen auch in der Analyse die Elemente, die die Übertragungsbeziehung zum Analytiker befestigen und für die analytische Arbeit tragfähig machen.[16]

Der Kinderanalytiker als äußerer Vertreter innerer Instanzen

Wir begehen einen Irrtum, wenn wir glauben, daß alle Übertragungsbeziehungen zwischen Kind und Analytiker auf alte Gefühlsbindungen zurückgehen. Was auf den Analytiker verschoben wird, sind nicht nur die libidinösen und aggressiven Besetzungen, sondern ebensooft ganze Anteile der kindlichen Persönlichkeit, die auf diese Weise in die Außenwelt projiziert, oder richtiger gesagt, *externalisiert*, werden.[17]

Insoweit der Analytiker den Triebabkömmlingen (Vorstellungen, Phantasien, Handlungen) freien Zugang zum Ausleben eröffnet, wird er für das Kind ein Vertreter seines Es, d. h. ein „Verführer" mit allen negativen und positiven Folgen, die diese Rolle mit sich bringt. Soweit seine Verbalisierungen und Deutungen die kindlichen Ängste herabsetzen, spielt er die Rolle eines Hilfs-Ichs, an das sich der schutzbedürftige Patient klammert. Als Erwachsener ist der Analytiker gleichzeitig ein in die Außenwelt verlegtes Über-Ich und Ichideal. Hier entsteht die paradoxe Situation, daß das Kind die Kritik dieser von der Übertragung geschaffenen Autoritätsfigur fürchtet und die in der Analyse manifest gewordenen Es-Abkömmlinge wieder vor ihr zu verbergen sucht.

Externalisierungen dieser Art sind wertvolles Material und ermög-

---

[16] Siehe Edith Ludowyk Gyomroi, 1963.

[17] Siehe auch Warren M. Brodey (1965) und seine Untersuchungen über die Rolle der Familienmitglieder in der Pathologie des Kindesalters.

lichen die Deutung der Konflikte, die zwischen den psychischen Instanzen vor sich gehen. Sie sind umso fruchtbarer für die Analyse, je strenger wir die Unterscheidung zwischen ihnen und der Übertragung von Objektbeziehungen einhalten. Das Argument ist nicht stichhaltig, daß letzten Endes alle inneren Konflikte auf die Identifizierung mit Außenweltspersonen zurückgehen, also auf alte Liebesbindungen. Was zur Zeit der Behandlung in Frage steht, ist die innere Welt des Kindes, in der die Beziehungen zwischen den Systemen und Instanzen des psychischen Apparats nicht weniger ausschlaggebend sind als die Beziehungen zu der Objektwelt.

Wir vergessen hier nicht, daß die nach Außen-Verlegung von Konflikten zwischen den psychischen Instanzen und innerhalb der psychischen Instanzen auch in der Erwachsenenanalyse ihre Rolle spielt. Zwangsneurotiker z. B. sind als „streitsüchtige" Patienten bekannt, d. h., ihre inneren Ambivalenzkonflikte übertragen sich in die Analyse als Meinungsverschiedenheiten mit dem Analytiker, die von ihrer Seite in bitteren Kämpfen ausgefochten werden. In Konflikten zwischen aktiven und passiven, maskulinen und femininen Strebungen wird der Analytiker zum Vertreter der einen oder andern Seite gemacht und als solcher bekämpft. Für den Süchtigen symbolisiert der Analytiker, gleichzeitig oder in rascher Aufeinanderfolge, das Objekt der Sucht und die Ichstärke, die zu ihrer Bekämpfung nötig ist. In den Grenzfällen zur Schizophrenie kann dem Therapeuten vor allem die Rolle eines Hilfs-Ichs zufallen. In Verwirrungszuständen oder unter dem Druck von angsterregenden Phantasien klammert sich der Patient an die rationelle Haltung des Arztes wie an einen Rettungsanker und benutzt den Ton seiner Stimme oder die Form einer Deutung (eher als ihren Inhalt), um die ihn überwältigenden Primärvorgänge in Schach zu halten. Für den Analytiker ist es wichtig zu unterscheiden, daß die Bindung solcher Patienten an ihre Therapeuten eine ganz andere ist als die des Hysterikers, der alte Liebesregungen auf seinen Analytiker überträgt und an seiner Person zur Befriedigung bringen will.

Die Verlegung innerer Instanzen und Regungen in den Analytiker ist in dieser Betrachtungsweise eine Spezialform der Übertragung die – richtig gedeutet – wertvolle Beiträge zur Analyse leisten kann.

Die infantile Abhängigkeit und ihre Rolle in Kinderanalyse und Erwachsenenanalyse

Wie weit die Eltern eines Patienten in die therapeutische Arbeit des Kinderanalytikers einbezogen werden sollen, ist nur scheinbar eine technische Frage. Dahinter liegt die theoretisch viel wichtigere Entscheidung, von welchem Zeitpunkt angefangen, die Persönlichkeit eines heranwachsenden Menschen als unabhängige Struktur zu betrachten ist, d. h., wann ein Kind aufhört, Spiegelbild und Spielball der ihn umgebenden Außenweltseinflüsse zu sein.

Wir finden in den Schriften Freuds frühe und zahlreiche Hinweise auf die Bedeutung der kindlichen Abhängigkeit für die Charakterbildung einerseits und die Neurosenbildung andererseits. Als „biologischer Faktor" wird sie in erster Linie für die Höherentwicklung der heranwachsenden Persönlichkeit verantwortlich gehalten. Aus den Ängsten vor Objektverlust, Liebesverlust und Strafe, denen das hilflose Kind ausgesetzt ist, erwächst die Erziehbarkeit der Kinder, die sich im erwachsenen Leben als „soziale Angst" äußert. Die Gewissensangst, die aus der Internalisierung der elterlichen Autorität stammt, führt in direkter Linie zu den neurotischen Konflikten. Dem Umstand, daß die Periode der Abhängigkeit für das menschliche Kind so viel länger ist als bei allen andern Lebewesen, schreibt Freud Folgeerscheinungen zu wie die Liebesfähigkeit im allgemeinen und die ödipalen Strebungen im besonderen; den Kulturkampf gegen die Aggression; die Religionsbildung; Ethik und Moral; kurz, die wichtigsten Vorbedingungen für eine fortschreitende Humanisierung und Sozialisierung der Menschheit.[18]

---

[18] Siehe die folgenden Stellen aus S. Freud:
„... die biologischen Tatsachen der langen Unselbständigkeit und langsamen Reifung des jungen Menschen ..." (Ges.W. XII, 328.)
„... wir erfassen, daß der Oedipuskomplex das psychische Korrelat zweier fundamentaler biologischer Tatsachen ist, der langen infantilen Abhängigkeit des Menschen ..." (Ges.W. XII, 426.)
„Der biologische (Faktor) ist die lang hingezogene Hilflosigkeit und Abhängigkeit des kleinen Menschenkindes. Die Intrauterinexistenz des Menschen erscheint gegen die der meisten Tiere relativ verkürzt; es wird unfertiger als diese in die Welt geschickt. Dadurch wird der Einfluß der realen Außenwelt

Die infantile Abhängigkeit in der Erwachsenenanalyse

Die Analyse des Erwachsenen ist seit jeher bemüht, die manifesten Erscheinungen der Reifezeit zu ihren latenten Vorstufen zurückzuführen und damit auch die infantile Hilflosigkeit und Abhängigkeit in der Übertragung wiederzubeleben. Andererseits ist die Bedeutung dieser Regression auf ihre genetische Rolle beschränkt. Soweit die dynamischen, topischen, strukturellen und ökonomischen Gesichtspunkte in Betracht kommen, bleibt der erwachsene Patient ein selbständiges Wesen, mit seinen eigenen inneren Instanzen, seiner eigenen Persönlichkeitsstruktur und seinen in dieser Persönlichkeit verankerten neurotischen Konflikten, zu denen die Außenwelt nur sekundär in Beziehung steht.

Die klassische Technik der Erwachsenenanalyse ist die logische Folge und der lebendige Ausdruck dieser Überzeugungen. Es gehört zu den Grundregeln der Analyse, daß ihre Aufmerksamkeit ausschließlich auf das Innenleben des Patienten gerichtet ist; daß der Patient selbst die einzige Quelle für das zur Deutung kommende Material ist; daß der Analytiker die Umwelt des Patienten nicht objektiv sieht, sondern subjektiv durch die Augen des Patienten; daß die Beziehungen zwischen Patient und Analytiker alle Einmischungen von außen ausschließen; und daß nur auf diese Weise eine Situation geschaffen wird, in der die Übertragungen aus der Vergangenheit ihren vollen Ausdruck finden.

---

verstärkt, die Differenzierung des Ichs vom Es frühzeitig gefördert, die Gefahren der Außenwelt in ihrer Bedeutung erhöht und der Wert des Objekts, das allein gegen diese Gefahren schützen und das verlorene Intrauterinleben ersetzen kann, enorm gesteigert. Dies biologische Moment stellt also die ersten Gefahrsituationen her und schafft das Bedürfnis, geliebt zu werden, das den Menschen nicht mehr verlassen wird." (Ges.W. XIV, 186 f.)

„...die Abwehr der kindlichen Hilflosigkeit verleiht der Reaktion auf die Hilflosigkeit, die der Erwachsene anerkennen muß, eben der Religionsbildung, ihre charakteristischen Züge." (Ges.W. XIV, 346.)

Das Motiv für den Kampf des Individuums gegen „das Böse" ist „in seiner Hilflosigkeit und Abhängigkeit von anderen leicht zu entdecken, kann am besten als Angst vor dem Liebesverlust bezeichnet werden". (Ges.W. XIV, 483.)

Abgesehen von vereinzelten Gegenstimmen[19], bleiben diese Grundprinzipien der Erwachsenenanalyse im großen ganzen unwidersprochen.

Die infantile Abhängigkeit in der Kinderanalyse

Es ist nur zu deutlich, daß nichts von den oben vorgebrachten Argumenten für die Kindheit stichhaltig ist, d. h. auf eine Lebenszeit anwendbar, in der Hilflosigkeit und Abhängigkeit noch lebendige Gegenwartsfaktoren sind. Inwiefern ein Kind ein selbständiges oder unselbständiges Wesen ist, muß in jedem Einzelfall je nach Alter, Entwicklungsstand und Pathologie neu festgestellt werden.
Für die Einschätzung des Entwicklungsstands und den Grad der bestehenden Abhängigkeit oder erreichten Unabhängigkeit stehen dem Kinderanalytiker eine Anzahl von Kriterien zur Verfügung. Er lernt, einerseits die verschiedenen Formen und Aspekte der Abhängigkeit gegeneinander abzugrenzen; andererseits die wechselnden Beziehungen zwischen Kind und Eltern in ihrer chronologischen Aufeinanderfolge zu verstehen. In der letzteren Hinsicht läßt sich eine Entwicklungslinie verfolgen, derzufolge die Eltern je nach dem Alter des Kindes den folgenden Bedürfnissen dienen:

a) dem Bedürfnis nach Verschmelzen (Symbiosis) mit einer mütterlichen Figur, zur Zeit, wenn Selbst und Außenwelt noch im narzißstischen Milieu in eins zusammenfallen;
b) dem Bedürfnis nach Hilfe zur Orientierung in der Außenwelt und zur Herstellung von Befriedigungssituationen;
c) dem Bedürfnis nach Objekten in der Außenwelt, an denen narzißtische Libido in Objektlibido umgewandelt werden kann;
d) dem Bedürfnis nach Hilfe und Anleitung zur Orientierung in der Innenwelt und zu ihrer Beherrschung, d. h. zur Triebeinschränkung;
e) dem Bedürfnis nach Vorbildern in der Außenwelt als Anregungen zur Über-Ich-Bildung.

---

[19] Siehe z. B. R. Laforgue, 1936, seine Ansicht über Familienneurosen und seine Forderung nach Familienanalyse.

Es ist ebenso notwendig für den Kinderanalytiker, sich darüber klar zu werden, welche Rolle dem Einfluß der Eltern für die *Entstehung der pathologischen Erscheinungen* zuzuschreiben ist. Hier ist es nicht immer leicht, Ursache und Wirkung auseinanderzuhalten, d. h., die Reaktion einer Mutter auf ihr abnormes (z. B. autistisches) Kind nicht mit ihrem pathogenen Einfluß auf seine Entwicklung zu verwechseln. Am sichersten lassen sich Unterscheidungen dieser Art in der gleichzeitigen Analyse von Mutter und Kind treffen, Untersuchungen, die zeitraubend und kostspielig sind, sich aber durch die aus ihnen gewonnenen Einsichten rechtfertigen.[20]

Wir lernen aus den Mutter-Kind-Analysen folgendes:

a) daß für viele Eltern ihr Kind entweder eine Idealfigur oder ein Objekt aus ihrer eigenen Vergangenheit vorstellt, daß ihre Bindung an das Kind von dieser irrealen Beziehung abhängt und daß das Kind sich im Sinn dieser Phantasien entwickelt, um sich die Zuneigung der Eltern zu erhalten, auch wo seiner eigenen Natur Zwang damit angetan wird;

b) daß viele neurotische oder psychotische Eltern das Kind in ihr pathologisches System einbeziehen und seine eigenen Entwicklungsbedürfnisse vernachlässigen;

c) daß manche Mütter tatsächlich ein Symptom mit dem Kind teilen und gemeinsam mit ihm in Form einer *folie à deux* agieren;

d) daß der pathogene Einfluß auf das Kind um so stärker ist, je mehr er sich auf Seite der Eltern in tatsächlichen Aktionen, nicht nur in Phantasien äußert; im letzteren Fall kann die Analyse des Kindes als Therapie genügen, im ersteren ist die Behandlung des verantwortlichen Elternteils notwendig, wenn das Kind aus seiner pathologischen Abhängigkeit befreit werden soll.

Daß Eltern oft auch für die *Aufrechterhaltung* der kindlichen Störungen verantwortlich sind, ist eine bekannte Tatsache. Viele der infantilen Phobien, der infantilen Eß-Störungen, der Einschlafzeremonien etc. können nur durch Mithilfe der Mutter erhalten werden. Mütter, die einen Angstzustand des Kindes ebenso intensiv fürchten wie das

---

[20] Siehe in dieser Beziehung die Veröffentlichungen der Hampstead Child Therapy Clinic und von Autoren wie Dorothy Burlingham, 1955; Ilse Hellman, 1960; Kata Levy, 1960; Marjorie Sprince, 1962.

Kind selbst, stellen sich der Angstabwehr seines Ichs zur Verfügung und werden dadurch mitschuldig an den Vorsichten, Vermeidungen, Verleugnungen etc. Oft werden infantile Störungen dieser Art für den Beobachter erst sichtbar, wenn neurotische Kinder von ihren Müttern getrennt sind.[21] Von zwangsneurotischen Kindern werden gewisse Zwangshandlungen am Körper der Mutter ausgeführt anstatt am eigenen Körper. Bei manchen Eltern zeigt die Analyse, daß die Störung des Kindes einem unbewußten Wunsch von ihrer Seite entspricht und daß sie aus diesem Grund genötigt sind, die Pathologie zu fördern, anstatt ihr entgegenzuarbeiten.

Daß der Hilfe der Eltern bei der *Therapie* selbst eine wichtige Rolle zufällt, ist eine unumstößliche Tatsache. Hier hat der Kinderanalytiker guten Grund, die Kollegen in der Erwachsenenanalyse um die Ausschließlichkeit der Beziehung zu ihren Patienten zu beneiden. In der Kinderanalyse entscheidet, wie oben erwähnt, nicht das Ich des Patienten, sondern die Vernunft und Einsicht der Eltern über den Beginn, die Fortsetzung und das Ende der Behandlung. Den Eltern, nicht dem Kind selbst, fällt die Aufgabe zu, das therapeutische Bündnis mit dem Analytiker aufrecht zu erhalten, auch wenn Widerstände und negative Übertragungen in die entgegengesetzte Richtung drängen; wo sie statt dessen für den Widerstand des Kindes Partei nehmen und ihn teilen, kommt die Analyse vorzeitig zum Abbruch. Wo die positive Übertragung ansteigt, steigert sich gewöhnlich auch die Eifersucht der Mutter auf den Analytiker und verstärkt den nie fehlenden Loyalitätskonflikt des Kindes.

Im allgemeinen schwankt die tatsächliche Beteiligung der Eltern am analytischen Vorgang je nach dem Alter des Kindes, nach dem Typus seiner Störung, nach Persönlichkeit und Pathologie der Eltern und nach den technischen Überzeugungen des Analytikers. Wir finden alle Möglichkeiten verwirklicht. An einem Ende steht das beabsichtigte Fernhalten der Eltern, soweit die äußeren Umstände es erlauben, und ein strenges Einhalten der analytischen Diskretion ihnen gegenüber. Von hier geht es zur häufigen Information durch den Kinderanalytiker selbst; zur gleichzeitigen Beratung der Mutter, um

[21] Wie z. B. in der Evakuierung der Londoner Kinder in den Kriegsjahren 1939—1945.

ihr zu ermöglichen, mit dem Fortgang der Analyse Schritt zu halten; zur gleichzeitigen Psychotherapie von Vater oder Mutter; zur Anwesenheit der Mutter in der analytischen Stunde von Kleinkindern; zur Anleitung der Mutter zur selbständigen Behandlung von Kleinkindern; zum gleichzeitigen Eintritt eines Elternteils in eine Erwachsenenanalyse, etc. Am anderen Ende der Linie findet sich sogar die extreme Ansicht mancher Analytiker, daß die Analyse eines Elternteils, oder beider Eltern, das wirksamste Mittel ist, um die Neurose eines Kindes zu heilen, auch ohne direkte Anwendung der Therapie auf das Kind selbst.

Die infantile Abhängigkeit in der analytischen Literatur der Nachkriegsjahre

Das wachsende analytische Interesse für das erste Lebensjahr und die frühen Mutter-Kind-Beziehungen rückt auch das Problem der infantilen Abhängigkeit in den Mittelpunkt der Aufmerksamkeit. Zwei hervorragende Arbeiten auf diesem Gebiet beleuchten das Thema einerseits vom Gesichtspunkt der Reifungsvorgänge (Phyllis Greenacre, 1960) andererseits vom Gesichtspunkt der mütterlichen Fürsorge (D. W. Winnicott, 1960). Das Zusammentreffen beider Betrachtungsweisen ergibt ein eindrucksvolles Bild der biologischen und psychologischen Abhängigkeit des Kindes in der ersten Lebensperiode, sowie von ihren weittragenden Folgen für spätere psychische Gesundheit oder Krankheit.

Andere Veröffentlichungen, teils als Resultate analytischer Arbeit, teils als Folge direkter, außer-analytischer Beobachtungen, behandeln Teilprobleme wie die folgenden: die Rolle der Einfühlung in der Mutter-Kind-Beziehung vor der Sprachentwicklung (Winnicott, 1949); die Beiträge der Abhängigkeitsperiode zur individuellen Konstitution (Martin James, 1960); die schädlichen Folgen der Trennung von Mutter und Kleinkind (A. Freud und D. Burlingham, 1949, 1950; John Bowlby, 1952 et al.; James Robertson, 1958; René Spitz, 1945, 1946); der Einfluß der mütterlichen Einstellungen am Beginn des Lebens (Joyce Robertson, 1962).

Die Interferenz zwischen Innenwelt und Außenwelt im Licht von Kinderanalyse und Erwachsenenanalyse

Der Eindruck von der überragenden Bedeutung der infantilen Abhängigkeit, mit der der Kinderanalytiker in seiner Arbeit täglich in Berührung kommt, hat nachhaltige Folgen für seine theoretischen Überzeugungen.

In der Arbeit an Erwachsenen und den an ihnen gewonnenen Einsichten wird es für den Analytiker selbstverständlich, die Einflüsse aus der Innenwelt höher einzuschätzen als die aus der Außenwelt. Er lernt von seinen Patienten, daß es nicht die Veränderungen in den äußeren Lebensumständen sind, die zum Stimmungswechsel führen, sondern Stimmungsschwankungen, die die äußere Welt in verändertem Licht erscheinen lassen; daß es nicht die Außenwelt ist, die zur Phantasietätigkeit anregt, sondern die unbewußte Phantasiewelt, die die reale Außenwelt für ihre Zwecke ausnützt; daß es die Projektionen aus der Innenwelt sind, die harmlosen Personen der Außenwelt den Anschein von gefährlichen Verfolgern verleihen; daß in den Übertragungsvorgängen das Bild seiner eigenen Person ähnliche Veränderungen und Entstellungen durchmacht; etc. Je gründlicher die Übertragung den Analytiker in die Kindheit des Patienten zurückversetzt, desto mehr wächst seine Überzeugung, daß auch in der infantilen Vorzeit die entscheidenden Einflüsse in der Innenwelt des Individuums, nicht in seiner Außenwelt verankert sind.

Aus den angeführten Gründen steht der Analytiker des Erwachsenen unerschütterlich auf dem Boden der psychischen Realität. Wenn er Fehler in seinen Beurteilungen macht, entsprechen sie gewöhnlich dieser Einstellung: Er ist geneigt, alle im Lauf der Behandlungen vorfallenden Erlebnisse des Patienten nur im Licht von Widerstand und Übertragung zu sehen und ihnen alle reale Bedeutung abzusprechen, auch wo die letztere berechtigt ist.

Für den Kinderanalytiker andererseits führen alle Hinweise in die umgekehrte Richtung. Die überragende Rolle der Umwelteinflüsse verrät sich um so eindrucksvoller, je jünger das Kind ist und um so eindeutiger es den Einflüssen seiner Objektwelt ausgesetzt ist. Es ist nicht schwer, das tägliche Verhalten und die Symptomatologie eines

Kindes auf die elterliche Fürsorge oder Vernachlässigung, liebevolle oder lieblose Behandlung, Überschätzung oder kritische Unterschätzung oder auch direkt auf die Harmonie oder Disharmonie im elterlichen Eheleben zurückzuführen. Auch das symbolische Material, das ein Kind in die Analysestunde bringt, seine Spielhandlungen etc. entstammen nicht nur seinem eigenen Phantasieleben. Sie enthalten gleichzeitig Mitteilungen über Familienereignisse, deuten an, in welchen Nächten die Eltern Geschlechtsverkehr miteinander gehabt haben, wann ein häuslicher Streit vorgefallen ist, symbolisieren die Pathologie und Symptomatologie der Eltern etc. Wo der Kinderanalytiker in seiner Deutungstätigkeit nur die Innenwelt des Kindes berücksichtigt, kann viel wertvolles Material verlorengehen, das sich auf seine Außenwelt bezieht.[22]

Für den Kinderanalytiker und für den Unterricht in der Kinderanalyse ist es von überragender Wichtigkeit, nicht von diesen praktischen Erfahrungen theoretisch in die Irre geführt zu werden. Es ist falsch, aus ihnen zu schließen, daß äußere Maßnahmen (außer bei den Allerjüngsten) genügen, um die infantilen Störungen zu beseitigen. Wer an die einseitige therapeutische Wirkung von Außenweltsfaktoren glaubt, glaubt auch an ihre einseitige pathogene Wirkung, eine Ansicht, die sich durch keine psychoanalytische Einsicht bestätigen läßt. Die Überzeugung, die wir an dem Studium der Neurosen und anderen psychischen Störungen erworben haben, geht dahin, daß die pathogenen Einflüsse auf beiden Seiten zu finden sind, innen und außen, daß erst ihr Zusammenwirken sie befähigt, dauernde pathologische Zustände im psychischen Apparat zu erzeugen, und daß letztere nur behoben werden können, wo die Therapie sich an die psychischen Instanzen wendet und imstande ist, Veränderungen in dem Kräfteverhältnis zwischen Es, Ich und Über-Ich herbeizuführen.

In der Erwachsenenanalyse holen wir uns so viele überzeugende Eindrücke von der Übermacht der psychischen Realität über die

[22] Siehe auch Augusta Bonnard, 1950, über die „verräterischen Gesten" der Kinder.
Auch in den Analysen älterer Kinder, in denen das Material nicht mehr in Form von Spielhandlungen erscheint, spielen die äußeren Tagesereignisse oft eine ungebührlich große Rolle. In diesen Fällen handelt es sich aber um eine Abwehr der inneren Vorgänge im Dienste eines der zahlreichen Widerstände.

äußere Realität, daß wir Mühe haben, nicht die realen Versagungen, Verluste, Enttäuschungen etc. zu vergessen, die als auslösende Elemente eine Rolle bei der Entstehung der Erkrankung spielen. In der Kinderanalyse stehen wir vor der entgegengesetzten Schwierigkeit: Unser Eindruck von den äußeren Einflüssen, die auf das Kind einwirken, ist ein so überwältigender, daß wir in Gefahr sind, zu vergessen, daß erst die Wechselwirkung zwischen Umweltsfaktoren und angeborenen oder erworbenen libidinösen Positionen und Icheinstellungen zum pathologischen Resultat führt.

Wo ein Analytiker sowohl Kinder wie Erwachsene behandelt, ist es nicht schwer für ihn, im Urteil beiden Seiten gerecht zu werden und den theoretischen Standpunkt festzuhalten, den Freud mit seiner ätiologischen Gleichung niedergelegt hat. „Für die Betrachtung der Verursachung ordnen sich die Fälle der neurotischen Erkrankungen zu einer Reihe, innerhalb welcher beide Momente — Sexualkonstitution und Erleben ... — so vertreten sind, daß das eine wächst, wenn das andere abnimmt. An dem einen Ende der Reihe stehen die extremen Fälle, von denen Sie mit Überzeugung sagen können: diese Menschen wären infolge ihrer absonderlichen Libidoentwicklung auf jeden Fall erkrankt, was immer sie erlebt hätten ... Am anderen Ende stehen die Fälle, bei denen Sie umgekehrt urteilen müssen, sie wären gewiß der Krankheit entgangen, wenn das Leben sie nicht in diese oder jene Lage gebracht hätte. Bei den Fällen innerhalb der Reihe trifft ein Mehr oder Minder von disponierender Sexualkonstitution mit einem Minder oder Mehr von schädigenden Lebensanforderungen zusammen. Ihre Sexualkonstitution hätte ihnen nicht die Neurose gebracht, wenn sie nicht solche Erlebnisse gehabt hätten, und diese Erlebnisse hätten nicht traumatisch auf sie gewirkt, wenn die Verhältnisse der Libido andere gewesen wären." (Ges. W. XI, 360.)

Die analytische Arbeit mit Kindern gibt auch Gelegenheit zu untersuchen, inwieweit innere oder äußere Einflüsse, die ein gewisses Ausmaß übersteigen, an sich pathogen wirken können. Fälle dieser Art sind einerseits Kinder mit angeborenen Schädigungen des psychischen Apparats, bei denen die inneren Vorbedingungen für eine normale Entwicklung nicht gegeben sind, andererseits solche, die traumatisiert oder verwaist oder unter dem Einfluß psychotischer Eltern sind, wo also die äußeren Bedingungen für ein normales Kinderleben fehlen. Gewisse Abweichungen von den normalen Entwicklungslinien sind unter diesen Umständen unvermeidlich. Soweit aber Persönlichkeits- und Neurosenstruktur in Betracht kommen, zeigen unsere Analysen, daß es sich auch in diesen extremen Konstellationen um eine Wechselwirkung zwischen inneren und äußeren Faktoren, d. h. um die Reaktion einer bestimmten Konstitution auf bestimmte Umwelteinflüsse handelt.

III. KAPITEL

DIE NORMALE KINDERENTWICKLUNG MASS-STÄBE UND BEURTEILUNG

I

Über Frühdiagnose, Prognose und Prophylaxis

Der Unterricht in Kinderanalyse an den offiziellen psychoanalytischen Instituten bezieht sich ausschließlich auf die therapeutische Aufgabe dem psychisch erkrankten Kind gegenüber. Der zukünftige Kinderanalytiker lernt, die früheste Vergangenheit seiner Patienten zu rekonstruieren und Symptome zu ihren ersten Anfängen zurückzuführen. Er bleibt aber ohne Anleitung, wo es sich darum handelt, pathogene Einflüsse auf ihre zukünftige Wirkung hin einzuschätzen; den psychischen Entwicklungsstand eines Kindes zu beurteilen; Entwicklungsrichtungen vorauszusagen; in die äußeren Lebensumstände eines Kindes einzugreifen; Eltern in ihrer erzieherischen Tätigkeit zu beraten; oder im allgemeinen an der Verhütung von neurotischen, psychotischen und dissozialen Entwicklungen mitzuarbeiten.

Die Wendung von der Therapie zur Anwendung der Theorie auf Erziehungsfragen enthält gleichzeitig eine Wendung des Interesses von der Pathologie zur Normalität. Das psychoanalytische Studium der normalen Vorgänge hat in den letzten Jahrzehnten große Fortschritte gemacht, die in erster Linie den Funden auf dem Gebiet der psychoanalytischen Kinderpsychologie zu verdanken sind.[23] In der Erwachsenenanalyse spielt der Begriff der Normalität eine untergeordnete Rolle und kommt im allgemeinen erst zur Diskussion, wenn es sich um die Beurteilung des Analysenerfolgs handelt („normale" Arbeitsfähigkeit und Genußfähigkeit). Im Gegensatz dazu ist der Kinderanalytiker, von seinem ersten Zusammentreffen mit dem Kind angefangen, mit der

---

[23] Siehe hier im besonderen die Arbeiten von Heinz Hartmann und Ernst Kris.

Frage nach seiner Normalität, d. h. seinem normalen oder von der Norm abweichenden Entwicklungsstand beschäftigt.
In einer früheren Arbeit über die Indikationstellung zur Kinderanalyse (1945) war ich bemüht zusammenzutragen, was über die Behandlungsbedürftigkeit eines Kindes entscheidet, und zu zeigen, wie sich Trieb-, Ich- und Über-Ich-Entwicklungen auf Grund der libidinösen Phasenfolge einerseits und einer Chronologie der Ichfunktionen andererseits auf ihren altersgemäßen Stand, ihre Früh- oder Spätreife hin beurteilen lassen. Was der Diagnostiker auf diese Weise erfährt, bezieht sich aber in erster Linie auf die Vergangenheit des Patienten und seine Pathologie und nur zum kleinsten Teil auf die normalen Entwicklungsvorgänge. So durchsichtig ihm die infantilen Konflikte und die auf ihnen aufgebauten Kompromißlösungen werden können, so sehr bleiben die stufenweise Anpassung des Kindes an die Außenwelt, seine Lebenstüchtigkeit und ihre Zukunftsaussichten noch im Dunkel.

Die Übersetzung der äußeren Realität in psychische Realität

Soweit Eltern und Erzieher zum Kinderanalytiker Zutrauen fassen, erwarten sie von ihm Antwort auf eine Unzahl von Fragen. Daß die meisten ihrer Probleme aus dem normalen und alltäglichen Familienleben oder Schulleben stammen, ist kein Grund, ihre Beantwortung den analytisch Ungeschulten, d. h. den Kindergärtnerinnen und Lehrern, den Kinderärzten, Krankenschwestern, Fürsorgerinnen etc. zu überlassen. Im Gegenteil, die nähere Überlegung zeigt, wieviel die psychoanalytischen Theorien bei richtiger Anwendung zu den verschiedenen Themen zu sagen haben.
Das sachverständige Urteil des Kinderanalytikers soll also entscheiden, ob eine junge Mutter ihren Säugling besser alleine betreut und ob sie seiner Entwicklung schadet, wenn sie eine Kinderfrau oder ein Kindermädchen zu ihrer Hilfe einführt; ob es lebenswichtig ist, daß sie sich nicht von ihm trennt, auch wenn ihre Abwesenheit zugunsten eines älteren Kindes, zugunsten des Ehemanns, der eigenen Eltern etc. notwendig ist; in welchem Lebensalter solche Trennungen zuerst vertragen

werden, ohne Schaden zu bringen. Andere Fragen lauten: Was sind die Vorteile und Nachteile von Brust oder Flasche, einem strengen oder freien Regime in der Säuglingsernährung? Was ist das beste Alter für den Beginn der Reinlichkeitserziehung? Wann hört die Mutter auf, das einzige Objekt zu sein, und wann beginnen andere Erwachsene oder Kinder eine Rolle im Leben des Kleinkindes zu spielen? Wann ist das richtige Alter für Eintritt in den Kindergarten? Wo chirurgische Eingriffe nötig sind (Beschneidung, Tonsillectomie etc.), in welchem Alter werden sie am besten vertragen? Welche Kinder funktionieren besser in freien Schulen, welche brauchen eine strengere Lerndisziplin? Was ist das geeignetste Alter für die sexuelle Aufklärung? Was ist der günstigste Altersunterschied zwischen Geschwistern, und in welchem Alter wird die Ankunft des nächsten Kindes am besten vertragen? Wie sollen sich die Eltern zur Autoerotik verhalten? Ist es am besten, dem Lutschen, der Masturbation etc. freien Lauf lassen? Gilt dasselbe für die sexuellen Spiele der Kinder miteinander? Was ist die beste Haltung gegenüber der kindlichen Aggression? Wann sollen adoptierte Kinder von ihrer Adoption erfahren, und wieviel sollen sie über ihre natürlichen Eltern wissen? Sind Tagesschulen besser als Internate? Ist es besser für Jugendliche, den Familienverband auch äußerlich zu verlassen, sobald sie sich innerlich, d. h. gefühlsmäßig, von den Eltern abzulösen beginnen?

In bezug auf alle diese Fragen, auch die scheinbar einfachsten, ist die Aufgabe des Kinderanalytikers eine doppelte. Der erste notwendige Schritt ist, den Eltern die Einsicht zu vermitteln, daß es keine allgemein gültigen Antworten gibt, nur solche, die dem einzelnen Kind, d. h. seiner besonderen Persönlichkeit und seinem besonderen Entwicklungsstand angepaßt sind; daß das Entwicklungsalter eines Kindes nicht dasselbe ist wie sein chronologisches Alter, so ausschlaggebend das letztere auch den Eltern erscheint; daß die Unterschiede von Kind zu Kind im Tempo der Gefühlsentwicklung und sozialen Anpassung nicht geringer sind als auf der Seite des körperlichen Wachstums und der Verstandesentwicklung und ebenso entscheidend für die Ansprüche, die berechtigter Weise an das Kind gestellt werden können.

Der zweite, noch schwierigere Schritt geht dahin, die Eltern in die ihnen fremde Gefühlswelt des Kindes einzuführen. Wo sie ihre Pläne und Absichten dem Kind gegenüber als logisch, vernünftig und der äußeren Sachlage entsprechend empfinden, erleben die Kinder sie im Sinn ihrer psychischen Realität, d. h. auf Grund ihrer entwicklungsgemäßen Konflikte und Ängste. Hier spielt der Analytiker die Rolle eines Vermittlers zwischen den Parteien, der die Forderungen der Eltern für sie in die Sprache der kindlichen Komplexe übersetzt und ihnen auf diese Weise allmählich die phantastischen Irrwege und Abwege der infantilen Denkweise verständlich macht.

Vier Beispiele von Mißverständnis zwischen Kindern und Erwachsenen

Mißverständnisse zwischen Kindern und Erwachsenen entstehen auf einer Reihe von Gebieten auf Grund ihrer verschiedenen Denk- und Gefühlsvorgänge.

1. Auf dem Gebiet der Objektbeziehungen unterscheidet sich das Kleinkind vom reiferen Individuum in erster Linie durch seine *Egozentrizität*. In den Phasen von primärem Narzißmus und der Liebe nach dem Anlehnungstypus ***braucht*** das Kind die Mutter zwar mehr als je im späteren Leben, ***gebraucht*** sie aber ausschließlich zur eigenen Bedürfnisbefriedigung ohne jedes Verständnis für ihre Rolle als selbständige Person. Was immer in oder mit der Mutter vorgeht, bezieht das Kind auf dieser Stufe auf seine eigene Person. Die Zuwendung der Mutter zu anderen Familienmitgliedern, ihre Interessen, ihre häusliche oder Berufsarbeit, ihre Stimmungsschwankungen, Krankheiten, sogar ihr Tod, werden vom Kind als Versagungen erlebt, die sie ihm auferlegt. Die Geburt eines nächsten Geschwisters bedeutet für das Kind nur, daß die Mutter ihm untreu ist, d. h. Feindseligkeit von ihrer Seite, die es seinerseits mit Feindseligkeit, Gefühlsabwendung oder erhöhten Ansprüchen und Schwierigkeiten beantwortet.

2. Auf sexuellem Gebiet ist es die *Unreife* des körperlichen Apparats, die das Kind dazu führt, die genitalen Vorgänge zwischen den Eltern in die Begriffe seiner eigenen Prägenitalität zu übersetzen. Was daraus entsteht, ist das Mißverständnis des elterlichen Koitus als brutalen Angriffs des Vaters auf die Mutter und, darauf aufgebaut, alle Schwie-

rigkeiten der Identifizierung mit dem männlichen und weiblichen Partner in der Rolle von Angreifer und Opfer, die für die spätere Unsicherheit in der sexuellen Identität des heranwachsenden Individuums verantwortlich sind. Die Unreife des sexuellen Apparats in der Kindheit ist auch für die bekannten Mißerfolge der sexuellen Aufklärung verantwortlich. Wo die Eltern intellektuelle Kenntnisse zu vermitteln bemüht sind, antwortet das Kind mit den seiner körperlichen und gefühlsmäßigen Erfahrung entsprechenden „infantilen Sexualtheorien", die Mund und Anus anstelle des Genitales setzen, Kastration und Mißhandlung des weiblichen Partners anstelle der natürlichen weiblichen Rolle.

3. Die Unterschiede in der infantilen Denkweise sind nicht nur qualitativ, sie sind auch quantitativer Art, soweit sie sich auf die *relative Schwäche der Sekundärvorgänge* verglichen mit dem Primärvorgang beziehen. Kleinkinder können überraschend „vernünftig" sein und z. B. in Krankheitszeiten einsichtig für die Notwendigkeit ärztlicher Eingriffe, für das Einnehmen schlecht schmeckender Medizinen, für Diät etc. Zur Enttäuschung der Eltern zeigen sich diese Einstellungen aber als unverläßlich. Je näher der ärztliche Besuch oder die drohende Operation herankommen, d. h., je mehr die Ängste ansteigen, desto „unvernünftiger" benimmt sich das Kind, d. h., desto mehr nimmt die primäre Denkweise überhand über die sekundären Denkvorgänge: der notwendige chirurgische Eingriff verwandelt sich in der Phantasie des Kindes in die mutwillige Schädigung seines Körpers durch den Arzt; das Krankenbett wird zum Gefängnis; die Diät zum Essensentzug als Strafe. Die Eltern, die solche Dinge (in ihrer Anwesenheit oder Abwesenheit) geschehen lassen, verwandeln sich in der Phantasie des Kindes aus Beschützern in Feinde und Angreifer und werden zur Zielscheibe für Haß-, Ärger- und Wutausbrüche.

4. Ein weiterer wichtiger Unterschied zwischen Kindern und Erwachsenen bezieht sich auf die *zeitliche Orientierung*. Für die menschliche Beurteilung des Zeitablaufs ist es entscheidend, ob seine Messung auf Grund der Triebvorgänge oder auf Grund des Ichs vor sich geht. Triebregungen vertragen ihrer Natur gemäß keinen Aufschub, sind also „ungeduldig" im Drängen nach Befriedigung. Warten, Aufschub und Geduld gehören den Ichvorgängen an, sind für sie charakteristisch und

werden nur allmählich (durch das Einschieben der Denkvorgänge) in den psychischen Apparat eingeführt. Der Erwachsene mißt die Zeit mittels seines Ichs, mit der Zuziehung objektiver Hilfsmittel wie Uhr und Kalender. Im Gegensatz dazu messen Kinder die Zeit auf Grund der subjektiven Triebvorgänge, d. h. der Bedürfnisse und Wünsche. Ihr Hunger kann urteilen, daß die Zwischenzeit zwischen den Mahlzeiten „zu lang" ist, auch wo die Mutter sich pünktlich an eine von außen vorgeschriebene Zeitordnung hält. Im Zustand der Trennung und Sehnsucht, im Spital etc. kann jede Zeitspanne „endlos" scheinen, auch wenn sie der erwachsenen Beurteilung nach nur „kurz" ist. Was hier für das Kind erträglich oder unerträglich, harmlos oder schädlich ist, hängt ganz von der Reife oder Unreife seines Ichapparates ab, wird aber nur zu oft, zum Schaden des Kindes, ausschließlich mit dem ihm fremden Maßstab des Erwachsenen gemessen.

So natürlich es für die Kinder ist, die Handlungen der Eltern in ihre eigene Gefühlssprache zu übersetzen, so unvermeidlich ist es für die Eltern auf Grund ihrer erwachsenen Denkweise, die Erlebnisse der Kinder zu unterschätzen und mißzuverstehen. Angaben der Eltern über die psychische Vorgeschichte ihrer Kinder sind darum im allgemeinen unverläßlich, lückenhaft und irreführend.

Eltern, die ihre Kinder zur klinischen Untersuchung bringen[24], erwähnen z. B. wie beiläufig, daß ein Kind als Säugling „nicht gleich die Brust genommen hat"; daß es nach einer Abwesenheit der Mutter „eine Weile nichts von ihr wissen wollte"; oder während einer Krankheit der Mutter „von niemand anderem angerührt werden durfte"; daß es sich im Spital erst eingewöhnt hat, „nachdem die erste Angst vorüber war".

Zwischenfälle dieser Art, scheinbar unwesentlich und kurzdauernd, entpuppen sich bei näherem analytischen Zusehen nur zu oft als wichtige Wendepunkte im Gefühlsleben des Kindes, d. h. als traumatische Ereignisse, von denen Ängste, pathologische Veränderungen, Minderwertigkeitsgefühle, Hemmungen und Symptombildungen ihren Ausgang nehmen.

---

[24] Nach vielen Erfahrungen an den Fällen der Hampstead Child-Therapy Clinic.

II

Psychische Entwicklungslinien

In der analytischen Arbeit zerlegen wir die psychische Persönlichkeit in ihre Bestandteile und verfolgen gesondert das Schicksal der einzelnen Teilstücke. Die Entwicklungsreihen, die sich dabei ergeben, beziehen sich einerseits auf die Triebanteile, andererseits auf die Ich- und Über-Ich-Instanzen im seelischen Apparat. Wir kennzeichnen die Entwicklung des Sexualtriebs durch die Aufeinanderfolge der libidinösen Phasen (oral, anal-sadistisch, phallisch, Latenz, Vorpubertät, Pubertät, Genitalität). Wir nehmen für den Aggressionstrieb an, daß bestimmte seiner Äußerungsformen stufenweise der Libidoentwicklung zugeordnet sind. (Beißen, Spucken, Einverleibungswünsche als orale Aggression; Quälen, Zerstören, Grausamkeit als Äußerungen des analen Sadismus; Herrschsucht, Prahlerei, Überheblichkeit auf der phallischen Stufe; dissoziale Ausbrüche in Vorpubertät und Pubertät etc.) Für das Ich gibt es „Entwicklungsstufen des Wirklichkeitssinnes" (Ferenczi, 1913) und eine annähernde Chronologie der Abwehrmechanismen (A. Freud, 1936); für das Über-Ich die Aufeinanderfolge von Identifizierung mit den Elternobjekten und die fortschreitenden Internalisierungen der elterlichen Autorität. Für die Bewertung der intellektuellen Entwicklung verwendet auch der Analytiker die Intelligenzprüfungen der akademischen Psychologie.

Diese ihrem Wesen nach einseitige Betrachtungsweise, die der zerlegenden und zergliedernden Einstellung des Analytikers entspricht, erweist sich aber als unbefriedigend, wo es sich nicht um Therapie oder Theoriebildung handelt, sondern um Entwicklungs- und Erziehungsfragen, für die nicht die Teilstücke, sondern die Gesamtleistungen des seelischen Apparates maßgebend sind. Was für dieses Arbeitsgebiet unerläßlich ist, ist die Kenntnis der wichtigsten Wechselbeziehungen zwischen Trieb und Ich und die Feststellung der Regelmäßigkeit, mit der sie auf den verschiedenen Altersstufen und Entwicklungsstufen zustandekommen. Solche Stufenfolgen in der Gesamtleistung sind begreiflicherweise am leichtesten dort zusammenzustellen, wo die in Betracht kommenden Einflüsse auf beiden Seiten der Persönlichkeit gründlich studiert sind, wie z. B. die Sexualentwicklung und Aggres-

sionsentwicklung auf der Triebseite, die Entwicklung der Objektbeziehungen auf der Ichseite, die dann in der fortschreitenden Gestaltung des menschlichen Liebeslebens zusammentreffen und durch ihre Äußerungen über die in dieser Hinsicht erreichte Reife oder Unreife, Normalität oder Abnormalität des Individuums Auskunft geben.
Wir besitzen heute in den von der psychoanalytischen Kinderpsychologie gegebenen Daten genügend Anhaltspunkte, um solche Entwicklungsreihen auch für andere Leistungen der kindlichen Person zusammenzustellen. Unsere Aufgabe bleibt dabei immer die gleiche: zu verfolgen, wie Ich und Es zu einer gemeinsamen Wirkung zusammentreffen; wie die Beherrschung der Innenwelt und Anpassung an die Außenwelt stufenweise fortschreiten; und wie Trieb- und Phantasiefreiheit langsam an Kraft verlieren und zugunsten von Triebbeherrschung und Rationalität in den Hintergrund treten.
Entwicklungslinien dieser Art lassen sich für eine zunehmende Anzahl von Gebieten aufstellen: zum Beispiel für das Gebiet der Nahrungsaufnahme, wo die Stufenreihe vom Säuglingsstadium angefangen bis zu den rationellen Eßgewohnheiten des Erwachsenen führt; für das Gebiet der Reinlichkeit von dem ursprünglichen Erziehungskampf bis zur automatischen Beherrschung der Entleerungsfunktionen; für die körperliche Hygiene von der Abhängigkeit von den Pflegepersonen bis zur Selbständigkeit; für die Beziehung zu den Altersgenossen von Egoismus und Gleichgültigkeit zu Freundschaft und Gegenseitigkeit; vom Spiel am eigenen und mütterlichen Körper und den „Übergangsobjekten“ (Winnicott, 1953) bis zum Spielzeug und den Anfängen der Arbeitsfähigkeit.
Fortschritte auf diesen Stufenleitern sind in jedem einzelnen Fall das Ergebnis von Wechselwirkungen zwischen den auf der Trieb-, Ich- und Über-Ich-Seite vorgefallenen Wachstumsvorgängen und ihrer Umformung durch die Außenweltseinflüsse, d. h. eine Mischwirkung von Reifung, Strukturalisierung und Anpassung. Die sich ergebenden „Entwicklungslinien“ sind alles eher als theoretische Abstraktionen. Was sie zu vermitteln versuchen, sind wahrheitsgetreue Bilder von der Entwicklung des Kindes und seiner Leistungsfähigkeit.

Eine typische psychoanalytische Entwicklungslinie: von der infantilen Abhängigkeit zum erwachsenen Liebesleben

Die Verfolgung der infantilen Liebesbeziehungen bis zu ihren erwachsenen Formen entspricht dem ersten psychoanalytischen Bemühen, eine lückenlose historische Entwicklungsfolge für eine bestimmte Seite des menschlichen Lebens herauszuarbeiten. Als Grundlage der Erscheinungen finden sich hier einerseits die dem Sexualtrieb innewohnenden Reifungsvorgänge, die in den libidinösen Phasen zum Ausdruck kommen (oral, anal, phallisch), andererseits (wie oben angedeutet) die Beiträge, die das Ich zur Wahl und zur Gestaltung der Objektbeziehungen beisteuert. Was der Analytiker in der Analyse rekonstruiert und in Beobachtungen außerhalb der Analyse bestätigt gefunden hat, läßt sich als eine Stufenreihe folgender Art beschreiben:

1. als „biologische Einheit" zwischen Mutter und Kind am Anfang des Lebens, eine Phase, in der der Narzißmus der Mutter sich über das Kind erstreckt, und das Kind seinerseits die Person der Mutter in sein „narzißtisches Milieu" (Hoffer, 1952) mit einbezieht; Unterteilungen dieser Periode (M. Mahler, 1952) lassen eine autistische und eine symbiotische Periode erkennen, sowie eine Periode, in der Trennungsangst einerseits und Selbständigkeitswunsch andererseits in entgegengesetzte Richtungen drängen. Jede einzelne dieser Entwicklungen ist zahlreichen Störungen unterworfen, die für die betreffende Stufe charakteristisch sind;
2. als „Liebe nach dem Anlehnungsbedürfnis" oder Periode des „Teilobjekts" (Melanie Klein), eine Vorstufe der Objektbeziehung, auf der die Objektwahl noch nicht vom Ich, sondern von den Bedürfnissen und Triebregungen reguliert wird. Was wir hier sehen, ist eine positive Libidobesetzung der durch das Objekt vermittelten Befriedigung. Besetzungen dieser Art sind nicht konstant, sondern werden zurückgezogen, wenn die Wunscherfüllung eingetreten ist. Im Zustand der Ruhe kehrt das Individuum zur narzißtischen Libidoverteilung zurück;
3. als Stufe der Objektbeziehung im eigentlichen Sinn des Wortes, auf der die Libidobesetzung sich von der Bedürfnisbefriedigung unab-

hängig macht und konstant auf eine bestimmte Person gerichtet bleibt;

4. als die ambivalenten Beziehungen der anal-sadistischen Phase, in der Libido und Aggression auf das gleiche Objekt gerichtet werden;
5. als die ödipale (phallische) Phase, in der das Kind beide Elternteile und einen Teil besonders zum Ziel seiner sexuellen Wünsche macht und mit dem anderen Teil rivalisiert; Neugier, Prahlerei, Exhibitionslust sind im Vordergrund des Benehmens; bei Mädchen beginnt der Ödipuskomplex als männliche, auf die Mutter gerichtete Strebung, die der auf den Vater gerichteten weiblichen Einstellung vorangeht;
6. als Latenzperiode, in der die prägenitalen Regungen der infantilen Sexualität abklingen, der Ödipuskomplex untergeht und die libidinösen Besetzungen zum Großteil von den Eltern abgezogen und auf Gleichaltrige, auf Lehrer, Gruppenführer, auf Idealfiguren, auf unpersönliche Ideale, auf zielgehemmte und sublimierte Interessen gerichtet werden; die Enttäuschung an dem Idealbild der Eltern offenbart sich zu dieser Zeit im Phantasieleben (Familienroman, Zwillingsphantasien etc.);
7. als Vorpubertät, eine Vorstufe der eigentlichen Pubertät, in der die scheinbar überwundenen Wünsche und Einstellungen des infantilen Lebens von neuem zum Vorschein kommen;
8. als Pubertätsphase, in der der Jugendliche die doppelte Aufgabe hat, sich einerseits von seinen ödipalen Objekten loszumachen, anderseits die prägenitalen Partialtriebe unter die Oberherrschaft der Genitalzone zu bringen. Die Pubertät ist abgeschlossen, wenn dieser Schritt und die Besetzung eines neuen, heterosexuellen Liebesobjekts außerhalb der Familie gelungen ist.

Eine Entwicklungslinie dieser Art führt in ihrer Anwendung auf praktische Fragen zu unerwarteten neuen Einsichten, auch wo sie wie in diesem Fall in den einzelnen, sich folgenden Positionen dem Analytiker nur Altbekanntes wiederholt. Was sie in ihrer Gesamtheit möglich macht, sind genauere Auskünfte über die Ansprüche und Erwartungen, die auf jeder der Entwicklungsstufen an das Kind gestellt werden können.

Wir beginnen zum Beispiel zu verstehen, warum die in den letzten

Jahren viel diskutierten Trennungen zwischen Mutter und Kind zu so verschiedenen Folgeerscheinungen Anlaß geben; ein Blick auf die Entwicklungslinie zeigt, daß sie auf jeder Stufe eine andere Bedeutung haben und das Kind an einem anderen empfindlichen Punkt treffen. Wo Mutter und Kind in der Phase der biologischen Einheit (1) voneinander getrennt werden, gleichgültig aus welchem Anlaß, sehen wir als Ergebnis beim Kind Ausbrüche von Trennungsangst und Trennungsschmerz im eigentlichen Sinne des Wortes. (Bowlby, 1960.) Wo die Mutter ihre Rolle als Quelle von Befriedigungserlebnissen unzureichend erfüllt (2), folgen Störungen in der Individuation (Mahler, 1952), anaklitische Depressionen (Spitz, 1946), andere Mangelerscheinungen (Alpert, 1959), Frühreife in der Ichentwicklung (James, 1960) oder ein sogenanntes „falsches Ich" (Winnicott, 1955). Wo die Liebesstrebungen des Kindes in der anal-sadistischen Phase kein geeignetes Objekt finden oder wo das Objekt unverläßlich ist, dort ereignen sich Störungen im Mischungsverhältnis von Libido und Aggression oder in ihrer Fusion überhaupt und führen zu aggressiv-destruktiven Folgeerscheinungen, die jedem erzieherischen Eingriff gegenüber unbeeinflußbar bleiben (A. Freud, 1949).

Trennungen zwischen dem Kind und seinem Liebesobjekt werden nach Erreichung von Stufe 3 besser vertragen als vorher. Je sicherer die konstanten Objektbeziehungen des Kindes sich verankert haben, d. h., je unabhängiger sie von der körperlichen Anwesenheit oder Abwesenheit der betreffenden Person und den von ihr ausgehenden Befriedigungen oder Versagungen sind, desto länger kann die Trennung von ihr dauern, ohne traumatische Wirkung zu haben. Hier geben die verschiedenen Stationen auf der Entwicklungslinie die notwendigen Auskünfte über die voraussichtliche Wirkung von Spitalaufenthalt, Abwesenheit der Eltern, Eintritt in den Kindergarten etc., für die das chronologische Alter des Kindes allein nie maßgebend sein kann.

Weitere praktische Rückschlüsse aus derselben Entwicklungslinie sind die folgenden:

daß das lärmende Anklammern des Kleinkindes an die Mutter (4) eine Folge der vor-ödipalen Ambivalenz ist und nicht — wie oft behauptet — das Kennzeichen eines „verzogenen" Kindes;

daß Eltern im Irrtum sind, wenn sie in den vor-ödipalen Phasen (vor

Ende von 4) Gegenleistungen in der Objektbeziehung erwarten, die erst in 5 zustandekommen können;

daß kein Kind fähig ist, in eine Gemeinschaft einzutreten, ehe es Anteile seiner Libido von den Eltern auf Altersgenossen übertragen hat (6). In Fällen, wo der Untergang des Ödipuskomplexes sich verzögert und eine infantile Neurose das Kind länger als normal in 5 festhält, sind Störungen in der Anpassung an die Gemeinschaft, mangelndes Interesse am Schulleben, Schulängste und hochgradiges Heimweh an der Tagesordnung;

daß adoptierte Kinder meist in der Latenzperiode (6) in Schwierigkeiten geraten, also zur Zeit, wenn alle Kinder die unvermeidliche Enttäuschung an den Eltern erleben und der „Familienroman", d. h., die Phantasie, nicht das Kind der eigenen Eltern zu sein, durch die Wirklichkeit der Adoption zum schmerzlichen Erlebnis gesteigert wird;

daß Sublimierungen, die zuerst in der ödipalen Phase (5) auftauchen, und in der Latenzperiode (6) voll entwickelt werden, in der Vorpubertät (7) gewöhnlich verloren gehen, was nicht Erziehungsfehlern und Fehlentwicklungen, sondern den entwicklungsgemäßen Regressionen auf frühere Entwicklungsstadien (2, 3, 4) zuzuschreiben ist;

daß von seiten der Eltern das Recht des Jugendlichen (8) auf Ablösung von der Familie ebenso ernst genommen werden muß wie das Recht des Kleinkindes (1, 2) auf Anklammerung an seine Objekte oder das Recht aller Kinder (1—7) auf ein gewisses Ausmaß von autoerotischen Befriedigungen.

Entwicklungslinien zur körperlichen Selbständigkeit

Daß in der menschlichen Entwicklung das Körper-Ich allen anderen Ichentwicklungen vorangeht, will nicht heißen, daß Kinder ihre körperliche Selbständigkeit früher erreichen als die Unabhängigkeit von den Eltern in gefühlsmäßiger und moralischer Beziehung. Im Gegenteil, die narzißtische Einstellung aller Mütter zum kindlichen Körper findet ihr Gegenstück auf seiten aller Kinder in dem Gefühl der körperlichen Einheit mit der Mutter; in der Abwesenheit von Körper- und Ichgrenzen; und in der Tatsache, daß am Anfang des Lebens die Unterscheidung zwischen innen und außen nicht auf Grund der objektiven Wirklichkeit, sondern auf Grund der Lust- und Unlusterlebnisse getroffen wird. Das Kleinkind behandelt (oder mißhandelt) Brust, Gesicht, Hand oder Haar der Mutter, als wären sie seine eigenen Körperteile; es erwartet gleichzeitig von ihr, daß sie seinen Hunger, seine Müdigkeit, seine Bedürfnisse und Unlustgefühle als ihre eigenen empfindet. So sehr die ganz frühe Kindheit unter dem Einfluß von Körperbedürfnissen, körperlichen Regungen und ihren Abkömmlingen steht, so wenig ist das Kind selbst Herr über die Art und das Ausmaß seiner Befriedigungen, mit der einzigen Ausnahme der Autoerotik, die ihm ein bescheidenes Maß von Selbständigkeit der Außenwelt gegenüber erlaubt. In allen anderen Hinsichten, in bezug auf Schlaf und Nahrungsaufnahme, Entleerung und Körperhygiene, Krankheits- und Unfallverhütung etc. müssen langwierige Entwicklungen durchlaufen werden, ehe ihre Beherrschung der mütterlichen Kontrolle entzogen und von dem Heranwachsenden selber übernommen wird.

Vom Säuglingsstadium zum rationellen Essen

Es dauert eine Reihe von Jahren, bevor ein Kind dazu gelangt, sein Eß-Bedürfnis selbständig zu befriedigen, d. h., seine Nahrungsaufnahme auf Grund des eigenen Hungers oder Appetits, der eigenen Vorlieben und Abneigungen, in bezug auf Menge und Art der Speisen zu regeln, ohne sich dabei entweder von seiner Beziehung zur Pflegeperson oder von seiner bewußten und unbewußten Phantasiewelt leiten zu lassen. Die Stufen auf dem Entwicklungsweg, die sich dabei ergeben, sind etwa die folgenden:

1. Das Säuglingsstadium selbst, mit Brust- oder Flaschenernährung, geregelt nach einem mehr oder weniger strengen Regime, d. h. entweder durch die Uhr oder durch die Hungerzeichen des Säuglings bestimmt. Störungen in diesem Vorgang sind an der Tagesordnung, teils auf Grund der normalen Schwankungen in Nahrungsbedürfnis und Darmtätigkeit des Kindes, teils auf Grund der mütterlichen Einstellung und Ängstlichkeit in bezug auf den Ernährungsvorgang. Unlustbetontes Warten auf die Mahlzeiten, zu große oder zu geringe Nahrungszufuhr, Zwangsfütterung mit abgelehnten Speisen

stören das Befriedigungserlebnis und erzeugen die ersten, oft bis in die späte Kindheit andauernden Eß-Schwierigkeiten. Neben der durch die Eß-Vorgänge hervorgerufenen oralen Lust findet sich das lustvolle Fingerlutschen, entweder als unabhängige autoerotische Betätigung oder in seiner Rolle als Vorläufer, Begleiterscheinung, Ersatz oder Störung in der Nahrungsaufnahme.

2. Die Entwöhnung von Brust oder Flasche, entweder vom Kind selbst oder von der Mutter ausgehend. Im letzteren Fall hängt es von den mehr oder weniger schonenden Formen der Entwöhnung ab, ob das Kind gegen die Entziehung der oralen Lust protestiert und sich damit eine Eß-Störung erwirbt. Die Einführung fester Speisen bringt oft Schwierigkeiten. Neuerungen in bezug auf Geschmack und Konsistenz werden von manchen Kindern begrüßt, von vielen abgelehnt.
3. Der Fortschritt vom Gefüttertwerden zum ersten selbständigen Essen, mit Gebrauch der Hand vor dem Gebrauch des Löffels. Die psychische Bedeutung von „Mutter" und „Nahrung" fällt auf dieser Stufe noch in eins zusammen.
4. Selbständiges Essen mit Gebrauch von Löffel und Gabel. Unstimmigkeiten zwischen Kind und Mutter über das Quantum von Nahrung verschieben sich häufig auf die Formen der Nahrungsaufnahme, d. h. die „Eß-Manieren". Schwierigkeiten in der Mutter-Kind-Beziehung äußern sich mit Vorliebe während der Mahlzeiten. Die Stärke der oralen Bedürfnisse äußert sich auf dieser Stufe entwicklungsgemäß als Sucht nach Süßigkeiten. Neue Eß-Einschränkungen ergeben sich infolge der Reinlichkeitserziehung, d. h. auf Grund des neu erworbenen Ekels, eine Reaktionsbildung, die sich vom analen auf das orale Gebiet verschiebt.
5. Auf der ödipalen Stufe tritt die psychische Gleichung Nahrung-Mutter in den Hintergrund, und an ihre Stelle treten aus den infantilen Sexualtheorien stammende Phantasien: die Phantasie von oraler Befruchtung erzeugt Angst vor Vergiftung; Schwangerschaftsphantasien, d. h. Angst vor Gewichtszunahme führen zur Essensverweigerung, Phantasien von analer Geburt zu Störungen in Nahrungsaufnahme und Entleerung. Reaktionsbildungen gegen verdrängten Kanibalismus und Sadismus machen sich in der Speisenauswahl fühlbar.

6. Die Latenzperiode bringt eine Abnahme in der Sexualisierung des Eß-Vorgangs mit gleichzeitiger Befreiung oder Steigerung der Eß-Lust. Die vernünftigen Ichhaltungen dem Essen gegenüber erstarken zu ungunsten der Triebeinflüsse und führen zur allmählichen Selbständigkeit. Als Restbestände des Vorangegangenen bleiben für alle Zukunft die individuellen Vorlieben und Idiosynkrasien bestehen ebenso wie die Neigung zur Süchtigkeit in bezug auf Getränke und Rauschgifte.

Die Einsichten, die sich aus dieser speziellen Entwicklungslinie ergeben, sind verschiedener Art.
Die Haltung des Kleinkindes auf Stufe 2, der Entwöhnung und den neu eingeführten Speisen gegenüber, ist von besonderem Interesse für den Diagnostiker. Hier offenbart das Individuum sich zum ersten Mal entweder als konservativ oder als fortschrittlich in seinen Haltungen, d. h. als geneigt, alles Neue als willkommene Abwechslung zu begrüßen oder jede Veränderung als drohenden Entzug gewohnter Lustbefriedigung abzulehnen. Der Wille zum Fortschritt oder das Beharren auf dem Hergebrachten übertragen sich nur zu leicht vom Gebiet der Nahrungsaufnahme auf andere Entwicklungsgebiete.
Die Gleichstellung von Nahrung und Mutter, die für die ersten vier Entwicklungsphasen maßgebend ist, bestätigt objektiv, was Mütter seit jeher subjektiv gefühlt haben, nämlich, daß jede Essensverweigerung des Kleinkindes einer feindseligen Regung Ausdruck gibt, die sie dann ihrerseits mit viel Empfindlichkeit und negativen Einstellungen beantworten. Wir finden hier auch erklärt, wieso viele Eß-Schwierigkeiten der Kinder verschwinden, wenn anstatt der Mutter eine mehr oder weniger gleichgültige Person das Essen verabreicht. Kinder, die im eigenen Heim schlechte Esser sind, essen oft ohne Schwierigkeiten im Kindergarten, im Spital oder zu Besuch in anderen Familien, allerdings ohne daß die letzteren Eß-Erfolge den Mißstand in Gegenwart der Mutter beseitigen. Wir verstehen ferner, warum fast jede traumatische Trennung zwischen Mutter und Kind unmittelbare Folgen für die Nahrungsaufnahme hat. In Zuständen von Trennungsschmerz begegnen wir der völligen Nahrungsverweigerung (Ablehnung jedes Muttersatzes) ebenso häufig wie der Gier nach Nahrung (symbolischer Ersatz der Mutterliebe durch orale Befriedigung am Essen).

Eß-Schwierigkeiten auf Stufe 5 sind, wie oben geschildert, Ausdruck von Konflikten zwischen den inneren Instanzen (nicht von Konflikten mit einem Außenweltsobjekt), und sind als solche von der Gegenwart oder Abwesenheit der Mutter unabhängig, was für die Differenzialdiagnose in den Eß-Schwierigkeiten einen wichtigen Hinweis ergibt.
Mit Ablauf der 6. Phase nehmen die infantilen Eß-Schwierigkeiten ihr Ende. Die erwachsene Selbstbestimmung dem Essen gegenüber läßt keinen Platz für äußere Kämpfe auf diesem Gebiet, nur für die inneren Unstimmigkeiten. Der manifeste Wunsch zu essen findet sich im Konflikt mit der latenten, vom verdrängten Unbewußten herstammenden Intoleranz gegen gewisse Speisen, Eß-Gewohnheiten, Quantitäten etc. Nicht selten finden wir in der Pubertät eine kurze Periode von normaler Nahrungsaufnahme, bevor die neurotischen Magen- und Darmstörungen der Erwachsenen anstelle der kindlichen Eß-Schwierigkeiten treten.

Von der Reinlichkeitserziehung zur Reinlichkeit

Anders als in den beiden vorangehenden Entwicklungslinien handelt es sich hier nicht um die grundsätzliche Erhaltung von Triebabkömmlingen mit allmählicher Überleitung von direkter zu zielgehemmter Triebbefriedigung, sondern um die Ersetzung von Partialtrieben (urethral, anal) durch ihr Gegenteil, also um die Herstellung von Reaktionsbildungen. Der Kampf zwischen den beteiligten Instanzen, Es, Ich, Über-Ich und Außenwelt, wird dabei besonders deutlich.

1. Die erste Phase ist naturgemäß eine Periode der vollen Uneingeschränktheit für Blasen- und Darmentleerung. Ob sie kurz oder lang dauert, hängt nicht von den dem Neugeborenen innewohnenden Reifungsvorgängen ab, sondern von den Sitten, Gewohnheiten und ärztlichen Vorschriften, die das Eingreifen der Mutter beeinflussen. Unter den heutigen Umständen finden wir die weitestgehenden Verschiedenheiten: in manchen Orten, Ländern und sozialen Schichten beginnt die Reinlichkeitserziehung wenige Tage nach der Geburt (Abhalten des Säuglings, bedingter Reflex), in anderen wartet sie bis zum zweiten oder dritten Lebensjahr (auf Entwicklung von Objektbeziehung und Ich-Herrschaft).

2. Im Gegensatz zu diesen Verhältnissen geschieht der Schritt zur nächsten Stufe auf Grund von Reifungsvorgängen, nicht von Außenwelteinflüssen. Mit dem Übergang von der oralen zur analen Entwicklungsphase steigert sich die libidinöse Besetzung der Körperinhalte und damit der Widerstand des Kleinkindes gegen jede äußere Einmischung in diese ihm so wichtig gewordenen Vorgänge. Der Darminhalt ist zu dieser Zeit für das Kind ein hoch geschätzter Stoff und wird nur „der Mutter zuliebe", als Geschenk für sie, hergegeben; gleichzeitig ist die Darmentleerung, in ihrer aggressiven Bedeutung, auch eine Waffe, die dem Ausdruck von Ärger und Enttäuschung mit der Mutter dient.

Die für die anal-sadistische Periode normale Gefühlsambivalenz äußert sich auf der Triebseite in dieser doppelten Besetzung der Körperprodukte (mit Libido und Aggression) und der doppelten Gefühlseinstellung zur Mutter (Abwechslung von Liebe und Haß). Auf der Seite des Ichs erscheinen gleichzeitig Regungen von Neugier und Wißbegier auf das Körperinnere gerichtet, Freude am Spiel mit Wasser, Sand und plastischen Stoffen, am Füllen und Ausleeren von Gefäßen, Ansammeln von Mengen irgendeiner Art; als aggressive Begleiterscheinungen findet sich die Lust am Beherrschen, Besitzen, Zerstören etc.

Unvermeidlicherweise kommen die Umweltseinflüsse auch hier zu ihrem Recht. So ähnlich alle Kleinkinder sich sind, soweit es ihre Trieb- und Ichvorgänge betrifft, so verschieden ist in dieser Phase die Gesamtentwicklung der Persönlichkeit, die letzten Endes von dem Eingreifen der Pflege- und Erziehungspersonen und der Anpassung an sie abhängt. Manche Mütter bleiben in Fühlung mit den inneren Bedürfnissen ihrer Kinder, den analen Regungen gegenüber nicht weniger als vorher den oralen Wünschen, ihnen gelingt es, zwischen der Schmutzlust des Kindes und der Außenweltsforderung nach Reinlichkeit die geeignete Vermittlerrolle zu spielen und das Kind allmählich und schonend zur Beherrschung seiner Schließmuskeln zu erziehen. Für andere Mütter machen die eigenen Verdrängungen des Analen, die Reaktionsbildungen von Ekel, Sauberkeit und Ordentlichkeit ein solches Verhalten unmöglich. In diesen Fällen begegnen wir der Reinlichkeitserziehung in ihren unerwünschten Formen. Die Mutter beharrt mit aller Strenge auf ihrer Forderung auf Entleerung zur bestimmten Zeit und am bestimmten Ort, und das Kind seinerseits verteidigt ebenso hartnäckig und kompromißlos sein Recht auf die Eigenbestimmung über Harn und Kot. Was sich ergibt, ist ein Kampf zwischen Mutter und Kind, mit nachteiligen Folgen für die Objektbeziehung zwischen ihnen einerseits und die Charakterbildung des Kindes (Eigensinn, Starrheit der Reaktionsbildungen, zwangsneurotische Neigungen) andererseits.

3. In einer dritten Phase übernimmt das Kind die Einstellung der Umwelt zur Reinlichkeit, identifiziert sich mit ihr in dieser Hinsicht und macht sie zu seiner eigenen. Die Beherrschung der Entleerungsvorgänge wird als primitives Über-Ich zum Kern der Moral; der Kampf um sie wird in der Form von inneren Konflikten zwischen den analen und urethralen Regungen und den gegen sie gerichteten Abwehrmechanismen weitergeführt. Schließlich erscheinen Ekel vor Schmutz, Ordentlichkeit und Pünktlichkeit als Sicherungen gegen die Rückkehr des Verdrängten. Mit der Regelmäßigkeit der Darmentleerung erwirbt das Ich Eigenschaften wie Pünktlichkeit, Gewissenhaftigkeit, Verläßlichkeit. Die hohe Bewertung der Körperinhalte verschiebt sich auf andere Gebiete und Interessen, wie Sparen, Sammeln etc. Was wir vor uns sehen, ist in seiner Gesamtheit eine weitgehende Umgestaltung der prägenitalen analen und urethralen Triebabkömmlinge. Wo diese Umformung allmählich und ohne begleitende Schockerlebnisse vor sich geht, wird sie zur Quelle von wertvollen Ichhaltungen, die dem individuellen Charakter wünschenswerte Festigkeit verleihen.

Es darf andererseits nicht vergessen werden, daß Erwerbungen dieser Art auf Identifizierungen und Internalisierungen beruhen und als solche erst nach dem Ablauf des Ödipuskomplexes zum gesicherten Besitzstand der Persönlichkeit gehören. In präödipalen Zeiten (besonders zu Anfang der dritten Phase) bleibt die Ichkontrolle über die analen Vorgänge noch von der positiven Qualität und von der Stabilität der Objektbeziehungen abhängig. Ein Kind kann z. B. im eigenen Heim schon dazu erzogen sein, den Topf oder das Klosett zu benützen, überträgt diese Fähigkeit aber nicht automatisch auf fremde, ungewohnte Umgebungen oder Hilfsmittel. In Enttäuschung an der Mutter, getrennt von ihr, etc. machen Kinder einerseits die eigene Forderung nach Reinlichkeit wieder rückgängig und wiederbeleben andererseits die aggressive Verwendung des Entleerungsvorgangs. Beides führt zu den der erwachsenen Welt oft unverständlichen Vorfällen von Nässen und Beschmutzen.

4. Erst in der vierten Phase erreicht die Beherrschung der Schließmuskeln ihre endgültige Form und Sicherheit. Nach Ablauf der Ödipusperiode machen die in Betracht kommenden Einstellungen sich unabhängig von der Objektwelt und den Beziehungen zu ihr und erreichen den Stand von neutralisierten, autonomen Ich- und Über-Ich-Inhalten.[25]

Von der Unverantwortlichkeit zur Verantwortlichkeit für den eigenen Körper

Das Gefühl der Verantwortung für den eigenen Körper stellt sich nicht schneller her als die Selbständigkeit des Kindes in Fragen der Ernährung und Entleerungsbeherrschung. Wie bei früheren Gelegenheiten ausgeführt (A. Freud, 1952), überläßt das Kind einer „guten" Mutter die Verantwortung für seinen Körper und die Vorsorge gegen Unfälle und Krankheiten, und behält sich selbst das Vorrecht auf Sorglosigkeit, Unvernunft oder sogar Tollkühnheit in dieser Hinsicht. Nur in Abwesenheit der Mutter, bei ihrem Verlust und bei mangelnder Fürsorglichkeit von ihrer Seite beginnen Kinder auf ihre eigene Gesundheit und Sicherheit zu achten, d. h., ihren eigenen Körper in hypochondrischer Weise zu bemuttern.

So unvollkommen unser Wissen in dieser Beziehung ist, so ist es doch möglich, einige wenige Stationen auf diesem Entwicklungsweg festzustellen.

1. Als erste Stufe läßt sich in den Reifungsvorgängen der ersten Lebensmonate eine Wendung der Aggression von innen nach außen erkennen. Diese Veränderung ist lebenswichtig, insoweit sie die Selbstbeschädigung des eigenen Körpers (durch Kratzen, Beißen etc.) einschränkt und nur minimale Restbestände der Tendenz für

[25] Siehe H. Hartmann, über „sekundäre Autonomie", 1950 b.

spätere Alter beibehält.[26] Der Entwicklungsschritt, den wir hier vor uns haben, beruht einerseits auf der Herstellung eines Reizschutzes gegen Schmerz, andererseits auf der mütterlichen Besetzung des kindlichen Körpers mit narzißtischer Libido (Hoffer, 1950). Das Kind beginnt seinen Körper zu schätzen und zu schonen, soweit die Mutter ihn liebt.

2. Der nächste Fortschritt steht ganz im Zeichen der Ichentwicklung. Orientierung in der Außenwelt, Einsicht in die Folge von Ursache und Wirkung, Beherrschung gefährlicher Impulse im Sinne des Realitätsprinzips verbinden ihre Einflüsse mit den vorher erworbenen und übernehmen die Aufgabe, das Kind gegen die äußeren Gefahren wie Feuer, Wasser, Fall von Höhen etc. zu schützen. So wichtig diese Ichfunktionen für die Verhütung von Unfällen sind, so wenig berechtigt ist man andererseits, sich auf die Gleichzeitigkeit oder Gleichförmigkeit ihres Wachstums zu verlassen. Wo die eine oder andere Funktion in der Entwicklung verlangsamt ist, bleibt das Kind gefährdet, d. h. ungebührlich lange ganz auf den mütterlichen Schutz angewiesen.

3. Die Entwicklung zur Selbständigkeit auf diesem Gebiet ist nicht abgeschlossen, ehe Kinder nicht auch imstande sind, die grundsätzlichsten hygienischen und medizinischen Vorschriften zu verstehen und sich ihnen willig und ohne Widerstand zu unterwerfen. Kinder lernen zwar verhältnismäßig früh, daß nicht alles eßbar ist, daß Überessen unangenehme Folgen hat und daß es nötig ist, den Körper rein zu halten; Erwerbungen dieser Art gehören aber eher zu den Schicksalen der oralen und analen Partialtriebe als zu der hier beschriebenen Entwicklungslinie. Was hier wichtig ist, sind einerseits die Vorsichten, die der Krankheitsverhütung dienen, andererseits im Krankheitszustand die Befolgung der ärztlichen Vorschriften in bezug auf das Einnehmen von Medizinen, auf Bettruhe und Diät. Insoweit Kinder nicht aus Schuldgefühl oder Kastrationsangst um ihren Körper besorgt sind, sind ihnen solche Einstellungen im Wesen

---

[26] Solche Restbestände sind nicht zu verwechseln mit der späteren „Wendung der Aggression gegen die eigene Person“, die nicht einer Entwicklungshemmung, sondern einer Ichabwehr entspricht.

fremd. Sie benehmen sich normalerweise so, als ob ihnen nichts zustoßen könnte, sprechen sich das Recht zu, sich in Gefahren zu stürzen, und überlassen es den Müttern, ihre Gesundheit und Sicherheit einerseits zu gewährleisten, andererseits wieder herzustellen. Gewöhnlich entläßt erst der Heranwachsende die Mutter aus ihrer Rolle als Beschützerin und Pflegerin seines Körpers und beseitigt damit endgültig die letzten Restbestände der ursprünglichen körperlichen Symbiosis zwischen Kind und Mutter.

Zwei weitere Beispiele von Entwicklungslinien

Die beiden hier folgenden Entwicklungslinien sind nur als Beispiele zu werten. Es kann dem Analytiker nicht schwer fallen, auf Grund seiner Detailkenntnisse eine ganze Anzahl weiterer Stufenfolgen solcher Art aufzustellen; die Rekonstruktion der Vergangenheit aus der Erwachsenenanalyse eignet sich dazu nicht weniger als die direkte Beobachtung einzelner Kinderentwicklungen.

Der Weg vom Egoismus zur Freundschaft und Teilnahme an einer menschlichen Gemeinschaft

Im Verhältnis des Kindes zu seinen Altersgenossen unterscheiden wir die folgenden Phasen:

1. Das Kleinkind beginnt als egozentrisches Wesen, nur auf sich selbst und seine narzißtischen Interessen eingestellt. Andere Kinder spielen in dieser eingeschränkten Welt keine Rolle. Soweit sie überhaupt bemerkt werden, werden sie als Störenfriede und Rivalen in der Beziehung zu den Eltern empfunden.
2. Das Kleinkind beginnt, von anderen Notiz zu nehmen, behandelt sie aber, als wären sie leblose Gegenstände, eine Art Spielzeug, das sich alles gefallen läßt und das man je nach Laune aufnehmen und fallen lassen, bewillkommnen oder wegstoßen kann.
3. Das Kind beginnt, Altersgenossen als Spielgefährten zu schätzen. Ihre Mithilfe beim Bauen, Zerstören und Planen aller Art ist willkommen, das Verhältnis zu ihnen dauert aber nicht länger als das Spiel, demzuliebe es hergestellt wird.

4. Der Spielgefährte wird allmählich zum Freund, d. h., das Kind wird fähig, andere Kinder mit Objektstrebungen zu besetzen, sie zu lieben oder zu hassen, zu fürchten oder zu bewundern, sich mit ihnen zu messen oder zu identifizieren, ihre Wünsche zu achten. Besitzstand mit ihnen zu teilen und sie in jeder Beziehung als gleichberechtigt zu behandeln.

Für den Eintritt in eine Kindergemeinschaft erlaubt diese Entwicklungslinie einige praktische Folgerungen:
Einsicht in Phase 1 und 2 zeigt, daß das Kleinkind zu diesen Zeiten seinem Wesen nach asozial ist, eine Tatsache, an der auch die tolerante Einstellung älterer Geschwister oder alle entgegengesetzten Bemühungen der Mutter nichts ändern können. Ein Gemeinschaftsleben in diesem Alter (Krippe, Kinderbewahranstalt etc.) wird bestenfalls vom Kind ertragen, wirkt aber nicht fördernd auf die Entwicklung. Mit dem Eintritt in Phase 3 wird das Kind zum erstenmal fähig, eine Rolle im Leben der Geschwister zu spielen oder Vorteile vom Kindergarten zu haben. Phase 4 bringt dann die Bereitschaft für länger dauernde, wirkliche Freundschaften oder Feindschaften, Zusammenarbeit mit Altersgenossen, d. h. setzt das Individuum instand, Mitglied einer menschlichen Gemeinschaft zu werden.

Der Weg von der Autoerotik zum Spielzeug und vom Spiel zur Arbeit

1. Das erste „Spiel" des Säuglings ist die Suche nach Lust mit Hilfe von Mund, Fingern, der Hautoberfläche, von visuellen Eindrücken etc. Die Lustsuche geht entweder am eigenen Körper vor sich (Autoerotik) oder am Körper der Mutter (während oder nach der Fütterung), wobei beide als gleichbedeutend behandelt werden.
2. Als Ersatz für den mütterlichen oder den eigenen Körper wird ein „Übergangsobjekt" eingeschaltet (Winnicott, 1953), gewöhnlich ein weicher Gegenstand wie eine Windel oder ein Kissen, eine Decke oder ein Teddybär, d. h. ein erstes Spielzeug, das mit einer Mischung von narzißtischer Libido und Objektlibido besetzt wird.
3. Die Vorliebe verschiebt sich vom Übergangsprojekt selbst auf eine ganze Kategorie von ähnlichen Spielzeugen, d. h. gewöhnlich Spiel-

tieren, die als symbolische Objekte dienen und, mit Libido und Aggression besetzt, der kindlichen Ambivalenz die weitestgehenden Ausdrucksmöglichkeiten erlauben.

4. Die Leidenschaft für Spieltiere tritt langsam in den Hintergrund und behält ihre Bedeutung im allgemeinen nur am Abend im Bett als Hilfe beim Einschlafen, wo das Übergangsobjekt kraft seiner doppelten Besetzung (narzißtisch und objektgerichtet) den Übergang vom aktiven Interesse an der Außenwelt zum Rückzug in den Schlaf vermittelt.

   An Stelle der Spielobjekte treten bei Tag Spielmaterialien anderer Art, die nicht in erster Linie den Gefühlsbeziehungen, sondern den Ichtätigkeiten und den mit ihnen verbundenen Phantasien Ausdruck geben. Solche Tätigkeiten, die der direkten oder zielgehemmten (sublimierten) Befriedigung von Partialtrieben dienen, halten etwa die folgende Chronologie ein:

   a) Spielmaterial, das dem Füllen und Ausleeren, Öffnen und Schließen, Ineinanderfügen etc. dient, d. h. die Körperöffnungen und ihre Funktionen symbolisiert;
   b) bewegliches Spielzeug, zum Ziehen, Stoßen, zur rascheren Fortbewegung etc. zur Erhöhung der Muskellust;
   c) Baumaterialien, mit denen sich alle Arten von Gebilden herstellen und wieder zerstören lassen, und die auf diese Art den ambivalenten Strebungen der anal-sadistischen Phase positiv sowohl als negativ angepaßt sind;
   d) Spielzeug, das zur Symbolisierung von männlichen und weiblichen Haltungen geeignet ist und sich verschiedenartig verwenden läßt:
      i) im individuellen Rollenspiel;
      ii) für exhibitionistische Zwecke in der phallischen Werbung um das ödipale Objekt;
      iii) im ödipalen „Familien"spiel in einer Kindergruppe (was Erreichung von zumindest Phase 3 auf dem „Weg der Freundschaft" voraussetzt).

Der Ausdruck männlicher Strebungen in der phallischen Phase kann auch ohne direkte Beihilfe von Spielmaterial auf dem Weg von Gymnastik und Akrobatik vor sich gehen, d. h. mittels Ichtätigkeiten, in denen der gesamte kindliche Körper und seine geschickte Handhabung die phallische Potenz symbolisieren.

5. In einer fünften Phase verschiebt sich die aus dem Spiel selbst bezogene Lust allmählich auf die Freude am Erfolg der Tätigkeit, d. h. in der Terminologie der akademischen Psychologen auf Lustgewinn bei Lösung der Aufgabe, eine „Werkreife", die als Vorbedingung für die Schulreife des Kindes gilt. (Ch. Bühler, 1935; L. Danziger, 1934.)

   Inwieweit diese letztere Erwerbung mit dem Triebleben des Kindes zusammenhängt und von ihm bedingt ist, ist für den Analytiker heute noch eine offene Frage, zu deren Beantwortung sich nur einige Anhaltspunkte ergeben. Nachahmung der Mutter und Identifizierung mit ihrer Aktivität mag eine Rolle dabei spielen; ebenso die Forderungen des Über-Ichs; die Verwandlung passiver Erlebnisse in aktives Handeln als Abwehr- und Anpassungsmechanismus; der Wunsch, erwachsen zu sein, d. h. das Entwicklungsziel zu erreichen, etc.

   Daß eine von den Objektbeziehungen unabhängige Freude an der Leistung schon frühzeitig zustandekommen kann, wird uns von den Erfolgen der Montessori-Methode in praktischer Weise vor Augen geführt. Der Montessori-Kindergarten geht darauf aus, die Kinder an sorgfältig gewähltem Material die größte Freude an selbständiger Leistung und Problemlösung erleben zu lassen, und überraschenderweise machen schon Kleinkinder ausgiebigen Gebrauch von diesen Möglichkeiten.

   Wo solche äußere Hilfsmittel nicht geboten werden, bleibt die Freude an der Leistung bis in viel spätere Kinderjahre an die Objektwelt und das von ihr ausgehende Lob für gelungene Leistungen gebunden und macht sich erst nach Ablauf der Ödipusperiode auf Grund von Identifizierungen und Internalisierungen selbständig.

6. Der Weg vom Spiel zur Arbeit[27] führt dann über eine Reihe weiterer Erwerbungen:

[27] Was hier in Frage steht, ist nicht eine Definition des Begriffs „Arbeit" in seinen psychologischen und sozialen Bedeutungen, sondern nur die Aufzählung der Fortschritte in Ichentwicklung und Triebbeherrschung, die für die Erwerbung der Arbeitsfähigkeit unerläßlich sind.

a) Das Kind muß lernen, an dem ihm gebotenen Material nicht uneingeschränkte Aggression und Destruktion auszuleben (Herumwerfen, Zerstören, Aufhäufen etc.), sondern nach Beherrschung, Hemmung und Umformung dieser Impulse das Spielmaterial in positiver und konstruktiver Weise zu gebrauchen (Bauen, Planen, Lernen, in der Gruppe mit anderen Kindern Teilen).
b) Es muß lernen, einen vorgefaßten Plan zu Ende zu führen und sich von Unlust oder Schwierigkeiten auf dem Weg zum erwünschten Ziel nicht abschrecken zu lassen.
c) Es muß lernen, von der direkten zur zielgehemmten (sublimierten) Triebbefriedigung fortzuschreiten; von der Sexualisierung der Ichfunktionen zur Neutralisierung der Triebenergien; vom Lustprinzip zum Realitätsprinzip. Die Arbeitsfähigkeit des Individuums in Schulalter und Erwachsenheit hängt von dem besseren oder schlechteren Zustandekommen dieser Vorbedingungen ab.

Gegen Ende dieser Entwicklungsreihe und in loserem Zusammenhang mit ihr findet sich eine Anzahl anderer Betätigungen, die für die Persönlichkeitsausbildung nicht ohne Bedeutung sind, wie z. B. Tagträume, Bewegungsspiele, Sport und Hobbies.

Tagträume: chronologisch folgt das Tagträumen dem Spielen, d. h., es ist seinem Wesen nach ein Spiel ohne Spielzeug. Impulse und Wünsche, die das kleinere Kind am greifbaren Spielmaterial auslebt, werden vom größeren Kind, vom Heranwachsenden, und oft vom Erwachsenen in bewußter Phantasietätigkeit ausgesponnen und begleiten seine realen Erlebnisse.

Bewegungsspiele und Sport: Spiele dieser Art haben ihren Ausgangspunkt im ödipalen Familienspiel in der Kindergruppe (siehe Stufe 4, d, iii dieser Entwicklungslinie), entwickeln sich aber von diesem Anfang als Rollenspiel zum symbolischen und der Form nach festgelegtem Ausdruck für lebenswichtige Haltungen wie Angriff, Verteidigung, Wettbewerb etc. Teilnahme an ihnen ist strengen Regeln unterworfen, verlangt also vom einzelnen Kind eine verhältnismäßig hohe Fähigkeit zur Anpassung an die Außenwelt; zum Ertragen von Versagungen; und zumindest das Erreichen der dritten Phase auf dem Weg vom Egoismus zur menschlichen Gemeinschaft.

Bewegungsspiele und sportliche Betätigungen brauchen ihre eigene Ausrüstung (zumUnterschied von Spielzeug oder Spielmaterial). Viele dieser Ausrüstungsstücke symbolisieren phallisch-aggressive Attribute und werden von ihren Besitzern als solche hoch geschätzt.

Im Wettbewerb selbst ist der Körper des Individuums, seine Beherrschung und Geschicklichkeit, ein unentbehrliches Mittel zum Zweck.

Ob ein bestimmtes Individuum auf diesem Gebiet erfolgreich ist oder nicht, hängt im Licht der vorangehenden Überlegungen also nicht von einem einzelnen, sondern von einer Mehrzahl von Faktoren ab. Notwendige Vorbedingungen sind angeborene und in der Entwicklung erworbene motorische Geschicklichkeit; positive Gefühlsbesetzung des Körpers und seiner Leistungen; willige Anpassung an eine Gruppe; ein Ausmaß freier Aggression im Dienst der Ehrgeizbefriedigung etc. Eine solche Mehrzahl der Vorbedingungen führt naturgemäß auch zu einer Mehrzahl von möglichen Störungen durch Entwicklungshemmungen der einen oder anderen Funktion; durch Abwehr der analen Aggression einerseits; der phallisch-ödipalen Männlichkeit andererseits etc.

Hobbies: Auf halbem Weg zwischen Spiel und Arbeit finden wir die Hobbies der Menschen, die mit beiden vieles gemeinsam haben.

Hobbies haben Spielcharakter, soweit sie der Lustsuche dienen, nicht den strengen Lebensnotwendigkeiten; soweit die sublimierten Befriedigungen, die sie verfolgen, dem erotischen oder aggressiven Triebziel noch nahe sind; soweit die für sie aufgewendete Energie noch aus sexualisierten und neutralisierten Anteilen gemischt ist.

Hobbies sind gleichzeitig eine Abart der Arbeit (im oben geschilderten Sinn), insofern in diesen Tätigkeiten ein vorgefaßter Plan in realitätsangepaßter Form unternommen und mit Überwindung äußerer Hindernisse und Schwierigkeiten zu seinem beabsichtigten Ende geführt wird.

Die gewöhnliche Zeit für das erste Auftauchen von Hobbies ist die Latenzperiode. Sie beginnen normalerweise mit dem Sammeleifer und dem Ausbilden spezieller intellektueller Interessen, erstrecken sich von hier auf alle möglichen Inhalte und Gebiete und erhalten sich in der einen oder anderen Gestalt als Begleiterscheinung zur Arbeit für das ganze weitere Leben.

Wir scheinen vom „normalen" Kind zu erwarten, daß seine Vorwärtsbewegungen auf den einzelnen Linien miteinander Schritt halten. Klinisch gesprochen, würde das heißen, daß jede erreichte Stufe auf einer bestimmten Entwicklungslinie mit der Erreichung entsprechender Stufen auf anderen Linien zusammentrifft.[28] Wir haben die Neigung, an Vorstellungen dieser Art festzuhalten, auch wo die klinische Erfahrung uns eines Besseren belehren sollte. Es ist nicht zu leugnen, daß die Mehrzahl der Kinder sich in ihrer Entwicklung anders und von einer solchen strengen Norm abweichend verhält. Individuelle Kinder können in manchen Beziehungen fortgeschrittene Positionen erreichen (wie z. B. in ihren Objektbeziehungen und ihrer körperlichen Selbständigkeit), aber in anderer Weise auf niedrigeren Stufen zurückbleiben (z. B. in bezug auf den lang ausgedehnten Gebrauch von Übergangsobjekten als Spielzeug oder im Verhältnis zu den Altersgenossen, die für sie nur Dinge sind). Manche Kinder sind hoch entwickelt, soweit sekundärer Denkvorgang, Sprache, Spiel, Arbeitsfähigkeit und Gemeinschaftsleben in Betracht kommen, benehmen sich aber gleichzeitig körperlich unselbständig nach Art von Kleinkindern etc.

So häufig solche Unregelmäßigkeiten in der Entwicklung vorkommen und die erwachsene Umwelt durch ihre Folgeerscheinungen beunruhigen, so lückenhaft ist unsere Einsicht in ihre Entstehungsbedingungen.

Wir beginnen mit dem Bemühen, sie nicht einseitig entweder angeborenen oder erworbenen Faktoren zuzuschreiben, sondern — wie auf anderen Gebieten analytischen Denkens — die regelmäßigsten Wechselbeziehungen zwischen Innenwelt und Außenwelt zu untersuchen. Was sich dabei ergibt, ist etwa wie folgt:

Wir dürfen annehmen, daß normalerweise, d. h. in Abwesenheit von

---

[28] Ein Beispiel dieser Art wäre die Gleichzeitigkeit der konstanten Objektbeziehung (Stufe 3 auf dem Weg von infantiler Abhängigkeit zum erwachsenen Liebesleben) mit beginnender Selbständigkeit im Essen (Stufe 3 auf der Essenslinie); mit Entleerung der Mutter zuliebe (Stufe 2 auf dem Weg zur Reinlichkeitserziehung); mit der ersten Annahme von Spielgefährten und dem Beginn von konstruktivem Spiel (Stufe 3 und 4, c der betreffenden Linien).

angeborener oder im Geburtsakt erworbener Schädigung, die verschiedenen Entwicklungslinien in der Konstitution des Kindes als latente Möglichkeiten vorgezeichnet sind. Was das Es mitbringt, ist offenbar die Reifungsbereitschaft im Hinblick auf die Phasenentwicklung des Sexualtriebs und der Aggression; was auf der Ichseite konstitutionell vorhanden ist, sind wahrscheinlich gewisse Tendenzen, welche die Organisation der psychischen Struktur, die chronologische Folge in Ausbildung der Ichfunktionen und Abwehrmechanismen, und möglicherweise auch einige quantitative Unterschiede zwischen den Entwicklungsrichtungen bestimmen. Was darüber hinaus das Voraneilen oder Zurückbleiben auf den einzelnen Entwicklungslinien entscheidet, muß dem Einfluß der Außenwelt zugeschrieben werden. In den Analysen größerer Kinder und in der Rekonstruktion der Kindheit aus den Analysen Erwachsener ist es nicht schwer, solche Einflüsse festzustellen. Sie haben ihren Ursprung in der Persönlichkeit der Eltern, ihren Haltungen, Neigungen, Handlungen, Idealen etc.; in der Familienatmosphäre und in Traditionen; in der Kulturwelt, in der das Kind aufwächst. Die direkte Beobachtung von Säuglingen und Kleinkindern läßt vermuten, daß die individuellen Vorlieben und Abneigungen der Mutter einen entscheidenden Einfluß auf die kindliche Entwicklung ausüben. Was der Mutter am besten gefällt und von ihr am lebhaftesten begrüßt wird, entwickelt sich am schnellsten; wo sie gleichgültig bleibt oder mit ihrer Zustimmung zurückhält, verlangsamt sich der Entwicklungsvorgang. Offenbar handelt es sich hier um Besetzungsvorgänge, die, von der Mutter ausgehend, gewisse Tätigkeiten libidinisieren und das Kind damit zu ihrer häufigeren Wiederholung anregen.

Bestätigungen für solche Vermutungen ergeben sich unschwer in der klinischen Beobachtung. Wo eine Mutter, auf Grund ihrer eigenen Persönlichkeitsstruktur, die Stimme und nicht den körperlichen Kontakt als erste Brücke zwischen sich und dem Kind verwendet, entsteht Frühreife in der Sprachentwicklung. Wo sie der Muskelentwicklung gegenüber gleichgültig bleibt und sich dem Kind am nächsten fühlt, wenn es lächelt, wird das Lächeln auch von seiten des Kindes zur bevorzugten Äußerung und zum Mittel in der Werbung um Aufmerksamkeit und Zuwendung. Mütter, die das Kind in Schlaf singen, beeinflussen damit seine spätere Haltung zur Musik, vielleicht sogar seine musikalische „Begabung“. Wo die Bewegungsfreude des Kindes im Gefühl der Mutter keinen Widerhall findet, verschwindet sie oft und ersetzt sich durch körperliche Ungeschicklichkeit und Schlaffheit usw.

Daß Stimmungen der Mutter einen entscheidenden Einfluß auf das Kind ausüben, gehört zu den frühesten Einsichten in der Psychoanalyse, d. h. zu grundlegenden Erfahrungen aus den Analysen erwachsener Patienten. Depressionen der Mutter, die in den ersten zwei Lebensjahren vorfallen, erzeugen im Kleinkind eine latente Bereitschaft zur depressiven Erkrankung, die oft erst im viel späteren Leben manifest wird. Unter solchen Umständen erlebt das Kind seine Einheit und Zusammengehörigkeit mit der Mutter nicht auf Grund ihrer Teilnahme an seinen Entwicklungsfortschritten, sondern auf Grund seiner Bereitschaft, ihre Gefühlshaltung zu teilen.

Wir kommen so zu der Erkenntnis, daß es ausschlaggebend für die Entwicklung ist, welche der in allen Individuen gegebenen Neigungen und Tendenzen (einschließlich der depressiven und masochistischen) in die erste Objektbeziehung des Kindes mit einbezogen sind. Was der Befestigung der Mutter-Kind-Beziehung dient, wird libidinisiert und durch die erhöhte Besetzung im Wachstum allen anderen vorgezogen.

Wir erkennen auch, daß es nicht berechtigt ist, die sich daraus ergebenden Disharmonien zwischen den verschiedenen Entwicklungslinien als pathologische Erscheinungen anzusehen. Solange die Unstimmigkeiten im Entwicklungstempo nicht übermäßig groß sind, erzeugen sie nur die Abwandlungen und Unterschiede, wie sie zwischen menschlichen Individuen vom frühesten Kindesalter an zu erwarten sind, d. h. die vielen uns vertrauten *Variationen im Rahmen des Normalen.*

Die Entwicklungsstufen als Richtlinien in der Kinderpraxis

Der Analytiker, der auf Grund der vorstehenden Erörterungen die von seiten der Eltern gestellten Fragen wieder aufnimmt, ist besser

als vorher für seine beratende Rolle ausgestattet. Seine Entscheidungen beruhen nicht länger auf dem nur zu oft irreführenden Alter des Kindes oder seinem notwendigerweise einseitigen Intelligenzquotienten. An ihrer Stelle dient ihm die Stufenreihe von Unreife zur Reife in den aufgezählten Hinsichten als Anhaltspunkt. Wie ein bestimmtes Kind die Geburt eines nächsten Geschwisters, einen Aufenthalt im Spital, den Eintritt in eine Schule etc. aufnehmen wird, hängt den neuen Einsichten zufolge ganz davon ab, ob es für das Erlebnis reif ist, d. h., ob der dafür notwendige Entwicklungsstand auf den in Betracht kommenden Entwicklungslinien erreicht worden ist. Wo Ereignis und Entwicklungsstand einander angemessen sind, zieht das Kind Vorteil aus dem Geschehnis, gleichgültig, ob es lustvoll oder unlustvoll betont ist. Wo ersteres nicht oder nicht in jeder Hinsicht der Fall ist, fühlt das Kind sich Unlustzufuhren ausgesetzt, zu deren Bewältigung es nicht imstande ist und denen gegenüber auch der wohlmeinende Beistand der Erwachsenen erfolglos bleibt.
In diesen Beziehungen können die Eltern auch für das normale Kind die Hilfe des analytischen Diagnostikers gebrauchen.

Ein praktisches Beispiel: Eintritt in den Kindergarten

Ein praktisches Beispiel für solche Hilfeleistung ist etwa die analytisch korrekte Bestimmung des Zeitpunkts, wann ein Kind zum ersten Mal den Familienverband verlassen, von der Mutter getrennt, in eine Kindergemeinschaft eintreten soll. Was nötig ist, um dieses Erlebnis zu einem für das Kind fruchtbaren zu machen, ist ein Mindeststand auf einer Anzahl von Entwicklungslinien, die im folgenden aufgezählt werden können.

Mindeststand auf der Linie von der „infantilen Abhängigkeit zum erwachsenen Liebesleben"

In vor-analytischen Zeiten wurde von allen Kindern als selbstverständlich erwartet, daß sie im Alter von 3½ Jahren imstande sein sollten, sich bei Eintritt in den Kindergarten vor dem Schulgebäude von der Mutter zu trennen und sich, vom ersten Tag angefangen, an die fremde Umgebung, die fremde Kindergärtnerin und fremde Altersgenossen zu gewöhnen. Daß die auf solche Art eingeführten Neuankömmlinge nach ihren Müttern weinten und wenig oder nichts von dem ihnen Gebotenen wissen wollten, schien unwesentlich. Bei den meisten Kindern konnte man damit rechnen, daß die Anfangsschwierigkeiten und Verzweiflungen nach wenigen Tagen einer mehr oder weniger zufriedenstellenden Eingewöhnung Platz machten. Bei einer Minderzahl von Kindern war der Weg der umgekehrte. Für sie war der Beginn im Kindergarten problemlos und erfreulich. Dafür stellten sich nach Ablauf einiger Tage für die Erwachsenen ganz unerwartete, bis zur vollen Weigerung gesteigerte Schwierigkeiten ein, offenbar erst, nachdem das Kind den neuen Schritt mit allen seinen Folgen verstandesgemäß und gefühlsmäßig begriffen hatte. In keinem der beiden Fälle fiel es der erwachsenen Welt ein, die früher oder später vorfallenden Gefühlsausbrüche der Kinder ernst zu nehmen oder sie für anders als unvermeidlich anzusehen.

Unserer heutigen Auffassung nach sind solche Ausbrüche von Verzweiflung nur unvermeidlich, wenn ein Kind in den Kindergarten eintritt, ehe es gefühlsmäßig dazu bereit ist. Maßgebend ist nicht das chronologische Alter (3½ Jahre), sondern die erreichte Stufe im kindlichen Liebesleben. Auf Stufe 1 und 2 dieser Entwicklungslinien können Trennungen von der Mutter und vom gewohnten Heim nicht vertragen werden. So kurz sie auch dauern, das Kind protestiert mit Recht gegen die Nichtbeachtung seiner biologisch begründeten Abhängigkeit von den vertrauten Objekten. Erst wenn Stufe 3 erreicht ist und seine Beziehung zur Mutter auch in ihrer Abwesenheit konstant bleibt, werden Trennungen von ihr besser vertragen und neue Beziehungen zu anderen Erwachsenen oder zu Altersgenossen angeknüpft. Aber auch dann soll die Trennung zwischen Mutter und Kind nur allmählich vor sich gehen und die Zeitdauer der mütterlichen Abwesenheit nur schrittweise zunehmen. Am besten sind diejenigen Kindergärten, die zu Anfang dem Kind ein freies Hin und Her zwischen Mutter und Gruppe gestatten.

Mindestabstand auf der Entwicklungslinie „zur körperlichen Selbständigkeit“

Manche Neuankömmlinge im Kindergarten sind nicht imstande, an den Mahlzeiten teilzunehmen oder das Klosett zur Verrichtung ihrer Bedürfnisse zu benützen. Die Kinder selbst begründen dieses Verhalten gewöhnlich mit der Fremdheit der gebotenen Speisen und sanitären Einrichtungen, was aber nur eine Rationalisierung ist, hinter der eine entwicklungsgemäße Unfähigkeit zur Funktion steht. Kinder versagen notwendigerweise in diesen Punkten, wenn nicht auf der Linie „zum rationellen Essen“ zumindest Stufe 4, auf der Linie „zur Reinlichkeit“ zumindest Stufe 3 erreicht worden ist.

Mindeststand auf der Entwicklungslinie vom „Egoismus zur Freundschaft und Teilnahme an einer menschlichen Gemeinschaft“

Ein Kind, das zu früh, d. h. auf Stufe 1 oder 2, in den Kindergarten eintritt, weiß selbst mit den anderen Kindern nichts anzufangen und wird von ihnen nur als Störenfried empfunden. Auf Stufe 3 beginnt es, das Vorhandensein von Spielgefährten zu schätzen. Auf Stufe 4 hat es die Möglichkeit, eine wichtige, unter Umständen führende Rolle unter den Altersgenossen zu spielen, Freundschaften zu schließen etc.
Es ist von Vorteil für das individuelle Kind wie auch für die Gruppe, wenn Kinder im zu frühen Entwicklungsalter entweder nicht aufgenommen oder, im Falle der irrtümlichen Aufnahme, wieder ausgeschieden und in den Wartestand gesetzt werden.

Mindeststand auf der Entwicklungslinie „von der Autoerotik zum Spielzeug und vom Spiel zur Arbeit“

Im günstigsten Fall trifft der Eintritt in den Kindergarten zusammen mit Stufe 4 dieser Entwicklungslinie, wenn die „Spielmaterialien … den Ichtätigkeiten und den mit ihnen verbundenen Phantasien Ausdruck geben“. Von hier geht der Weg aufwärts über die entwicklungsgemäß gegebenen Spielzeuge und Materialien bis, am Ende des Kindergartenlebens, Stufe 5 der Arbeitsfähigkeit und damit die Schulfähigkeit erreicht ist. Es ist Aufgabe der Kindergärtnerin, während dieser Jahre für jede Entwicklungsstufe die angemessenen Beschäftigungen zu finden. Wo sie den Bedürfnissen des Kindes nicht nachkommt, entsteht Langeweile; wo sie ihnen voraneilt, versagt das Kind in seinen Leistungen.

Das Benehmen im Kindergarten. Beziehungen zwischen den inneren Instanzen

Ob ein Kind sich dem Kindergartenleben anpassen und die an sein Benehmen gestellten Erwartungen erfüllen kann, hängt nicht nur von den einzelnen Entwicklungslinien ab, sondern letzten Endes von den Kräfteverhältnissen zwischen Es und Ich.

Im wunschgerichteten pädagogischen Denken findet sich irgendwo die dunkle Vorstellung von einem „idealen" Kindergartenkind. Ein solches Kind ist weder ruhelos noch ungeduldig, sondern benimmt sich ruhig und geduldig; es äußert seine Wünsche in Worten, anstatt sie durch rücksichtsloses Zugreifen zu befriedigen; es wartet, bis es an die Reihe kommt; es begnügt sich mit dem Anteil, der ihm zukommt, anstatt mehr zu verlangen; es verträgt Versagungen ohne Gefühlsausbrüche.

Jede erfahrene Kindergärtnerin weiß, daß es solche Kinder in Wirklichkeit nicht gibt, d. h., daß kein individuelles Kind je alle diese Forderungen erfüllen kann. Sie erwartet aber mit Recht, daß innerhalb ihrer Kindergruppe einzelne Kinder einzelne dieser Leistungen zustandebringen werden. Analytisch gesprochen, heißt das, daß die Kinder auf dem Weg sind, ihre Impulse und Affekte zu beherrschen, anstatt ihnen widerstandslos ausgesetzt zu sein. Was ihnen dabei der Entwicklung gemäß zu Hilfe kommt, ist zweierlei. Auf seiten des Ichs gibt es den Fortschritt vom Primärvorgang zum Sekundärvorgang, der Denken, Vernunft und Voraussicht zwischen Wunsch und Wunscherfüllung einschiebt (Hartmann, 1947); ebenso den Fortschritt vom Lustprinzip zum Realitätsprinzip. Auf seiten des Es kommt dazu der nicht weniger wirksame, wahrscheinlich biologisch bedingte Nachlaß im Drängen der Triebbedürfnisse.

Die Kindergärtnerin weiß auch, daß kein Kind sein bestes Benehmen oder seine besten Leistungen zu allen Zeiten und unter allen Umständen aufrechthalten kann. Aber solche Rückschläge sind normal und bedeuten nichts für den Kindergarteneintritt, auch wo sie auf geringe Veranlassung hin und häufig vorkommen.

III

Die Regression als psychischer Entwicklungsfaktor

Nicht alle aus der Kinderpraxis bekannten Störungen der Entwicklung erklären sich aus den im Vorstehenden geschilderten Vorgängen. Die Verhältnisse werden schwerer zu durchschauen, wenn die Stockungen auf den einzelnen Entwicklungslinien und die zwischen den Linien bestehenden zeitlichen Unstimmigkeiten mit den rückläufigen Bewegungen im Psychischen, d. h. mit den Regressionen zusammentreffen.

Das Studium des organischen Wachstums im Hinblick auf Anatomie, Physiologie und Neurologie ist die beste Einführung in das Verständnis der Entwicklungsprozesse in ihrer doppelten Bedingtheit durch Anlage einerseits und Umweltseinflüsse andererseits. Im Körperlichen führt eine gerade Linie von der Unreife des Kindes zur Reife des Erwachsenen. Normalerweise ist der Fortschritt auf ihr ununterbrochen und unaufhaltsam, abgesehen von schweren interkurrenten Erkrankungen. Erst am Ende des Lebens werden die auf dem Entwicklungsweg gemachten Erwerbungen durch das Auftreten der Alterserscheinungen wieder rückgängig gemacht.

Auch im Psychischen entfalten sich die Abkömmlinge der Triebregungen, die Impulse und Affekte, die intellektuellen und moralischen Fähigkeiten etc. nach einem vorgefaßten Plan, der in Wechselbeziehung zu den Umweltseinflüssen zur Ausführung gebracht wird. Mit dieser einen Übereinstimmung ist aber die Analogie zwischen den beiden Gebieten zu Ende. In der physischen Entwicklung bleibt die progressive Vorwärtsbewegung die einzige in Betracht kommende Kraft. In der psychischen Entwicklung haben wir zusätzlich mit Erscheinungen zu rechnen, die entgegengesetzt gerichtet sind, nämlich mit Fixierungen und Regressionen. Erst die Kenntnis beider, der progressiven und regressiven Einflüsse und des Kräftespiels zwischen ihnen führt zu befriedigender Aufklärung über die Schicksale des psychischen Entwicklungsvorgangs.

Drei Formen von Regression

In seinen Zusätzen (1914) zur „Traumdeutung“ (1900) unterscheidet Freud zwischen drei verschiedenen Formen von Regression: a) der *topischen* Regression, bei der die psychische Erregung vom motorischen Ende des seelischen Apparats zu seinem sensorischen Ende zurückfließt und das Wahrnehmungssystem erreicht, ein Vorgang, auf dem die halluzinatorische Wunscherfüllung (zum Unterschied vom rationellen Denken) beruht; b) die *zeitliche* Regression, die von späteren auf frühere psychische Strukturen zurückgreift; c) die *formale* Regression, bei der primitive Darstellungsmethoden an die Stelle der reiferen Ausdrucksformen treten. Im gleichen Zusammenhang heißt es (Ges.W. II/III, 554): „Alle drei Arten von Regression sind aber im Grunde eines und treffen in den meisten Fällen zusammen, denn das zeitlich ältere ist zugleich das formal primitive und in der psychischen Topik dem Wahrnehmungsende nähere.“

So ähnlich sich die Formen der Regression aber auch sein mögen, in der kindlichen Person sind ihre Auswirkungen verschieden genug, um ihre Einzelerörterung und weitere Unterteilung zu rechtfertigen, — beides Aufgaben, für die wir die topographischen Ausführungen in der „Traumdeutung“ besser in die spätere metapsychologische Sprache übersetzen. Die zitierten Annahmen lauten dann wie folgt: daß Regressionen in allen psychischen Instanzen vorfallen können, im Es sowohl als im Ich und im Über-Ich; daß sie sich einerseits auf psychische Inhalte, andererseits auf psychische Mechanismen erstrecken; daß zeitliche Regressionen sich auf Impulse, Triebziele, Objektvorstellungen und Phantasieinhalte beziehen; topographische und formale Regressionen auf Ichfunktionen, Sekundärvorgänge, das Realitätsprinzip etc.

Regressionen in Trieb- und Libidoentwicklung

In der analytischen Arbeit kennen wir die zeitliche Regression am gründlichsten und längsten, insbesondere in ihrer Wirkung auf die Trieb- und Libidovorgänge. Was von ihr betroffen wird, sind einerseits die Objektwahl (Rückkehr zu den frühesten Objekten) und die Form der Objektbeziehungen (Rückkehr zur infantilen Abhängigkeit), andererseits die Trieborganisation in ihrer Gesamtheit (Rückkehr zu den prägenitalen Phasen mit ihren aggressiven Begleiterscheinungen). Wir erklären das häufige Vorkommen von Triebregressionen durch einen speziellen Vorgang, der der Triebentwicklung eigentümlich ist und für den sich auf der physischen Seite kein Gegenstück findet: In der ordnungsgemäßen Aufeinanderfolge von libidinösen und aggressiven Stufen und den ihnen zugehörigen Objekten wird keine Phase gänzlich überwunden. Während der Hauptanteil der Triebenergie in Vorwärtsbewegung begriffen ist, bleiben Teilquantitäten von verschiedener Größe auf dem Weg zurück und erzeugen die sogenannten *Fixierungspunkte* durch Besetzung vergangener Triebziele und Objekte (Fixierungen an Autoerotik und Narzißmus, an die frühe Mutterbindung, an prä-ödipale und ödipale Abhängigkeiten, an die Oralität oder den oralen Kannibalismus, den analen Sadismus oder anale Passivität, an Egozentrizität, Exhibitionismus etc.). Fixierungen an diese Vorstufe entstehen als Folge traumatischen Erlebens irgendwelcher Art, d. h. auf Grund exzessiver Versagungen oder exzessiver Befriedigung von Triebwünschen in den prägenitalen Phasen. Ob ihre Ergebnisse bewußt oder unbewußt, ichgerecht oder verdrängt sind, macht für die weitere Folge keinen großen Unterschied. Ihre Bedeutung liegt in allen Fällen darin, daß sie die Fähigkeit haben, Triebenergie an sich zu binden, von der weiteren Vorwärtsbewegung abzuhalten und dadurch die Intaktheit des späteren Trieb- und Liebeslebens zu schädigen.

Die enge Beziehung zwischen Fixierungspunkten und Regressionen war theoretisch nie im Zweifel.[29] Durch ihr Vorhandensein und nach Maß der ihnen anhaftenden Besetzung üben die Fixierungspunkte eine ständige Anziehungskraft aus, der die spätere Triebfunktion nur zu leicht zum Opfer fällt.

Regressionen des Sexualtriebs werden von jeder gut studierten Krankengeschichte vor Augen geführt, wenn auch ihre klinischen Beschreibungen gewöhnlich zu allgemein gehalten sind, um den Tatsachen voll gerecht zu werden. Wir hören oder lesen zum Beispiel, daß ein männ-

---

[29] Siehe S. Freud, 1916/17, S. 353: „Je stärker die Fixierungen auf dem Entwicklungsweg, desto eher wird die Funktion den äußeren Schwierigkeiten durch Regression bis zu jenen Fixierungen ausweichen ..."

liches Kind von der phallisch-ödipalen Phase auf Grund seiner Kastrationsangst „zur analen oder oralen Phase regrediert ist". Eine solche Beschreibung ist unzureichend, solange sie nicht auch darauf eingeht, in welcher Form und in welchem Umfang die rückläufige Bewegung stattgefunden hat. Was vorgefallen ist, mag nicht mehr sein als ein Rückzug von der Rivalität mit dem Vater und der Phantasie, sich an seiner Stelle in den Besitz der Mutter zu setzen. In diesem Fall wird zwar die prä-ödipale Bedeutung der Mutter und die zu ihr gehörige anal oder oral gefärbte Abhängigkeit wiederbelebt, aber von dieser Veränderung abgesehen, bleibt alles beim vorherigen Stand: die Mutter bleibt ein konstantes Objekt (nicht ein Teilobjekt), und die mit der Mutterbeziehung zusammenhängenden Sexualerregungen werden wie vorher in phallischer Masturbation abgeführt.

Die gleiche Beschreibung der Regression („von der phallisch-ödipalen zur analen oder oralen Stufe") kann aber auch bedeuten, daß der rückläufige Vorgang sich an der Objektbeziehung abspielt, d. h., daß die Objektkonstanz aufgegeben und die einem früheren Entwicklungsstadium entsprechende „Liebe nach dem Anlehnungstypus" wieder hergestellt wird. Wo das geschieht, verliert das Objekt jede Bedeutung als Person und wird nur als Mittel zum Zweck der Befriedigung geschätzt, — eine Erniedrigung des Liebeslebens, in der Seichtigkeit der Beziehungen, rascher Objektwechsel und Treulosigkeit an der Tagesordnung sind.

Eine dritte Möglichkeit besteht darin, daß die geschilderte Regression sich auf die Abfuhr der sexuellen Erregung bezieht. In diesem Fall verschwindet die phallische Masturbation aus dem klinischen Bild und ersetzt sich durch Impulse, die auf der Höhe der Erregung als Hunger, Durst, Harn- oder Stuhldrang in Erscheinung treten.

Wo die Beschreibung sich gleichzeitig auf alle drei Möglichkeiten der sexuellen Regression bezieht (Regression des Triebziels, der Objektbeziehung und des Abfuhrvorgangs) ist ihre klinische Bedeutung begreiflicherweise eine viel schwererwiegendere.[30]

---

[30] In der Praxis der Kinderanalyse ist es verhältnismäßig leicht, zwischen diesen Regressionsformen zu unterscheiden. Manche männliche Kinder haben in entscheidenden Augenblicken deutliche Erektionen (oder sind bemüht, sie

Regressionen in der Ichentwicklung

Auf Grund unserer analytisch-klinischen Erfahrungen sind wir so beeindruckt von dem kausalen Zusammenhang zwischen Fixierungspunkten und Regressionen, daß wir leicht in den Irrtum verfallen, denselben Erklärungsversuch von seiten des Es auf die Seite von Ich und Über-Ich auszudehnen. Daß dazu keine Berechtigung besteht, wird bei näherer Betrachtung deutlich. Das Wesen der Fixierung liegt im Festhalten an einmal erlebten Befriedigungen und an ihrer Besetzung mit Energiequantitäten, beides Vorgänge, die im Aufbau des Ichs keine Rolle spielen. Trotz gewisser Ähnlichkeiten zwischen Trieb- und Ichregressionen sind letztere doch durch andere Regeln und Gesetze bestimmt als die ersteren.

Die normale (temporäre) Regression in der Ichentwicklung

Wie oben angedeutet, sind rückläufige Bewegungen in den Leistungen und im Benehmen der Kinder an der Tagesordnung und überraschen weder Eltern noch Erzieher. Im Volksmunde heißt es seit jeher, daß „Kinder zwei Schritte vorwärts machen und einen zurück".
Beim näheren Hinsehen ist es leicht, sich zu überzeugen, daß kein einziges Gebiet des kindlichen Lebens der gelegentlichen Regression entgeht, weder die Ichfunktionen wie Motilitätsbeherrschung, Realitätsprüfung, synthetische Funktion und Sprache; noch die Beherrschung der Schließmuskeln; die sekundären Denkvorgänge und die Angstabwehr; die Elemente der sozialen Anpassung; die Über-Ich-Qualitäten wie

---

auf jede nur mögliche Weise zu unterdrücken). Andere laufen unter denselben Umständen aus dem Zimmer, um zu urinieren oder defäzieren. Wieder andere beginnen Süßigkeiten zu lutschen, oder verlangen dringend nach einem Getränk.
Daß die Form der Erregungsabfuhr Aufschluß über die Sexualorganisation des Kindes gibt, findet sich bei S. Freud: „Geschichte einer Infantilen Neurose" (1918/14), Ges.W. XII, 113: „Daß unser Knäblein als Zeichen seiner sexuellen Erregung eine Darmentleerung produziert, ist als Zeichen seiner mitgebrachten Sexualkonstitution zu beurteilen. Er stellt sich sofort passiv ein, zeigt mehr Neigung zur späteren Identifizierung mit dem Weib als mit dem Manne."

Ehrlichkeit, Gerechtigkeitssinn etc. In jeder einzelnen dieser Beziehungen ist das kindliche Verhalten unverläßlich; eine Fähigkeit, die zu einer Zeit vorhanden ist oder eine bestimmte Höhe erreicht hat, kann im nächsten Augenblick verschwunden oder erheblich vermindert sein. Solche regressive Vorkommnisse sind sogar normaler als ihr Gegenteil. Wir haben kein Recht zu erwarten, daß ein Kind, das die Sprache der Erwachsenen erlernt hat, nicht gelegentlich zum Unsinnreden und zum kindlichen Spiel mit Lauten und Worten zurückkehren wird; oder daß ein zur Reinlichkeit erzogenes Kind keine Rückfälle haben wird. Die Beherrschung der Exkretionsvorgänge kann nicht, und soll nicht, mit einem Schlag zustande kommen; ihr normaler Weg geht über ein lang ausgedehntes Hin und Her zwischen Erfolgen und Mißerfolgen, Fortschritten und Rückschlägen. Im Spiel wechselt das Kind zwischen dem zweckgemäßen Gebrauch von Spielzeug, Bauen etc., dem ziellosen, zerstörerischen Handhaben von Material und autoerotischen Betätigungen; in der sozialen Anpassung ereignen sich Rückfälle in reinen Egoismus.

Erstaunlicher als diese nur zu häufigen Vorkommnisse sind die entgegengesetzten, unerwarteten und scheinbar unmotivierten plötzlichen Fortschritte. Säuglinge können von einem Tag zum andern die Brust verweigern, sich selber abstillen und zur Flasche, oder von der Flasche zum Löffel oder zur Tasse, von der flüssigen zur festen Nahrung übergehen. Idiosynkrasien in bezug auf Essen können so plötzlich verschwinden, wie sie aufgetreten sind. Autoerotische Betätigungen, Übergangsobjekte, Einschlafenszeremonien gehen gelegentlich denselben Weg. In der Reinlichkeitserziehung gibt es, neben lang andauernden Kämpfen, auch blitzartige Erfolge. Schlimme, aggressive Kinder verwandeln sich manchmal über Nacht in gehemmte, schüchterne.

Eltern und Erzieher begrüßen solche Änderungen oft freudig, ohne sich darüber klar zu sein, daß sie nicht „Erziehungserfolge“ vor sich haben, sondern die Folgen von Angsterlebnissen und traumatischen Einflüssen, die einer Phase des kindlichen Trieblebens ein vorzeitiges Ende bereitet haben. Normale Kinderentwicklungen, wie wir sie zu kennen glauben, gehen nicht sprunghaft vor sich, sondern Schritt für Schritt, vorwärts und wieder rückwärts, mit progressiven und regressiven Vorgängen in ständiger Abwechslung.

Funktionsregressionen im kindlichen Wachleben

Wir finden in der analytischen Literatur nur ungenügende Hinweise auf diese an sich lebenswichtigen Entwicklungsbedingungen, und Versuche meinerseits, die Mitglieder der Wiener Psychoanalytischen Vereinigung für diese „Störungen des Sekundärvorgangs im Wachleben des Kindes“ zu interessieren, blieben erfolglos. Was ich zu dieser Zeit (1930 u. ff.) zusammenzufassen versuchte, waren die Umstände, unter denen Kinder verschiedenen Alters bei wachem Bewußtsein von den sekundären Denkvorgängen zum Primärvorgang regredieren.

a) Solche Regressionen lassen sich während der *Kinderanalyse* beobachten, in der die analytische Grundregel (oder was ihr dem Kind gegenüber entspricht) den Nachlaß der Ichkontrolle, d. h. die Verminderung der Abwehr und die Zunahme von Phantasietätigkeit, impulsivem Benehmen, unbewußten und vorbewußten Elementen begünstigt. Unter diesen Umständen ändert sich das Spiel des Patienten vor unseren Augen: Logik, Vernunft und Wirklichkeitssinn treten in den Hintergrund, und Verschiebungen, Wiederholungen und Übertreibungen treten an ihre Stelle. Was als verständliches und geordnetes Phantasiespiel beginnt, löst sich in einzelne Bestandteile auf, die ohne Zusammenhang, oder in falsche Zusammenhänge gebracht, das Bild zu beherrschen beginnen. Ein Fünfjähriger spielt zum Beispiel mit der sogenannten „Kleinen Welt“, und benützt die Figuren, um in dramatischer Weise der Wirklichkeit entsprechende Familienstreitigkeiten darzustellen. Von diesem Anfang ausgehend, entzieht sich das Spiel allmählich der Ichkontrolle: Streit und Kampf als die zentralen Elemente nehmen überhand, Vernunft verwandelt sich in Absurdität, die Unterschiede zwischen Menschen und Dingen verschwinden, und auf der Höhe des Spiels streiten nicht mehr Vater und Mutter, Eltern und Kinder miteinander, sondern der Küchenherd mit den Schränken, der Tisch mit den Sesseln, etc. In ähnlicher Weise verhalten sich die Zeichnungen der Kinder: ein Kriegsschiff, das mit zwei Kanonen, an der richtigen Stelle angebracht, beginnt, endet mit einer Unzahl, über und unter dem Wasser, so viele nur auf dem Papier Platz haben.[31] Oral-

[31] Die Abwehr der Kastrationsangst, die hier das Motiv abgibt, ist in dieser Erörterung zugunsten der regressiven Darstellungsform ausgelassen.

aggressive Elemente, die zuerst an wirklich beißenden wilden Tieren (Tiger, Krokodil) symbolischen Ausdruck finden, entziehen sich dieser Ichbindung und erscheinen, ähnlich wie im Traum, in den unmöglichsten Verbindungen.

b) Wir finden ähnliche regressive Erscheinungen auch außerhalb der Analyse, im normalen Kinderleben, besonders vor dem *Schlafengehen*, wenn das Benehmen auch der Vernünftigsten und am besten Angepaßten sich entscheidend verändert. Je müder die Kinder werden, desto mehr nehmen alle Arten von Stimmungen und Verstimmungen überhand, sie verhalten sich wie Kleinkinder, reden Unsinn, beantworten die geringsten Anlässe mit Zornanfällen, oder verlangen körperliche Zärtlichkeiten, denen sie bei Tag längst entwachsen sind. In den Denkvorgängen entsteht zunehmende Unordnung mit Perseverieren von einzelnen Worten und Sätzen. Im Gefühlsleben erscheinen Schwankungen zwischen wilder Ausgelassenheit und Tränen. Die Zerfallsmöglichkeit des Ichs kann dem Beobachter kaum überzeugender vor Augen geführt werden. Die einzelnen Ichfunktionen werden nacheinander eingestellt, bis das Ich am Ende alle Tätigkeit aufgibt und vom Schlaf überwältigt wird.

c) Meine erste Beobachtung solcher Rückkehr vom Sekundär- zum Primärvorgang fällt in meine eigene *Schulzeit*, als Mitglied einer Klasse von etwa Sechzehnjährigen. Wir litten zur Zeit unter einem Stundenplan, in dem anstrengende Gegenstände sich ohne genügende Zwischenpausen aneinanderreihten. Die Folgen für die Schuldisziplin waren höchst unerwünschte. Die Mädchen, die am frühen Morgen imstande waren, dem Unterricht ruhig und aufmerksam zu folgen, wurden zunehmend unruhiger, bis in der fünften oder sechsten Stunde auch die harmlosesten Aussprüche der Professoren nichts auslösten als wildes Kichern. Unsere männlichen Lehrer bezeichneten ein solches Verhalten mit viel Entrüstung als das Benehmen der sprichwörtlichen „dummen Gänse". Mir schien die Entrüstung nicht ganz am Platz. Ich verstand, daß wir übermüdet waren, aber der Zusammenhang zwischen Müdigkeit und Ichregression war zur Zeit noch außerhalb der mir zugänglichen Begriffe.

Erscheinungen, für die die analytische Welt in den dreißiger Jahren wenig übrig hatte, begannen ein Jahrzehnt später größere Aufmerksamkeit auf sich zu ziehen. Ernst Kris, auf Grund seiner Beobachtung von Kindergartenkindern, führte den Begriff des „Regressionstempos" ein. Er zeigte an Beispielen, daß Kinder je nach ihrem Alter und Entwicklungsstand, ihre Leistungen nur für bestimmte Zeiten auf der entwicklungsgemäß erreichten Höhe halten können; je jünger das Kind, desto kürzer ist die Dauer vor dem Absinken. Beweise für die Richtigkeit dieser Annahme sind im täglichen Leben des Kindergartens leicht zu finden. Alle Kinder funktionieren in den frühen Morgenstunden besser als in den späteren. Wenn der Kindergartentag zu lang ist, verlieren die Spielhandlungen ihren konstruktiven Charakter; die Beziehungen der Kinder untereinander verschlechtern sich; Versagungen werden weniger gut vertragen; Temperamentsausbrüche und triebhaftes Benehmen treten in den Vordergrund.

Andere Autoren betonen Umstände, die einen zu großen Druck auf das Ich ausüben und dadurch der Funktion schädlich sind (allerdings auch oft Triebregressionen hervorrufen, die den Ichregressionen vorangehen, nachfolgen, oder gleichzeitig mit ihnen auftreten). Solche Einflüsse sind in der Krankheit zu finden, wo körperlicher Schmerz, Unbehagen, Fieber etc. das Benehmen fast aller Kinder in bezug auf Schlaf, Nahrungsaufnahme, Reinlichkeit, Spiel etc. auf die Formen früherer Entwicklungsstufen hinunterdrücken. Kranke Kinder sind in fast allen Fällen regredierte Kinder, und die Umwelt hat recht, sie nicht ihrem Alter gemäß, sondern ihrem Benehmen und Bedürfnissen gemäß wie Kleinkinder zu behandeln (A. Freud, 1952). Andere Einflüsse kommen aus psychischem Gebiet. Traumatische Erlebnisse, Angst, insbesondere der Trennungsschmerz bei Kleinkindern sind die Ursache weitgehender Libido- und Ichregressionen, die in Kriegsheimen, Säuglingsheimen, im Kinderkrankenhaus etc. Beobachtung gefunden haben.[32]

---

[32] Siehe in dieser Hinsicht A. Freud und D. Burlingham (1949, 1950), John Bowlby (1960), James Robertson (1958), René Spitz (1945, 1946) u. a.

Soweit die Ichregressionen in Betracht kommen, ist allen diesen Fällen gemeinsam, daß die rückläufige Bewegung nicht zu Fixierungspunkten zurückgeht (die als solche im Ich nicht vorhanden sind), sondern in ordentlicher Folge die Stufenleiter wieder hinuntersteigt, die während der vorwärtsgehenden Entwicklung aufgebaut worden ist. Die klinische Beobachtung bestätigt, daß bei der Ichregression die zuletzt gemachten Erwerbungen als erste verlorengehen.[33]

Ichregressionen im Dienst der Abwehrtätigkeit

Herabsetzungen der Ichleistung kommen auch auf Gebieten vor, wo ihr Zusammenhang mit den eigentlichen Regressionserscheinungen oft ungenügende Beachtung findet.

Während das Ich des Kleinkindes sich aufbaut, bringt die Ausbildung seiner Funktion eine Unzahl von Unlusterlebnissen mit sich. Die bessere Kenntnis der Innen- und Außenwelt läuft der ursprünglichen Vorstellung von einem reinen Lust-Ich zuwider; die sich herstellende Herrschaft des Realitätsprinzips erschwert schnelle Wunscherfüllungen; die verbesserte Gedächtnisleistung erstreckt sich in unparteiischer Weise auf Lust-, Unlust- und Angsterlebnisse; die synthetische Funktion macht schmerzliche Konflikte unvermeidlich etc. Das heranwachsende Kind leidet unter dem Ansturm von Unlustempfindungen, denen es auf diese Weise ausgesetzt ist, und sein Ich beginnt sich mit Hilfe der Abwehrmechanismen gegen sie zu verteidigen.

Die *Verleugnung*, die den von außen anlangenden Unlustreizen gegenüber verwendet wird, stört aber gleichzeitig die gewissenhafte Ausübung der *Wahrnehmungsfunktion*. *Verdrängungen* und *Reaktionsbildungen*, die die bewußten seelischen Inhalte auf Ichgerechtes beschränken oder in Ichgerechtes verkehren, entziehen ganze Gebiete des Seelischen der Oberherrschaft des Ichs. Alle drei genannten Mechanismen stören und beschränken auch die *Gedächtnis*funktion. Die *Projektion*, die unerwünschte Elemente aus der Innenwelt beseitigt und der Außenwelt zuschreibt, läuft der *synthetischen* Funktion zuwider.

---

[33] Siehe z. B. den Verlust an Sprechfähigkeit, das Nässen und Beschmutzen der von ihren Müttern getrennten Kleinkinder.

Aufbau und Abbau der Ichleistungen gehen auf diese Weise gleichzeitig vor sich. Während Reifung, Entwicklung und Anpassung auf ständige Verbesserung und Erweiterung der Ichherrschaft abzielen, drängt die Unlustabwehr in die umgekehrte Richtung: jeder Einbruch in eine Ichfunktion bedeutet eine Ersparnis an Unbehagen, Angst, Konflikt. Unter diesen Umständen ist es nicht erstaunlich, daß auch auf diesem Gebiet vorwärtsdrängende und rückläufige, progressive und regressive Vorgänge miteinander abwechseln oder schwer durchschaubare klinische Mischbilder erzeugen.

Trieb- und Ichregressionen. Ihre Zeitdauer

Den voranstehenden Ausführungen zufolge ist die Trieb-, Ich- und Über-Ich-Regression ein normaler Vorgang, der in der Entwicklung selbst verankert und dem in großem Ausmaß die Anpassungsfähigkeit des Kindes zuzuschreiben ist. Der dem Kind offene Rückweg zu Verhaltungsweisen und Befriedigungen der Vergangenheit macht es ihm möglich, unlustvolle gegenwärtige Erlebnisse zu ertragen, ohne von ihnen überwältigt zu werden.[34] Regressionen dienen also der Anpassung an die Außenwelt nicht weniger als der Abwehr gegen die Innenwelt und helfen in beiden Beziehungen der Erhaltung eines normalen Gleichgewichts.

Was wir dabei nicht vergessen dürfen, ist eine zweite, weniger erwünschte Seite der Regression. Die Regressionsvorgänge üben ihre gesundheiterhaltende Wirkung nur insoweit aus, als sie kurzdauernd sind und spontan rückgängig gemacht werden. Was wir normalerweise erwarten, ist, daß Leistungen, die durch Ermüdung geschädigt sind, nach Ausruhen und Schlaf wieder zu ihrer vorigen Höhe zurückkehren; daß durch Krankheit oder Trennung verursachte Regressionen nicht viel länger dauern als ihre Ursachen, etc.[35] Optimistische Erwartungen

---

[34] Siehe in dieser Hinsicht die Ausführungen von René Spitz.

[35] Die klinische Beobachtung zeigt, daß Kinder verschieden lang brauchen, um nach solchen Erlebnissen auf die Höhe ihres vorhergehenden Entwicklungsstands zurückzukehren.

dieser Art werden aber nur zu oft enttäuscht. Schockerlebnisse, Ängste, schwere Erkrankungen und Enttäuschungen werden auch von Rückschritten in der Entwicklung gefolgt, die sich spontan nicht wieder herstellen: Triebenergien bleiben dann an Ziele gebunden, die dem Alter des Kindes nicht entsprechen; Ich- und Über-Ich-Funktionen bleiben erniedrigt; die gesamte Weiterentwicklung des Kindes bleibt geschädigt und aus der Bahn geworfen. Wo Regressionen permanent werden, anstatt temporär zu bleiben, fallen sie aus ihrer Rolle als Elemente der Normalentwicklung und verwandeln sich in pathogene Faktoren.

Wir suchen gegenwärtig nach verläßlichen Kriterien, die uns ermöglichen sollen, die permanenten von den temporären Regressionen zu unterscheiden. Erst wenn wir solche gefunden haben, wird es möglich werden, die weitere (normale oder abnorme) Entwicklung eines Kindes vorauszusagen. Aber, allen Bemühungen zum Trotz, sind wir auf Grund unserer bisherigen Kenntnisse nicht imstande, am Beginn einer rückläufigen Bewegung zu beurteilen, wie weit sie gehen, wie lange sie dauern wird, und ob gute Aussicht besteht, daß sie nicht mehr ist als ein vorübergehender Zustand, der keine Folgen zurückläßt.

Die Entwicklungslinien in Beziehung zu den Regressionsvorgängen

Mit unserer Einsicht in die normale (und abnorme) Rolle der Regression wächst auch unsere Einsicht für die Vorgänge auf den verschiedenen Entwicklungslinien. Wir beginnen zu verstehen, warum die Bewegung auf den Linien unter allen Umständen doppelt gerichtet sein muß und warum die Rückschritte auf ihnen nicht weniger berechtigt sind als die Fortschritte. Wir sehen es nicht länger als bedenklich an, wenn das Benehmen von Kindern sich periodisch verschlechtert; wenn Schlaf- und Eßgewohnheiten der frühesten Zeiten in späteren Kinderjahren wieder auftauchen (z. B. in Krankheiten); wenn auch größere Kinder trost- und schutzsuchend zu den primitivsten Formen der prä-ödipalen Mutterbeziehung zurückkehren (besonders unter dem Druck von Angst, vor dem Schlafengehen etc.). Wir beginnen auch zu erkennen, daß es nicht zum Vorteil einer gesunden Entwicklung ist, wenn die erwachsene Umwelt solchen Erscheinungen kritisch und tadelnd gegenübersteht und dadurch im Kind Verdrängungen und Hemmungen befördert, die ihm den Weg in die Vergangenheit verlegen.

Unharmonische Persönlichkeitsentwicklungen beruhen also auf einer ganzen Reihe von Ursachen. Der verschieden schnelle oder langsame Fortschritt auf den Entwicklungslinien einerseits und die verschieden weitgehenden und verschieden lang andauernden Regressionen andererseits treffen zusammen und vermischen ihre Wirkungen. Es ist unter diesen Umständen kein Wunder, daß die individuellen Unterschiede zwischen den Menschen so groß sind, die Abweichungen von der geraden Entwicklungslinie so weitgehend und die Aufstellung einer strengen Norm so unbefriedigend. Was die ständigen Wechselwirkungen von Fortschritt und Rückschritt mit sich bringen, sind die unzähligen Variationen im Rahmen des normalen Entwicklungsschicksals.

IV. KAPITEL

DIE PATHOLOGISCHE KINDERENTWICKLUNG (MASS-STÄBE UND BEWERTUNGEN)

I. TEIL. ALLGEMEINE GESICHTSPUNKTE

Der Übergang von den mannigfaltigen Abwandlungen im Rahmen des Normalen zur wirklichen Pathologie ist ein fließender, von Änderungen in den Größenverhältnissen eher als von Wesensverschiedenheiten abhängig. Unseren psychoanalytischen Einsichten zufolge beruht das psychische Gleichgewicht eines Menschen einerseits auf dem Verhältnis seiner inneren Instanzen zueinander, andererseits auf dem Verhältnis seiner Gesamtperson zur Außenwelt, d. h. auf Beziehungen, die ständigen Schwankungen unterworfen sind. Die Triebenergien steigen oder fallen spontan, je nach der Entwicklungsphase, die das Individuum durchläuft, so z. B. in der Latenzperiode (Abschwächung), in der Pubertät (Zunahme), im Klimakterium (Zunahme). Die Ichstärke und der Einfluß des Über-Ichs nehmen ab, wenn diese Instanzen unter Druck sind, ebenso in Ermüdungszuständen, in körperlichen Krankheiten, im hohen Alter. Die Wunschbesetzungen steigen an, wenn durch Objektverlust oder andere Versagungen die Möglichkeiten zur Befriedigung geringer werden. S. Freud sagt in dieser Beziehung, „daß man zwischen ‚nervösen' und ‚normalen' Kindern und Erwachsenen keine scharfe Grenze ziehen darf; daß ‚Krankheit' ein rein praktischer Summationsbegriff ist, daß Disposition und Erleben zusammentreffen müssen, um die Schwelle für die Erreichung dieser Summation überschreiten zu lassen, daß infolgedessen fortwährend viele Individuen aus der Klasse der Gesunden in die der nervös Kranken übertreten und eine weit geringere Anzahl den Weg auch in umgekehrter Richtung macht ..." (Ges. W. VII, 376.)

Daß diese Ausführungen Menschen jedes Alters betreffen, „Kinder sowohl als Erwachsene", heißt nicht, daß die Grenze zwischen gesund und krank, normal und abnorm, nicht bei ersteren noch schwerer zu ziehen ist als bei den letzteren. Es gehört in das im Vorstehenden gegebene Bild des kindlichen Wesens, daß das Kräfteverhältnis zwischen Es und Ich in fortwährender Schwankung begriffen ist; daß Anpassung und Abwehr, günstige und krankmachende Einwirkungen ineinander fließen; daß jeder Fortschritt von Entwicklungsstufe zu Entwicklungsstufe die Gefahr von Stockungen, Hemmungen, Fixierungen und Regressionen mit sich bringt; daß Trieb und Ich sich in ungleichem Tempo entwickeln und damit den Fortgang auf den einzelnen Entwicklungslinien in Unordnung bringen können; daß temporäre Regressionen zu Dauerzuständen werden; kurz, daß die Zahl der Einflüsse, die das psychische Gleichgewicht stören, untergraben oder umstürzen, kaum abzuschätzen ist.

Der Diagnostiker, der in diesen Erscheinungen Ordnung herstellen soll, ist in einer schwierigen Lage, in der die vorhandenen Klassifikationssysteme ihm wenig Hilfe geben.

Der gegenwärtige Stand der Kinderanalyse zeigt Fortschritte in verschiedenen Richtungen. Die Technik der Kinderanalyse hat sich weitgehend von den für die Erwachsenen geltenden Grundregeln freigemacht und trotz vieler Schwierigkeiten und Hindernisse ihre eigenen Vorschriften aufgestellt. In der Theorie ist es gelungen, Funde zu machen, die über die bloße Bestätigung des am Erwachsenen Rekonstruierten hinausgehen und neue Beiträge zum analytischen Wissen bedeuten. Nur wo es sich um die Klassifizierung der Erscheinungen handelt, benimmt der Kinderanalytiker sich konservativ und fährt fort, sich mit Diagnosen zu begnügen, wie sie in der Erwachsenenanalyse und darüber hinaus in Psychiatrie und Kriminologie gebräuchlich sind. Was er auf diese Weise in seine Arbeit hinübernimmt, sind althergebrachte Formen, die einer neuen Psychopathologie der Kindheit schlecht angepaßt sind und sich bei Diagnose, Prognose und Wahl der Behandlungsmethode als unzureichend erweisen.

Die Unterschiede zwischen deskriptiver und metapsycho-logischer Denkweise

In der Einteilung der kindlichen (wie auch der erwachsenen) Störungen läuft die deskriptive Denkweise der metapsychologischen zuwider; erstere nimmt zur Grundlage die Ähnlichkeit oder Verschiedenheit zwischen den manifesten Symptomen, letztere die zwischen den dahinterliegenden latenten Ursachen. Daß eine Deskription der Krankheitszustände ihre Einordnung in Systeme möglich macht, ist nur für den oberflächlichen Blick befriedigend. Im Grunde tut sie nichts dazu, um unser Verständnis zu vertiefen oder wesentliche Unterschiede zwischen den einzelnen Zuständen herauszuarbeiten. Im Gegenteil: ein Analytiker der sich mit dieser Art diagnostischen Denkens zufriedengibt, begeht unvermeidlich Irrtümer und bringt Verwirrung in seine auf anderen Prinzipien aufgebauten klinischen und therapeutischen Anschauungen.

Um nur einige Beispiele zu nennen: Zornanfälle, Wanderlust, Trennungsangst etc. sind diagnostische Bezeichnungen, die unter ein und demselben Namen die verschiedensten Krankheitszustände zusammenbringen, d. h. klinische Bilder, die nach manifestem Benehmen und Symptomatologie ähnlich oder sogar identisch sind, die aber ihrer metapsychologischen Struktur gemäß zu ganz verschiedenen analytischen Kategorien gehören und ganz verschiedenen therapeutischen Bemühungen zugänglich sind.

Die sogenannten *Zornanfälle* der Kinder z. B. haben drei verschiedene Bedeutungen. Bei den Kleinsten bedeuten sie gewöhnlich nicht mehr als einen, diesem Alter angemessenen, motorisch-affektiven Abfuhrvorgang für Triebberregungen, für die zu dieser Zeit kein anderer Ausweg vorhanden ist. Ein solches Symptom verschwindet ohne jede Behandlung, sobald das Ich des Kindes genügend gereift ist, um den Triebvorgängen andere Abfuhrmöglichkeiten (unter anderem besonders in die Sprache) zu eröffnen. — Dasselbe Symptom kann aber auch bedeuten, daß Haßregungen und Aggressionen gegen die Objektwelt an ihr nicht ausgelebt werden können und sich auf den eigenen Körper des Kindes und die ihm unmittelbar erreichbaren Gegenstände zurückwenden. (Selbstbeschädigung, „mit dem Kopf gegen die Wand", Beschädigung der Möbel, etc.) In diesem Fall muß der verschobene Affekt bewußt gemacht und die Verbindung mit seinem ursprünglichen Ziel wieder hergestellt werden. — Die dritte Möglichkeit besteht darin, daß der vermeintliche Zornanfall in Wirklichkeit ein Angstanfall ist. Wenn phobische Kinder an der Ausführung ihrer Schutzhandlungen oder Vermeidungen verhindert werden (d. h. eine Agoraphobie zum Ausgehen, eine Schulphobie zum Schulbesuch gezwungen wird), antworten sie mit lärmenden Angstausbrüchen, die für den ungeschulten Beobachter aggressiven Charakter haben und von den gewöhnlichen Zorn- und Wutanfällen nicht zu unterscheiden sind. Solche Zustände können aber, zum Unterschied von den vorher erwähnten, nur durch zwei Arten von Maßnahmen behoben werden: entweder durch die Wiederherstellung der phobischen Abwehr (Vermeidung der angsterregenden Umstände) oder durch die analytische Auffindung, Deutung und Auflösung der Angstquelle.

Ähnlich liegen die Verhältnisse bei dem sogenannten *Wandern* der Kinder (Vagieren, Ausreißen, „Schulschwänzen" etc.). Wir finden das gleiche Symptom unter den verschiedensten Bedingungen und mit verschiedenen Bedeutungen. Manche Kinder laufen von zu Hause weg, weil sie in der Familie Mißhandlungen ausgesetzt sind oder weil ihre libidinöse Bindung an die Familie ungewöhnlich schwach ist; manche weichen der Schule aus (und vagieren statt dessen) weil sie Lehrer oder Klassengenossen fürchten, schlechte Lerner sind oder Tadel und Strafe vermeiden wollen. In beiden Fällen ist die Ursache des Symptoms eine äußerliche und kann durch Veränderungen in den äußeren Lebensbedingungen behoben werden. Bei anderen Kindern liegt die Ursache für dasselbe Symptom im Innenleben. Sie stehen unter dem Einfluß eines Antriebs aus dem Unbewußten und sind auf der Suche, gewöhnlich nach einem ihrer Vergangenheit angehörigen Liebesobjekt. Es ist deskriptiv richtig, daß sie „davonlaufen", aber metapsychologisch richtig, daß ihr Wandern zielgerichtet ist, wenn auch das ihnen vom Es vorgeschriebene Ziel nichts anderes ist als die Erfüllung einer Wunschphantasie. In ihrem Fall haben äußere Eingriffe keinen Erfolg; was therapeutisch nötig ist, ist eine innere Veränderung durch analytische Deutung und Bewußtmachung des unbewußten Wunsches.

Gegen die neuerdings häufige Diagnose von *Trennungsangst* lassen sich ähnliche Einwendungen vorbringen, wenigstens gegen ihren heutigen Gebrauch in vielen Kinderkliniken, wo dieselbe Bezeichnung unbedenklich auf die verschiedensten Zustände angewendet wird. Metapsychologisch besteht keine Ähnlichkeit zwischen der Trennungsangst der Kleinkinder und der Schulangst der Latenzkinder oder dem Heimweh von Kindern, die von ihren Familien getrennt, im Internat leben. Im ersteren Fall handelt es sich um die Verletzung eines biologisch berechtigten Bedürfnisses (Einheit mit der Mutter), auf die das Kind mit Angst und Verzweiflung antwortet; nichts kann hier helfen als die Wiedervereinigung mit der Mutter oder zumindest die Einführung einer Ersatzperson. Im zweiten Fall liegt die Ursache der Angst in der Gefühlsambivalenz des Kindes. In Gegenwart der Eltern halten Haß und Liebe sich die Waage; in ihrer Abwesenheit verstärkt sich die Befürchtung, daß feindselige Regungen und Todeswünsche gegen sie ihnen wirklichen Schaden bringen könnten, und das Kind klammert sich an die Eltern, um sie vor sich selbst zu schützen. Hier wirkt die Wiedervereinigung mit den Eltern oder das ungestörte Beisammensein mit ihnen nur als oberflächliche Beschwichtigung; das Symptom weicht erst der analytischen Einsicht in den Gefühlskonflikt.

Die Beschreibung der manifesten Symptomatologie ist in diesen und ähnlichen Fällen ein unzureichender Ausgangspunkt für analytisches Denken und therapeutisches Handeln.

Unterschiede im Gebrauch der diagnostischen Terminologie für Kinder und Erwachsene

Unsere gebräuchlichen diagnostischen Bezeichnungen beziehen sich auf die verschiedenen psychischen Störungen im erwachsenen Leben und lassen keinen Raum einerseits für die zahlreichen Arten und Abarten der Entwicklungsstörungen, andererseits für die Unterscheidung zwischen entwicklungsbedingten und konfliktbedingten Symptomen. Gerade Unterschiede dieser Art sind aber im Gebiet der kindlichen Psychopathologie von überragender Wichtigkeit. Ob das Lügen und Stehlen der Kinder, ihre Aggression und Zerstörungslust, ihre perversen Betätigungen etc. als normal oder abnorm anzusehen sind, hängt ganz von der Entwicklungsstufe ab, auf der sie zur Äußerung kommen.

Lügen

Wir fragen z. B., von welchem Zeitpunkt angefangen, man berechtigt ist zu sagen, daß ein Kind „lügt", d. h., wann die Verfälschung der Wahrheit symptomatischen Charakter annimmt und den an das Kind gestellten Erwartungen widerspricht. Ein Wahrheitsbedürfnis, wie wir es im späteren Leben kennen, ist begreiflicherweise nicht von Anfang an vorhanden, sondern stellt sich erst heraus, nachdem eine Reihe von Vorstufen durchlaufen worden ist. Das Kleinkind vernachlässigt normalerweise alles Unlustvolle zugunsten des Lustvollen und *verleugnet* die Wahrnehmung von unlusterregenden oder angsterregenden Reizen, die sich ihm aufdrängen wollen. Es benimmt sich also in dieser Hinsicht nicht viel anders als größere Kinder oder Erwachsene, wenn sie *lügen*. Für den Kinderanalytiker (oder Diagnostiker) ist es aber wichtig, diese primitive Einstellung zur Wahrheit in der Frühzeit mit dem späteren Symptom des Lügens in Zusammenhang zu bringen. Er wird nicht erwarten, daß eine unbedingte Anerkennung der realen Verhältnisse sich durchsetzen kann, solange das Kind noch unter der Herrschaft von Lustprinzip und Primärvorgang steht. Erst wenn Realitätsprinzip, Realitätsprüfung und rationelles Denken eine gewisse Reife erreicht haben, und das Kind trotzdem fortfährt, die Wahrheit zu verfälschen, wird er sich berechtigt fühlen, den Terminus „Lüge" in Anwendung zu bringen.
Manche Kinder brauchen länger als andere, bevor diese Ichfunktionen reifen. Sie lügen, d. h. verleugnen infolgedessen auch bis in ein höheres Alter. Andere entwickeln ihr Ich altersgemäß, regredieren aber infolge von Versagungen und Enttäuschungen zu den primitiven Vorstufen. Unter ihnen finden sich die Phantasielügner *(pseudologia fantastica)*, die mit Hilfe von infantilen Wunscherfüllungsmethoden

reale Unlust abzuwehren versuchen. Am extremen anderen Ende der Reihe stehen die Kinder, deren Ichfunktionen an sich intakt sind, die aber andere als entwicklungsbedingte Gründe haben, der Wahrheit auszuweichen. Angst vor den Erwachsenen, vor Tadel und Strafe, Habsucht, Großmannssucht etc. sind hier die Motive. Es hat offenbar Vorteile, den Terminus Lüge auf diese letzteren Fälle von „dissozialem“ Lügen einzuschränken.

Was sich in der Kinderpraxis am häufigsten findet, sind nicht die reinen Formen, sondern Mischformen, zu denen das Verleugnen, das Phantasielügen und das dissoziale Lügen ihre Beiträge liefern. Es bleibt dann dem Diagnostiker überlassen, die einzelnen Elemente wieder voneinander abzusondern und den Reifungs- und Entwicklungsvorgängen einerseits, den Erlebnissen andererseits, die ihnen entsprechende Rolle bei der Symptombildung zuzusprechen.

Stehlen

Nicht anders als beim Lügen müssen auch hier bestimmte Entwicklungsstufen durchlaufen werden, bevor der Terminus diagnostische Bedeutung haben kann.

Daß Kleinkinder alles an sich reißen, worauf sich ihr Verlangen richtet, wird gewöhnlich der „oralen Gier“ dieser Periode zugeschrieben. Richtiger gesagt, ist dieses Benehmen doppelt begründet. Es entspricht dem Lustprinzip, demzufolge das Kind sich unbedenklich zuspricht, was immer lustbringend ist, und ebenso automatisch alles Unlusterregende der Außenwelt zuweist. Es entspricht auch der altersgemäßen Unfähigkeit, zwischen Selbst und Objekt zu unterscheiden. Wie wir wissen, behandelt der Säugling oder das Kleinkind den Körper der Mutter, als wäre es sein eigener, spielt mit ihren Fingern, ihrem Haar, nicht anders als in der Autoerotik oder überläßt ihr in derselben Weise seine Körperteile zum Spiel. Daß Kleinkinder den Löffel abwechselnd zum eigenen Mund und zum Mund der Mutter führen können, wird oft fälschlich als spontan auftretende, frühzeitige Großherzigkeit ausgelegt. In Wirklichkeit ist es nichts anderes als die Folge fehlender Ichgrenzen. Dieselbe Verwechslung zwischen Selbst und Objektwelt, die diese Bereitschaft zum Hergeben hervorbringt, macht aus jedem Kleinkind, wenn auch in aller Unschuld, einen Bedroher fremden Eigentums.

Eine Vorstellung von „mein“ und „dein“, wie sie der Ehrlichkeit im späteren Leben zugrunde liegt, fehlt anfänglich in der Begriffswelt des Kindes und entwickelt sich nur langsam, schritthaltend mit der nur allmählich zunehmenden Selbständigkeit des Ichs. Was dem Kind gehört, ist zuerst der eigene Körper (das „Körper-Ich“), danach die Eltern, dann die Übergangsobjekte, alle noch mit einer Mischung von narzißtischer und Objektlibido besetzt. Gleichzeitig mit dem Eigentumsgefühl entsteht im Kind auch die Neigung, seinen Besitz mit allen Kräften gegen Eingriffe von außen zu verteidigen. Kinder verstehen, was es heißt, „beraubt“ zu werden, lange ehe sie lernen, den Besitzstand anderer zu respektieren. Für den letzteren Schritt ist es unerläßlich, daß die Beziehungen zur Umwelt erweitert und vertieft werden und daß Einfühlung dafür entsteht, daß die Mitmenschen ihr Eigentum nicht weniger schätzen als das Kind das seine.

Die Entwicklung der „Mein“- und „Dein“-Begriffe an sich ist andererseits nicht genug, um einen entscheidenden Einfluß auf das Benehmen des Kindes auszuüben; was ihnen entgegensteht, sind stark besetzte Wünsche in der Richtung nach Besitzergreifung. Die orale Gier, die aus dem Analen stammenden Tendenzen, zu haben, zu halten, zu sammeln, aufzuhäufen, das Verlangen nach phallischen Symbolen drängen alle in die Richtung zum Stehlen. Es ist nicht leicht für die erzieherischen Eingriffe und die ihnen folgenden Über-Ich-Forderungen einen gegenteiligen Einfluß auf das Ich auszuüben und die Grundlagen für Ehrlichkeit zu legen.

Ob ein Kind „stiehlt“ oder nicht, d. h., diagnostisch und vom sozialen Standpunkt gesehen, als „Dieb“ zu bezeichnen ist, hängt also von einer ganzen Reihe von Entscheidungen ab. Die einzelne Handlung des Stehlens kann darauf beruhen, daß das betreffende kindliche Ich in Erreichung seiner Selbständigkeit verspätet ist; daß die Objektbeziehungen zwischen Kind und Umwelt ungenügend ausgebildet sind; daß die Einfühlung fehlt; daß das Über-Ich zu infantil ist: geistig minderwertige und zurückgebliebene Kinder stehlen aus allen diesen Gründen. Wo die Entwicklung an sich normal ist, können temporäre Regressionen in der einen oder anderen wichtigen Hinsicht dasselbe Bild erzeugen. Stehlen tritt dann vorübergehend auf und verschwindet in der Weiterentwicklung. Permanente Regressionen in jeder der genannten Beziehungen führen zum Stehlen als Kompromißbildung, d. h. als neurotisches Symptom. Wo das Kind stiehlt, weil es seinem Ich nicht gelingt, normale, altersgemäße Wünsche nach Aneignung unter seine Herrschaft zu bringen, ist die Handlung ein „dissoziales" Symptom, d. h. ein Zeichen von mangelnder Anpassung an die moralischen Forderungen der Außenwelt.

Ähnlich wie beim Lügen sind ätiologische Mischgebilde in der Praxis häufiger als die oben geschilderten reinen Formen; was wir in ihnen vor uns haben, sind kombinierte Folgen von Entwicklungsstockungen, Regressionen und Ich-Über-Ich-Defekten. Daß alle jugendlichen Dissozialen als erstes die Mutter bestehlen, kann als Beweis gewertet werden, daß alles Stehlen letzten Endes auf die ursprüngliche Einheit von „mein" und „dein", Selbst und Objekt zurückgeht.

Maßstäbe für Schwere der Erkrankung

Ob eine in der Kindheit vorfallende psychische Störung leicht oder ernst zu nehmen ist, ist alles eher als eindeutig. In der Erwachsenheit halten wir uns in dieser Beziehung vor allem an drei Kriterien: 1. an das Symptombild selbst; 2. an die Stärke der subjektiven Leidensempfindungen; 3. an das Ausmaß von Störung lebenswichtiger Leistungen. Aus guten Gründen ist keiner dieser Gesichtspunkte auf das kindliche Leben anwendbar.

1. Soweit die *Symptome* in Betracht kommen, wissen wir, daß sie in den Entwicklungsjahren nicht dasselbe bedeuten wie später, wo wir uns nach ihnen „für die Stellung der Diagnose orientieren". (S. Freud, 1916/17, Ges. W. XI, S. 279.) Kindliche Hemmungen, Symptome und Ängste sind (wie später ausgeführt) nicht in allen Fällen das Ergebnis pathogener Einflüsse, sondern ebensooft Begleiterscheinungen der normalen Entwicklungsvorgänge. Wann immer eine bestimmte Entwicklungsphase besonders hohe Ansprüche an das Kind stellt, können symptomartige Erscheinungen auftreten, die — eine ver-

nünftige Umwelt vorausgesetzt — wieder verschwinden, sobald die Anpassung an die neue Stufe vollzogen oder ihr Höhepunkt überschritten ist. Wir haben zwar gelernt, auch solche vorübergehende Störungen nicht leicht zu nehmen: sie entsprechen Warnungen, wie anfällig ein Kind ist; sie verschwinden oft nur scheinbar, d. h., sie können sich durch neue Störungen auf einer nächsten Stufe ersetzen; sie hinterlassen auch Narben, die späterer Symptombildung als Ausgangspunkte dienen können. Aber im großen ganzen ist es wahr, daß im kindlichen Leben auch scheinbar schwerwiegende Symptome wieder verschwinden können. Phobische Vermeidungen, zwangsneurotische Vorsichten, Schlaf- und Eß-Störungen werden nicht selten vom Kind aufgegeben, sobald die Eltern sich an die Klinik gewendet haben, einfach weil die ihnen zugrundeliegenden Phantasien weniger angsterregend sind als die drohende diagnostische Untersuchung. Aus denselben Gründen verändert sich oder verschwindet die Symptomatologie kurz nach Beginn oder während der Behandlung. Eine symptomatische Besserung bedeutet also beim Kind noch weniger als beim Erwachsenen.

2. Ähnlich steht es mit dem subjektiven *Leiden.* Erwachsene entschließen sich, in Behandlung zu gehen, wenn das aus der Krankheit stammende seelische Leiden ein erträgliches Maß übersteigt. Anders bei Kindern, wo der Leidensfaktor an und für sich wenig über das Vorhandensein oder die Schwere einer psychischen Störung aussagt. Mit Ausnahme der Angstzustände, die von den Kindern schwer ertragen werden, leiden sie weniger als die Erwachsenen unter ihren Symptomen. Die phobischen und zwangsneurotischen Maßnahmen zum Beispiel, die der Angst- und Unlustvermeidung dienen, sind dem Kind willkommen und die ihnen entsprechenden Einschränkungen des normalen Lebens stören die erwachsene Umwelt mehr als den Patienten selbst. Eß-Störung und Nahrungsverweigerung, Schlafstörungen, Wutanfälle etc. sind, vom Kind aus gesehen, ichgerecht und nur in den Augen der Mutter störende Erscheinungen. Das Kind leidet unter ihnen nur, insoweit es von der Umwelt an ihrem freien Ausleben verhindert wird, und betrachtet dann das Eingreifen der Erwachsenen, nicht das Symptom selbst als Quelle seines Leidens. Sogar beschämende Symptome wie Bettnässen und Einkoten werden

vom Kind selbst oft als unwesentlich behandelt. Neurotische Hemmungen führen häufig zum Abzug aller Libido von der angsterregenden Tätigkeit und damit zu einer Einschränkung der Ichinteressen, die über den Verlust an Aktivität und Lustgewinn hinwegtäuscht. Die am schwersten betroffenen, autistischen oder psychotischen oder geistig zurückgebliebenen Kinder empfinden ihr Gestörtsein am wenigsten; um so mehr leiden die Eltern.

Auch aus einem anderen Grund läßt die Schwere der psychischen Störung sich nicht auf diese Art bestimmen. Kinder leiden weniger unter ihrer Psychopathologie, dafür aber um so mehr unter entwicklungsbedingten Umständen, d. h. unter den Versagungen, Forderungen und Anpassungsschwierigkeiten, denen ihre Abhängigkeit von der Objektwelt und die Unreife ihres psychischen Apparats sie aussetzt. In der ersten Kindheit wirken die Unfähigkeit, eigene Körperbedürfnisse und Triebwünsche zu befriedigen, die Trennungsängste, die unvermeidliche Enttäuschung unrealistischer Erwartungen als Unlust- und Angstquellen; in der nächsten (ödipalen) Phase sind es die Eifersüchte, Rivalitäten und Kastrationsängste. Auch die normalsten Kinder sind nie lange „glücklich", und Ausbrüche von Tränen, Ärger, Zorn sind keine Seltenheiten. Je besser ein Kind sich entwickelt, desto stärker antwortet es affektiv auf die Vorkommnisse des täglichen Lebens. Anders als beim Erwachsenen erwarten wir auch nicht, daß Kinder normalerweise ihre Gefühle beherrschen, nachgeben, einsehen, sich in das Unvermeidliche ergeben etc. Im Gegenteil, wo wir solche Gefügigkeit finden, haben wir den Verdacht, daß etwas mit dem Kind nicht in Ordnung ist, und vermuten organische Schädigung oder verlangsamte Ichentwicklung oder übergroße Passivität im Triebleben. Kleinkinder, die sich ohne Widerspruch von den Eltern trennen lassen, sind wahrscheinlich (aus inneren oder äußeren Gründen) libidinös nicht genug an sie gebunden. Kinder, die Liebesverlust nicht als Bedrohung empfinden, können auf dem Weg sein, sich autistisch zu entwickeln. Wo der Druck von Schuldgefühlen fehlt, fehlt auch die normale Über-Ich-Entwicklung: schmerzliche innere Konflikte sind der Preis, den jedes Individuum für die Höherentwicklung seiner Persönlichkeit zu zahlen hat.

So paradox es klingt: Subjektives Leiden gehört zu jeder normalen

Kindheit und kann an und für sich nicht als Anhaltspunkt für pathologische Entwicklung gewertet werden.

3. Auch der dritte, beim Erwachsenen aufschlußreiche Faktor, die *Leistungsstörung* ist in der Kinderpraxis irreführend. Wie oben ausgeführt, sind Leistungen im Kindesalter nicht stetig, sondern ändern sich von Stufe zu Stufe, von Entwicklungsrichtung zu Entwicklungsrichtung, von Tag zu Tag; manchmal von Stunde zu Stunde (infolge der temporären Regressionen). Feste Punkte zur Beurteilung sind nicht zu finden, wo das Hin und Her zwischen Fortschritt und Rückschritt zum normalen Leben gehört. Auch wo Verschlechterungen der Funktion länger anhalten und die Umwelt besorgt machen, ist es diagnostisch gewagt, ein Kind auf solcher Grundlage als „gehemmt" oder als „zurückgeblieben" zu bezeichnen.

Wir wissen auch nicht, welche kindliche Leistung verdient, „lebenswichtig" genannt zu werden. Spielen, Lernen, freie Phantasietätigkeit, Wärme der Objektbeziehungen, Fähigkeit zur Anpassung sind alle wichtig für das Kind, lassen sich aber an Bedeutung mit den umfassenden Begriffen von „Liebesfähigkeit" und „Arbeitsfähigkeit" im erwachsenen Leben nicht vergleichen. Ich gehe auf einen früheren Vorschlag zurück (1945), wenn ich vertrete, daß nur eine einzige Fähigkeit im kindlichen Leben diesen Platz verdient, nämlich die Fähigkeit, sich normal zu entwickeln, die in der Anlage vorgezeichneten Stufen zu durchlaufen, alle Seiten der Persönlichkeit auszubilden und die Ansprüche der Außenwelt in angemessener Weise zu erfüllen. Solange diese Vorgänge mehr oder weniger ungestört vor sich gehen, können wir auftauchende Symptome leichtnehmen. Sobald die Entwicklung stockt, ist das Kind behandlungsbedürftig.

Entwicklungsvorgänge als diagnostische Kriterien

Diagnostische Kategorien, denen andere als entwicklungspsychologische Gesichtspunkte zugrundeliegen, sind offenbar für diese neue Auffassung der kindlichen Störungen unzulänglich. Erst wenn der Diagnostiker sich von ihnen freigemacht hat, wird er imstande sein, seine Aufmerksamkeit von der Symptomatologie wegzuwenden und statt dessen zu untersuchen, welche Entwicklungsstufen sein Patient in bezug auf Trieb, Ich und Über-Ich erreicht hat, wie weit die Strukturisierung der Persönlichkeit, d. h. die Absonderung dieser inneren Instanzen voneinander und die Ausbildung ihrer Beziehungen zueinander, fortgeschritten ist; ob das psychische Geschehen noch unter der Herrschaft von Primärvorgang und Lustprinzip oder schon unter Sekundärvorgang und Realitätsprinzip vor sich geht; ob die Entwicklung des Kindes im allgemeinen seinem Alter entspricht, ob es „frühreif" oder „zurückgeblieben" ist und in welcher Hinsicht; wie weit die Pathologie die Entwicklungsvorgänge schon angegriffen hat oder anzugreifen droht; ob Rückschritte in der Entwicklung (Regressionen) stattgefunden haben und wenn ja, in welchem Umfang und bis zu welchen Fixierungspunkten.

Nur eine Untersuchung dieser Art macht es möglich, die normalen Entwicklungsvorgänge, die Abweichungen von ihnen und die Störungen der psychischen Gesundheit in Beziehung zueinander zu bringen und den Einfluß wichtiger Faktoren auf die Psychopathologie der Kindheit zu beleuchten.

Mißverhältnisse zwischen Trieb- und Ichentwicklung

Daß pathologische Folgen sich ergeben, wo verschiedene Anteile der Persönlichkeit sich verschieden schnell entwickeln, entspricht unseren Erwartungen. Das bekannteste klinische Beispiel dieser Art findet sich in der Ätiologie der Zwangsneurose, wo Ich und Über-Ich in ihrer Ausbildung den Fortschritten im Triebleben voraneilen. Infolgedessen treffen verhältnismäßig hohe moralische und ästhetische Ansprüche mit verhältnismäßig primitiven Triebregungen und Phantasien zusammen und erzeugen die Konflikte, die das Ich zu seiner zwanghaften Abwehrtätigkeit anregen.[36] Dasselbe Ergebnis kann auch Folge späterer Regression sein, wie weiter unten ausgeführt.

---

[36] Siehe S. Freud: „Ich weiß nicht, ob es zu gewagt erscheint, wenn ich ... die Annahme ausspreche, daß ein zeitliches Voraneilen der Ichentwicklung vor der Libidoentwicklung in die Disposition zur Zwangsneurose einzutragen ist." (Ges. W. VIII, 451)

Die umgekehrte Möglichkeit, nämlich verlangsamte Entwicklung der Ichinstanzen bei normaler oder vorzeitiger Triebentwicklung, ist unter den heutigen Verhältnissen nicht weniger oft oder sogar häufiger zu finden. In solchen „atypischen" Kindern und Grenzfällen sind weder die Objektbeziehungen noch die Über-Ich-Funktionen weit genug fortgeschritten, um die prägenitalen und aggressiven Strebungen in Schach zu halten. Auf der anal-sadistischen Stufe fehlt infolgedessen die Fähigkeit, Libido und Aggression zu neutralisieren und die für den Charakter wertvollen Reaktionsbildungen und Sublimierungen herzustellen; auf der phallischen Stufe fehlen die Beiträge von seiten des Ichs zur Organisation der ödipalen Objektbeziehungen; in der Pubertät kommt es zur sexuellen Reife ohne entsprechende Möglichkeit, Gefühlsbindungen auszubilden, die der genitalen Stufe entsprechen.

Mit anderen Worten: vorzeitige Ichentwicklung führt zu inneren Konflikten und damit zur Neurose; vorzeitige Triebentwicklung zur defekten und triebhaften Charakterbildung (Michaels, 1955).

Mißverhältnisse zwischen Entwicklungslinien

Mißverhältnisse zwischen den Entwicklungslinien gehören (wie oben ausgeführt) in den Rahmen des Normalen und sind als Ausgangspunkt für Störungen nur ernstzunehmen, wenn sie das zu erwartende Ausmaß überschreiten.

Wo das letztere geschieht, fühlen Eltern und Lehrer sich in gleicher Weise hilflos. Solche Kinder sind unerträglich als Familienmitglieder; störend in der Schulklasse; streitsüchtig als Spielgefährten; sie passen in keine Gemeinschaft, erregen Anstoß, wo immer sie sind, und sind selbst meist unglücklich und unzufrieden.

Auch in der klinischen Untersuchung passen sie in keine der gewöhnlichen diagnostischen Kategorien, und ihre Abnormität wird erst verständlich, wenn wir sie unter den Gesichtspunkt der Entwicklungslinien bringen.

Wir erkennen dann, daß die auf den verschiedenen Linien erreichten Stufen in keinem Verhältnis zueinander stehen. Hohe Intelligenzentwicklung geht Hand in Hand nicht nur mit schlechten Leistungen auf dem Gebiet des Verstandes, sondern auch mit niedrigstem Stand auf den Wegen zur Gefühlsreife, zur körperlichen Selbständigkeit, in der sozialen Beziehung zu den Altersgenossen. Solche Mißverhältnisse führen zu geschickt rationalisiertem triebhaften Benehmen, zum Überwuchern des Phantasielebens, Mißerfolgen in der Reinlichkeitserziehung, kurz zu einer gemischten, in ihrer Ätiologie schwer durchschaubaren Symptomatologie. In den deskriptiven Diagnosen erscheinen solche Fälle gewöhnlich als „vorpsychotisch" oder als „Grenzfall".

In anderen Fällen findet sich das Mißverhältnis zwischen der Linie vom Spiel zur Arbeit, auf der das Kind zurückbleibt, und den Linien zur Gefühlsreife, sozialen Anpassung und körperlichen Selbständigkeit, auf denen der Fortschritt altersgemäß ist. Kinder dieser Art kommen zur klinischen Untersuchung auf Grund ihrer Mißerfolge im Lernen, die sich weder durch ihre Verstandesentwicklung noch durch ihr, sonst angemessenes, Schulbenehmen erklären lassen. Aufgabe der Untersuchung ist hier festzustellen, wo auf der speziellen Entwicklungslinie eine der erwarteten Entsprechungen zwischen Es und Ich nicht zustandegekommen ist, ob der Fehler im Übergang vom Lust- zum Realitätsprinzip liegt; oder in mangelnder Beherrschung und Umformung der prägenitalen Strebungen; oder in der verspäteten Verschiebung der Lust von der Tätigkeit auf die Lösung der Aufgabe; ob sich Rückstände in allen diesen Hinsichten finden oder nur in einzelnen, etc.

In der deskriptiven Diagnose finden sich solche Fälle unter „intellektuell gestört" (was sie nicht sind), oder „mangelnde Konzentration" (was nur der äußeren Erscheinungsform entspricht).

Pathogene Regressionen

Regressionen (wie in Kapitel III ausgeführt) sind harmlos oder sogar wünschenswert, solange sie als Erscheinungen vorübergehend sind, d. h., solange die vorher erreichte Entwicklungshöhe sich spontan wieder herstellen kann. Sie wirken pathogen, wenn ihre Folgen andauern und die von ihnen angerichtete Schädigung zu Neuordnungen innerhalb der Persönlichkeit zwingt.

Regressionen beider Arten können in allen Teilen des seelischen Apparats vorfallen.

Wo die Regression in Ich und Über-Ich beginnt und die Leistungen beider auf ein niedrigeres Niveau hinunterdrückt, wird der Stand der Triebabkömmlinge sekundär in Mitleidenschaft gezogen. Die Einbuße im Ich und Über-Ich hat Folgen für die Triebbeherrschung, schädigt die Abwehrmöglichkeiten und befördert Durchbrüche von seiten des Es in die Ichorganisation, die zu Triebhaftigkeit, Gefühlsausbrüchen und irrationellem Benehmen führen und das Charakterbild des Kindes bis zur Unkenntlichkeit verändern. Die Ursachen für diesen Persönlichkeitsverlust, die sich bei der Untersuchung ergeben, sind gewöhnlich Erlebnisse, deren Bewältigung das Ich nicht gewachsen war und die darum als Traumen gewirkt haben: Angst, Trennungen, schwere Versagungen von seiten der Liebesobjekte, Enttäuschungen am Objekt, die zur Auflösung von Identifizierungen geführt haben (Jacobson, 1946), etc.

Eine zweite Möglichkeit ist, daß die Regression auf seiten des Es beginnt und daß die Ichinstanzen sich unvermittelt primitiven Triebabkömmlingen gegenüberfinden, mit denen sie sich auf irgendeine Art neu auseinandersetzen müssen.

Eine solche Auseinandersetzung kann darin bestehen, daß die Triebregression eine entsprechende Ich- und Über-Ich-Regression nach sich zieht, d. h., daß das Ich seine Ansprüche herabsetzt, um mit dem Trieb in Übereinstimmung zu bleiben. In diesem Fall bleibt das innere Gleichgewicht erhalten, und die Folgen der Triebregression sind *ichgerecht*. Der Preis für die Neuordnung ist aber eine Schädigung der Gesamtpersönlichkeit in der Richtung zum Infantilismus, zur Dissozialität und zur Triebhaftigkeit. Wie weit die pathologische Schädigung geht, hängt davon ab, wie stark die rückläufigen Bewegungen in Trieb und Ich sind, bis zu welchem Fixierungspunkt die ersteren zurückgehen, welche der Ichleistungen erhalten bleiben, und auf welcher Entwicklungshöhe die ganze innere Umwälzung wieder zum Stillstand kommt.

Die Auseinandersetzung zwischen Ich und regrediertem Trieb kann auch umgekehrte, uns aus den Analysen noch besser bekannte Formen annehmen. Bei Kindern, deren Ich und Über-Ich frühzeitig hoch entwickelt ist, stellt sich eine sogenannte sekundäre Autonomie der Ichleistungen her (Hartmann, 1950 b), d. h. ein Maß der Unabhängigkeit vom Triebleben, das ihnen ermöglicht, Triebregressionen als *ichfremd* von sich abzuweisen. Anstatt den neu aufgetauchten prägenitalen und aggressiven Impulsen nachzugeben und die ihnen entsprechenden Phantasien im Bewußtsein zu dulden, entwickeln diese Kinder Angst, verstärken ihre Triebabwehr und nehmen, wo die letztere mißlingt, ihre Zuflucht zu Kompromissen zwischen Trieb und Ich. Was wir hier vor uns sehen, sind die uns vertrauten inneren Konflikte, die zur Symptombildung führen. Infantile Neurosen wie Angsthysterien, Phobien, Pavor Nocturnus, Zwangssymptome, Zeremonielle, Hemmungen und Charakterneurosen entstehen auf dieser Grundlage.

Gute Beispiele für den Unterschied zwischen *ichgerechten* und *ichfremden* Folgen der Triebregression finden wir in der klinischen Arbeit bei männlichen Kindern, die infolge von Kastrationsangst von der phallisch-ödipalen auf die analsadistische Stufe regrediert sind.
Knaben der ersteren Art, bei denen Ich und Über-Ich in die rückläufige Bewegung mit einbezogen sind, werden im Benehmen unsauberer und aggressiver als vorher; oder von ihren Müttern abhängiger (d. h. weniger selbständig) als vorher; oder passiver und unmännlicher. Kurz, sie entwickeln ohne inneren Widerspruch noch einmal die Eigenschaften und Neigungen, die zu der prägenitalen Sexualität und Aggressivität des in Betracht kommenden Fixierungspunktes gehören.
Bei den Kindern der zweiten Art, deren Ich stark genug ist, um sich gegen die Folgen der Triebregression mit Angst und Schuldgefühl zu wehren, hängt die spezielle pathologische Folge davon ab, gegen welches Triebelement ihr Ich den stärksten Einspruch erhebt. Wo Analität, Sadismus und Passivität von den Ichinstanzen gleichmäßig energisch abgewehrt werden, ist die Symptomatologie am weitesten ausgebreitet. Wo die Verurteilung des Ichs sich nur gegen die Schmutzlust richtet, entstehen übermäßige Reinlichkeit, Waschzwang etc.; wo vor allem Aggression und Sadismus abgewehrt werden, sind

Leistungshemmungen und Unfähigkeit zum Wettbewerb die Folge; wo die passiv-femininen Strebungen am meisten gefürchtet sind, entsteht erhöhte Kastrationsangst oder eine überkompensierende aggressive Männlichkeit. In allen Fällen sind die Folgen neurotische, d. h. neurotische Symptome oder Charaktere.
Aus der analytischen Erfahrung, besonders am Erwachsenen, muß hier hinzugesetzt werden, daß auch in den Neurosen das Ich schließlich mannigfachen Regressionen unterliegt und daß insbesondere die zwangsneurotischen Abwehrformen (Verleugnung, magisches Denken, Ungeschehenmachen) die Ichfunktion auf ein niedrigeres Niveau hinunterdrücken. Diese Art der Ichregression ist aber nicht die Ursache der Störung, sondern ihre Folge; auch betrifft die Erniedrigung hier nur die Ichleistungen, nicht die Über-Ich-Forderungen, die ungestört erhalten bleiben. Im Gegenteil, das neurotische Ich macht alle nur erdenklichen Anstrengungen, um dem Über-Ich gerecht zu werden.

Konflikte und Angst in ihrer Bedeutung für die Diagnose

Im Zuge der Normalentwicklung durchläuft jedes Individuum eine Reihe von Phasen, die von der ursprünglichen Einheitlichkeit der Person zu ihrer Zusammensetzung aus verschiedenen Instanzen führen. (Es, Ich, Über-Ich, Struktur der Persönlichkeit.) Was sich zuerst herstellt, ist die Teilung der vorher undifferenzierten psychischen Masse in ein Es und Ich, d. h. in zwei Geltungsbereiche, für welche verschiedene Ziele, Absichten und Arbeitsweisen charakteristisch sind. Dieser ersten Teilung folgt als zweite eine „Stufe im Ich", d. h. die Aufteilung der Ichinstanz in das eigentliche Ich und das ihm übergeordnete Über-Ich und Ichideal, die dem Ich gegenüber eine kritische und leitende Funktion ausüben.
Wie weit ein Kind auf diesem Weg gegangen, oder auf ihm zurückgeblieben ist, läßt sich in der Untersuchung anhand von zweierlei manifesten Erscheinungen feststellen, nämlich an der speziellen Form seiner Konflikte und der ihnen zugeordneten Ängste.
Wir unterscheiden in der Kindheit drei Arten von Konflikten: äußere, verinnerlichte und innere.

Äußere Konflikte

Äußere Konflikte, die sich zwischen der kindlichen Gesamtperson und der Objektwelt abspielen, entstehen, wann immer die Umwelt störend in das Luststreben des Kindes eingreift und seine Befriedigungen aufschiebt, einschränkt oder ihnen Versagungen auferlegt. Ein solches Verhalten der Umwelt ist unvermeidlich, solange das Kind selbst unfähig ist, seine Triebregungen zu beherrschen, d. h., solange sein Ich noch mit dem Es zusammenfällt und keine Schranken zwischen ihnen aufgerichtet sind. Äußere Konflikte sind das Merkmal der Kindheit, d. h. der Zeit der Unreife; wo sie bis in spätere Zeiten bestehen bleiben oder regressiv wiederbelebt werden, bezeichnen wir das Individuum in dieser Beziehung als „infantil". — Die Ängste, die dieser Form von Konflikt zugeordnet sind und sein Vorhandensein verraten, sind je nach Alter und sonstigem Entwicklungsstand des Kindes von verschiedener Art; ihnen gemeinsam ist, daß sie die Außenwelt als Quelle haben. Ihre zeitliche Stufenreihe ist ungefähr die folgende: Angst vor Vernichtung bei Verlust der mütterlichen Fürsorge (Trennungsangst, Angst vor *Objektverlust* in der Zeit der biologischen Einheit zwischen Mutter und Kind); Angst vor *Liebesverlust* (nach Herstellung einer *konstanten* Liebesbeziehung zum Objekt); Angst vor Kritik und *Strafe* (während der anal-sadistischen Phase, in der das Kind seine eigene Aggression auf die Eltern projiziert, was die Angst vor ihnen steigert); *Kastrationsangst* (in der phallisch-ödipalen Phase).

Die zweite Art von Konflikt, die *verinnerlichte*, kommt zustande, nachdem das Kind durch Identifizierung mit den Eltern ihre Forderungen zu seinen eigenen gemacht hat und nachdem die elterliche Autorität zum Großteil vom Über-Ich übernommen worden ist. Nicht viel anders als vorher drehen sich die Konflikte um die Fragen von Wunscherfüllung oder Versagung. Die Zusammenstöße und Unstimmigkeiten spielen sich aber nicht mehr äußerlich zwischen dem Kind und seinen Objekten ab, sondern in seinem Innenleben, zwischen den psychischen Instanzen, wo dem Ich die Entscheidung zwischen Triebwunsch und Über-Ich-Forderung zufällt. Die für diese Verhältnisse bezeichnende Angst ist die Angst vor dem Über-Ich,

d. h. das Schuldgefühl. Sobald Schuldgefühle wahrnehmbar sind, hat der untersuchende Analytiker keinen Zweifel, daß das betreffende Kind die Stufe im Ich, d. h. die Errichtung eines Über-Ichs zustandegebracht hat.

Das Hauptmerkmal der dritten Konfliktform, der *innerlichen*, besteht darin, daß die Außenwelt für ihn keine Rolle spielt, weder direkt wie beim äußeren Konflikt, noch indirekt wie beim verinnerlichten. Innere Konflikte dieser Art entstehen infolge der entwicklungsbedingten Beziehungen zwischen Es und Ich und der Verschiedenheit ihrer Organisationen. Triebabkömmlinge und Affekte gegensätzlicher Art wie Liebe und Haß, Aktivität und Passivität, Männlichkeit und Weiblichkeit bestehen nebeneinander, ohne aneinander Anstoß zu nehmen, solange das Es und der Primärvorgang den seelischen Apparat beherrschen. Sie werden unverträglich miteinander und führen zum Konflikt, sobald das Ich reift und versucht, mit Hilfe der synthetischen Funktion solche sich widersprechende Inhalte in seine Organisation mit einzubeziehen. Auch wo die Es-Inhalte sich nicht qualitativ widersprechen, sich nur quantitativ verstärken, werden sie vom Ich als Bedrohung empfunden und erzeugen inneren Konflikt. Die hier erzeugten Ängste sind von besonderer Art und besonders bedrohlich für das seelische Gleichgewicht des Individuums. Aber, zum Unterschied von der Angst vor der Außenwelt oder dem Schuldgefühl gehen sie in der Tiefe vor sich und verraten ihr Vorhandensein gewöhnlich erst im Laufe einer analytischen Behandlung, nicht zur Zeit der diagnostischen Untersuchung.

Die voranstehende Einteilung der Konflikte und Ängste in drei verschiedene Klassen (äußerlich, verinnerlicht, innerlich) ist von beträchtlicher Hilfe für den Diagnostiker, soweit es sich um die Klassifizierung der konfliktbedingten Kindheitsstörungen und die Beurteilung ihrer Schwere handelt. Hier ist auch die Erklärung zu finden, warum manche Fälle auf Grund von Änderungen in den äußeren Lebensbedingungen geheilt werden können (Fälle der ersten Art, wo Konflikte mit der Außenwelt pathogen wirken); warum andere innere, d. h. analytische Hilfe brauchen, ihr aber unschwer zugänglich sind (Fälle der zweiten Art mit verinnerlichten Konflikten als Krankheitsursache); und warum noch andere lang andauernde analytische Bemühungen schwierigster Art notwendig machen (innere Triebkonflikte, „unendliche" Analysen, S. Freud, 1937).

Allgemeine Eigenschaften und Haltungen in ihrer Bedeutung für Diagnose und Prognose

Was vom untersuchenden Analytiker erwartet wird, ist nicht nur die Feststellung der in der Gegenwart bestehenden kindlichen Störungen und ihre Rückführung auf die persönliche Vergangenheit, sondern auch eine wenigstens ungefähre Voraussage für die Zukunftsaussichten auf Heilung, d. h. Wiedererlangung und Fortbestand der seelischen Gesundheit. Für solche Ausblicke in die Zukunft sind nicht nur die geschilderten Einzelheiten der Entwicklungsvorgänge bedeutungsvoll, sondern darüber hinaus auch gewisse persönliche Eigenheiten, deren Ursprung entweder in der angeborenen Konstitution oder in den frühesten Erlebnissen des Individuums zu suchen ist, und die einen entscheidenden Einfluß auf die Erhaltung oder Gefährdung des seelischen Gleichgewichts ausüben. Insoweit die Rolle des Vermittlers zwischen den inneren Instanzen und zwischen Gesamtperson und Außenwelt dem Ich zufällt, sind diese Eigenschaften Merkmale des Ichs. Die hervorstechendsten unter ihnen sind die Einstellung des Ichs zu Unlust und Versagung; die Sublimierungsfähigkeit; die Einstellung zur Angst; die Intaktheit des Entwicklungsvorgangs, d. h. der progressiven Tendenzen.

Unlustbewältigung und Sublimierungsfähigkeit

Die Aussichten eines Kindes, seelisch gesund zu bleiben (oder zu werden), hängen weitgehend davon ab, in welchem Ausmaß sein Ich fähig ist, Versagungen zu ertragen, d. h., bei solchen Gelegenheiten ausgelöste Unlust zu bewältigen. Die individuellen Unterschiede sind, von den Jüngsten angefangen, vielleicht nirgends größer als hier. Manche Kinder finden jeden Aufschub oder jede Einschränkung in der Befriedigung eines Triebwunsches unerträglich und antworten mit allen Zeichen von Ärger, Zorn, Unbehagen und Ungeduld; nichts kann sie zufriedenstellen außer der Erfüllung des ursprünglichen Verlangens, und Ersatzbefriedigungen werden als unzureichend abgewiesen. Solche Weigerungen, sich in das Notwendige, oft Unvermeidliche zu fügen, beginnen gewöhnlich schon im Säuglingsalter und zeigen sich zuerst auf dem Gebiet der oralen Wünsche, von denen aus sie sich auf andere Gebiete und in spätere Zeiten erstrecken Zum Unterschied von ihnen sind andere Kinder viel leichter zu befriedigen. Dieselben Triebbeschränkungen werden von ihnen vertragen, ohne denselben Anstoß zu erregen, und Ersatzbefriedigungen werden gerne angenommen und dienen der Verminderung von Unlust. Auch diese früh erworbene Einstellung erhält sich gewöhnlich für die späteren Jahre.

Der Diagnostiker zweifelt nicht, daß das innere Gleichgewicht bei Kindern der ersteren Art mehr gefährdet ist als bei den letzteren. Ein kindliches Ich, das genötigt ist, große Mengen von Unlust in Schach zu halten, bedient sich notwendigerweise der primitivsten Hilfsmittel und Abwehrmethoden, wie Verleugnung und Projektion oder primitiver Abfuhrmethoden wie Zorn-, Wut- und anderer Affektausbrüche. Von solchen Hilfsmitteln geht der Weg dann zu pathologischen Kompromißbildungen in Form von neurotischen, dissozialen und perversen Symptomen.

Kinder der letzteren Art haben mehr Möglichkeiten, ihre Triebenergien zu neutralisieren und auf zielgehemmte, erreichbare Befriedigungen zu verschieben. Die Fähigkeit zu sublimieren ist eine unschätzbare Hilfe im Kampf um Erhaltung (oder Wiedererlangung) seelischer Gesundheit.

Angstbewältigung

Die analytische Einsicht lehrt uns, daß es angstfreie Kinder nicht gibt, d. h., daß die verschiedenen Angstformen als normale Begleiterscheinungen zu den verschiedenen Entwicklungsstufen gehören. (Die Trennungsangst entspricht der Stufe von biologischer Einheit zwischen Kind und Mutter; die Angst vor Liebesverlust der konstanten Objektbeziehung; die Kastrationsangst dem Ödipuskomplex; das Schuldgefühl der Über-Ich-Bildung.) Was hier für die Prognose wichtig ist, sind weniger die Formen und Intensitäten der Angst als die Fähigkeit zur Angstbewältigung, die bei verschiedenen Individuen in verschiedenem Ausmaß vorhanden ist und von der letzten Endes das seelische Gleichgewicht abhängt.

Kinder, die jedes Maß von Angst als unerträglich empfinden, sind neurotisch besonders gefährdet. Ihr Ich ist genötigt, das Vorhandensein aller äußeren und inneren Gefahren, d. h. aller möglichen Angstquellen zu verleugnen und zu verdrängen; oder alle inneren Gefahren in die Außenwelt zu projizieren, aus der sie nur um so angsterregender zu ihm zurückkehren; oder sich phobisch von allen Angst- und Gefahrdrohungen zurückzuziehen. Angstvermeidung um jeden Preis wird zur Einstellung, die erst die Kindheit und später das erwachsene Leben des Individuums beherrscht und durch übermäßigen Gebrauch der Abwehrmechanismen zur Neurose führt.

Die psychische Gesundheit des Individuums hat bessere Aussichten, wo das Ich die Angst nicht vermeidet, sondern ihr mit aktiven Maßnahmen begegnet, d. h. zum Verstand, logischem Denken, tatkräftigen Veränderungen der Außenwelt, aggressiven Gegenmaßnahmen seine Zuflucht nimmt. Ein solches Ich kann große Mengen von Angst bewältigen und leichter ohne übermäßige Abwehr, Kompromiß- und Symptombildungen auskommen.[37]

Progressive und regressive Tendenzen

Daß vorwärtsgerichtete und rückläufige Strebungen die ganze Kindheit hindurch im seelischen Apparat vorhanden sind, heißt nicht,

---

[37] Aktive Angstbewältigung ist nicht mit den bekannten Überkompensierungen der Kinder zu verwechseln. In der ersteren wehrt das Ich sich direkt gegen eine drohende Gefahr; in der letzteren gegen phobische Vermeidungen von Gefahr.

Ein gutes Beispiel für aktive Angstbewältigung stammt von O. Isakower aus der Beobachtung eines selbst ängstlichen Kindes, das sagt: „Der Soldat fürchtet sich auch, aber er macht sich nichts daraus."

daß ihr Verhältnis zueinander bei allen Individuen dasselbe ist. Wir kennen Kinder, für die alles Neue als solches lustbetont ist; sie freuen sich über eine neue Speise, über Fortschritte in Beweglichkeit und Unabhängigkeit, über Abenteuer, die sie von der Mutter weg zu neuen Gesichtern und Spielgefährten führen, etc. Nichts ist wichtiger für sie, als „groß" zu sein, es den Erwachsenen gleichtun zu können, und was immer diesem Wunsch, wenn auch nur annähernd entgegenkommt, entschädigt sie für alle Hindernisse und Schwierigkeiten, die ihnen auf dem Weg begegnen. Im Gegensatz zu diesem Verhalten bedeutet für andere Kinder jeder Fortschritt vor allem den Verzicht auf alte Lustquellen und wird als solcher gefürchtet. Solche Kinder sind schwer abzustillen und empfinden die Entwöhnung oft als Schock. Sie wollen nicht groß werden, haben Angst, die Mutter und die gewohnte Umgebung zu verlassen, fürchten sich vor Fremden, später vor Verantwortlichkeiten etc.

Die klinische Entscheidung, welchem Typus ein bestimmtes Individuum angehört, ist am leichtesten unter Lebensumständen zu treffen, deren Bewältigung große Ansprüche an das Kind stellt, wie z. B. schwere körperliche Erkrankung oder die Geburt eines neuen Geschwisterkindes. Kinder, deren Wunsch nach Fortschritt stärker ist als die regressiven Tendenzen, benützen eine längere Krankheitszeit oft zur Ichreifung, dem neuen Ankömmling gegenüber fühlen sie sich als „großer" Bruder oder „große" Schwester. Wo die regressiven Neigungen die stärkeren sind, wird das Kind in der Krankheit „infantiler", als es vorher war; den neuangekommenen Säugling beneidet es und wünscht sich selbst in den Säuglingsstand zurück.

Unterschiede dieser Art sind nicht ohne prognostische Bedeutung. Der Lustgewinn, den Kinder der ersteren Art aus ihren Fortschritten beziehen, wirkt seinerseits fördernd und anregend auf Reifung, Entwicklung und Anpassung. Kinder der zweiten Art sind auf jeder Entwicklungsstufe in Gefahr, steckenzubleiben und Fixierungspunkte zu entwickeln, ihr Gleichgewicht ist leichter gestört und ihre Neigung zum Rückzug wird leicht zum Ausgangspunkt für Angst, Abwehr und neurotische Lösungen.

Ein metapsychologisches Entwicklungsbild

Jede psychoanalytische Untersuchung eines Kindes ergibt eine Unzahl von Tatsachen, die sich auf alle Seiten und Schichten der Persönlichkeit beziehen: Körperliches und Seelisches; Daten, die der Vergangenheit oder Gegenwart, der Umwelt oder dem Innenleben des Kindes zugehören; schädliche und wohltätige Einflüsse; Erfolge und Mißerfolge; Phantasien und Ängste; Abwehrvorgänge, Symptome etc. Was immer der Untersuchende findet, verdient seine Aufmerksamkeit, auch wenn die Bestätigung der gegebenen Auskünfte auf spätere Arbeit verlegt werden muß. Anderseits darf keine einzelne Tatsache an und für sich, ohne Zusammenhang mit anderem Material beurteilt werden. Als Analytiker vertreten wir die Überzeugung, daß nicht die Vererbung allein das Entwicklungsschicksal eines Menschen bestimmt, sondern die vererbte Anlage in Wechselwirkung mit den Erlebnissen; daß organische Schädigungen (körperliche Defekte, Blindheit etc.) zu den verschiedensten psychischen Folgen führen, je nach den Umwelteinflüssen, denen das Kind ausgesetzt ist, und je nach den seelischen Hilfsmitteln, die ihm zur Bewältigung seiner Schwierigkeiten zur Verfügung stehen. Ob Ängste (siehe oben) als pathogen zu werten sind, hängt weniger von ihrer Art und Stärke ab, als von der Art und Weise, mit der das Ich des Kindes sie verarbeitet. Zornanfälle und Gefühlsausbrüche sind verschieden zu beurteilen, je nachdem, ob sie spontan im Zuge der Entwicklung auftreten oder durch Nachahmung und Identifizierung mit der Objektwelt erworben worden sind. Was traumatisch auf das Kind gewirkt hat, kann nicht aus der manifesten Lebensgeschichte abgelesen werden, d. h. ist nicht von der objektiven Wichtigkeit eines Ereignisses abhängig, sondern von seiner subjektiven Wirkung auf das spezielle Kind. Eigenschaften wie Mut und Feigheit, Habsucht und Großmut, Vernunft und Unvernunft wiegen verschieden schwer, je nach Lebensumständen, Lebensalter, Entwicklungsphase und Genese. Einzelstücke des klinischen Materials, aus ihrem Zusammenhang mit der Gesamtperson gelöst, sind nur dem Namen nach identisch. In Wirklichkeit eignen sie sich ebensowenig zur Verwendung in der individuellen

Diagnose wie zum Vergleich mit angeblich identischen Persönlichkeitselementen bei anderen Individuen.

Es ist Aufgabe des untersuchenden Analytikers, das ihm vorliegende Material in einen organischen Zusammenhang einzuordnen, d. h., unter die metapsychologischen Gesichtspunkte zu bringen (dynamisch, genetisch, ökonomisch, strukturell). Das so entstehende Bild des Kindes entspricht einer Synthese; oder, umgekehrt gesehen, der Aufspaltung einer Diagnose in ihre analytischen Bestandteile.

Entwicklungsbilder dieser Art lassen sich zu verschiedenen Zeitpunkten herstellen (zur Zeit der diagnostischen Untersuchung; während der analytischen Behandlung; am Ende der Behandlung) und dienen verschiedenen Zwecken: einer gründlichen, d. h. umfassenden Diagnose; ihrer Bestätigung oder kritischen Beleuchtung auf Grund des in der Analyse zutage geförderten Materials; einer Bewertung von Besserung oder Heilung, d. h. der therapeutischen Wirksamkeit der analytischen Methode.

Das „metapsychologische Entwicklungsbild" beginnt mit äußerlichen Daten, auf Symptome, Beschreibung des Patienten, Familiengeschichte und historische Fakten sich beziehend. Es enthält einen ersten Versuch, Umwelteinflüsse nach ihrer vermutlichen Bedeutung einzuschätzen. Von hier geht es zum Innenleben des Kindes, geordnet nach Aufbau der Persönlichkeit, dynamischem Kräftespiel zwischen den Instanzen, Kräfteverhältnis zwischen Es und Ich, Anpassung an die Außenwelt und genetischen Annahmen (soweit sie aus dem manifesten Material erschließbar sind). Die sich ergebende schematische Darstellung ist etwa die folgende:

Entwurf eines metapsychologischen Entwicklungsbildes

I. *Ursache der Untersuchung* (Entwicklungsstörungen, problematisches Benehmen, Hemmungen, Ängste, Symptome etc.)

II. *Beschreibung des Kindes* (äußere Erscheinung, Auftreten, Benehmen)

III. *Familienhintergrund und Kindheitsgeschichte*

IV. *Vermutlich wichtige Umwelteinflüsse* (negativ und positiv)

V. *Entwicklungsdaten*

A. Triebentwicklung

1. Libido. — Es ist zu untersuchen

a) bezüglich der *Libidoentwicklung:*

ob das Kind die seinem Alter entsprechende Phase erreicht hat (oral, anal-sadistisch, phallisch, Latenzperiode; Vorpubertät, Pubertät) und im besonderen, ob der Fortschritt von der Analität zur phallischen Sexualität gelungen ist;

ob auf der erreichten Phase ihr Primat zustandegekommen ist;

ob zum Zeitpunkt der Untersuchung das Kind sich auf der in der Entwicklung erreichten höchsten Stufe behauptet oder ob Regressionen zu früheren Positionen vorgefallen sind;

b) bezüglich der *Libidoverteilung:*

ob die Libidobesetzungen in angemessener Weise zwischen Selbst und Objektwelt verteilt sind;

ob die narzißtische Besetzung (primärer und sekundärer Narzißmus, Besetzung von Körper-Ich, Ich und Über-Ich) ausreicht, um ein angemessenes Selbstgefühl zu gewährleisten; in welchem Grad das Selbstgefühl von den Objektbeziehungen abhängt;

c) bezüglich der *Objektlibido:*

ob in der Stufenfolge der Objektbeziehungen (narzißtisch, nach dem Anlehnungstypus, Objektkonstanz, prä-ödipal, zielgehemmt, pubertätsgemäß) die dem chronologischen Alter entsprechende Stufe erreicht worden ist;

ob das Kind sich auf ihr behauptet oder ob Regressionen zu früheren Stufen stattgefunden haben;

ob die Form der Objektbeziehung der erreichten (oder regressiv hergestellten) Phase der Libidoentwicklung entspricht.

2. Aggression. — Es ist zu untersuchen, welche Äußerungsformen der Aggression dem Kind zur Verfügung stehen:
   a) in bezug auf ihr Ausmaß, d. h. manifestes Vorkommen oder Fehlen im klinischen Bild;
   b) in bezug auf Form und Art, d. h. entsprechend der Phasenentwicklung auf Seite der Libido;
   c) in bezug auf ihre Richtung zur Außenwelt oder zum Selbst.

B. Ich- und Über-Ich-Entwicklung.

Es ist zu untersuchen:

a) inwieweit die dem Ich zur Verfügung stehenden Sinnesapparate intakt oder geschädigt sind;

b) inwieweit die *Ichfunktionen* (Gedächtnis, Realitätsprüfung, synthetische Funktion, Sekundärvorgang) intakt sind; ob Schädigungen entwicklungsbedingt oder neurotisch bedingt sind; ob die Funktionen gleichmäßig oder ungleichmäßig ausgebildet sind; was der Intelligenzquotient ist;

c) inwieweit die *Ichabwehr* entwickelt ist:

ob die Abwehr gegen bestimmte (hier zu nennende) Triebabkömmlinge gerichtet ist oder im allgemeinen gegen Triebbetätigung und Triebbefriedigung;

ob die in Gebrauch stehenden Abwehrmechanismen altersgemäß sind, zu primitiv, oder frühreif;

ob Abwehrtätigkeit gleichmäßig auf eine größere Anzahl von Mechanismen verteilt oder auf einige wenige beschränkt ist;

ob die Abwehrtätigkeit gelingt oder mißlingt, besonders in bezug auf die Angst; ob sie das Gleichgewicht zwischen den Instanzen erhält, wiederherstellt; ob sie innere Beweglichkeit erlaubt oder lähmt, etc.;

ob sie abhängig oder unabhängig von der Objektwelt vor sich geht, und in welchem Grad (Über-Ich-Bildung, Verinnerlichung äußerer Konflikte);

d) inwieweit die Ichfunktionen *sekundär* durch die Abwehrtätigkeit des Ichs Schaden gelitten haben, d. h., welche Einbuße an Leistungsfähigkeit mit der Aufrechterhaltung der Triebabwehr und Triebbeherrschung verbunden ist.

VI. *Fixierungspunkte und Regressionen* (Genetische Daten)

Wir nehmen an, daß die Rückkehr zu entwicklungsbedingten Fixierungspunkten allen infantilen Neurosen und vielen infantilen Psychosen zugrunde liegt. Ihre Auffindung in der Vorgeschichte des Kindes ist infolgedessen eine der wichtigsten Aufgaben des Diagnostikers. Hinweise auf die Fixierungspunkte finden sich im Material auf Grund der folgenden manifesten Erscheinungen:

a) auf Grund bestimmter *Eigenschaften* und Verhaltensweisen, deren Triebhintergrund dem Analytiker bekannt ist, die also auf der Oberfläche anzeigen, was in der Tiefe des psychischen Apparats vor sich geht oder vor sich gegangen ist. Das bekannteste Beispiel dieser Art ist das manifeste Bild eines zwangsneurotischen Charakters, bei dem Eigenschaften wie Reinlichkeit, Ordnungsliebe, Sparsamkeit, Pünktlichkeit, Zweifelsucht, Entschlußunfähigkeit etc. auf Konflikte der anal-sadistischen Phase hinweisen, also einen Fixierungspunkt an dieser Stelle verraten. Andere Charakterbilder oder Verhaltensweisen verraten in der gleichen Weise Fixierungspunkte auf anderen Gebieten oder Stufen. (Die Besorgnis eines Kindes um Leben und Gesundheit der Eltern und Geschwister deutet auf besondere Konflikte anläßlich der infantilen Todeswünsche; Angst vor dem Einnehmen von Medizinen, gewisse Eß-Schwierigkeiten etc. entsprechen dem abgelaufenen Abwehrkampf gegen orale Phantasien; Schüchternheit als Eigenschaft des Ich deutet auf abgewehrten Exhibitionismus im Es; Heimweh auf alte Ambivalenzkonflikte etc).

b) auf Grund der kindlichen *Phantasien*, die unter günstigen Umständen sich manchmal während der klinischen Untersuchung verraten, häufiger durch Tests dem Diagnostiker zugänglich werden. (So schwierig der Zugang zum Phantasieleben oft in der ersten Untersuchung ist, so ausgiebig ist das Phantasiematerial — bewußt und unbewußt — in der analytischen Behandlung, wo es vollste Einsicht in die pathogene Vorgeschichte des Patienten vermittelt.)

c) auf Grund derjenigen *Symptome*, bei denen die Beziehung zwischen unbewußtem Hintergrund und manifester Erscheinungsform sichergestellt und typisch ist, die also (wie bei der Zwangsneurose) dem Diagnostiker erlauben, aus dem Symptombild selbst Schlüsse auf verdrängte Vorgänge zu ziehen. Die Anzahl solcher Symptome darf nicht überschätzt werden. Viele Symptome, wie z. B. Lügen, Stehlen, Bettnässen etc. entstehen auf den verschiedensten Triebhintergründen und sind zur Zeit der diagnostischen Untersuchung nicht durchschaubar.

VII. *Konflikte* (Dynamische und strukturelle Daten)

Die Normalentwicklung eines Kindes steht, ebenso wie seine Pathologie, unter dem Einfluß von Konflikten, einerseits zwischen Außenwelt und Innenwelt, andererseits zwischen den inneren Instanzen. Es ist eine der Aufgaben des Diagnostikers, in dieses Kräftespiel Einsicht zu nehmen und die dynamischen Vorgänge in ein Schema einzuordnen:

a) als *äußere* Konflikte zwischen der Gesamtperson des Kindes und der Objektwelt (begleitende Angst vor der Objektwelt);
b) als *verinnerlichte* Konflikte zwischen dem Es und den Ichinstanzen, nachdem die letzteren die Forderungen der Umwelt in sich aufgenommen, d. h. verinnerlicht haben (begleitendes *Schuldgefühl*);
c) als tiefe *innere* Konflikte zwischen gegensätzlichen und miteinander unvereinbarten Triebregungen (ungelöste Ambivalenz zwischen Liebe und Haß, aktiv-passiv, männlich-weiblich).

Je nach der Konfliktform, die im Leben eines bestimmten Kindes hervortritt, lassen sich Schlüsse ziehen auf:

1. die Reife seiner Persönlichkeitsstruktur, d. h. den Grad ihrer Unabhängigkeit von der Objektwelt;
2. die Schwere seiner Störung;
3. die Art der zur Besserung oder Herstellung geeigneten Behandlungsmethode.

VIII. *Allgemeine Eigenschaften und Haltungen*

Für die Voraussage, ob die Störung eines bestimmten Kindes Aussicht auf Spontanheilung oder seine Behandlung Aussicht auf Erfolg hat, sind folgende persönliche Eigenschaften und Verhaltungsweisen von Bedeutung:

a) die Haltung des Kindes gegenüber *Versagungen*. Wo Versagungen schlechter vertragen werden, als dem Alter gemäß zu erwarten ist, dort entwickelt sich mehr Angst und Unlust, als das Ich bewältigen kann, und das Kind findet schneller den Ausweg in die zur Krankheit führenden Aufeinanderfolgen von Regression, Abwehr und Symptombildung. Wo Versagungen besser vertragen werden, ist es leichter für das Individuum, sein inneres Gleichgewicht zu erhalten, oder, wenn gestört, wieder herzustellen.

b) die Fähigkeit des Kindes, Triebregungen zu *sublimieren*. Die individuellen Unterschiede sind hier groß. Wo zielgehemmte und neutralisierte Ersatzbefriedigungen annehmbar sind, entschädigen sie das Kind für unvermeidliche Enttäuschungen im Triebleben und vermindern die Aussicht auf pathologische Lösungen. Befreiung von gehemmter Sublimierungsfähigkeit ist eine wichtige Aufgabe der Behandlung.

c) die Haltung des Kindes der Angst gegenüber. Hier ist es wichtig zwischen der Neigung zur Angst*vermeidung* und der Neigung zur aktiven Angst*bewältigung* zu unterscheiden. Erstere führt leichter in die Pathologie; letztere ist das Zeichen eines gesunden, gut organisierten, tatkräftigen Ichs.

d) das Verhältnis zwischen *Progression* und *Regression* in den Entwicklungsvorgängen des Kindes. Wo die vorwärts gerichteten Strebungen stärker sind als die rückläufigen, ist die Aussicht auf Erhaltung der Gesundheit oder Selbstheilung besser als im umgekehrten Fall: starke Entwicklungsschübe helfen dem Kind, seine Symptome „auszuwachsen". Wo die regressiven Strebungen die Oberhand haben und das Kind an archaischen Lustquellen festhält, ist auch der Widerstand gegen die Behandlung größer. Das Kräfteverhältnis zwischen den beiden Tendenzen verrät sich im einzelnen Kind durch den Konflikt zwischen dem Wunsch, „groß" zu sein, und der Weigerung, infantile Positionen und Befriedigungen aufzugeben.

IX. *Diagnostische Kategorien*

Die endgültige Zusammenfassung der angegebenen Teilstücke kann nicht in den bisher zur Verfügung stehenden diagnostischen Systemen untergebracht werden, sondern verlangt nach einem diagnostischen Schema eigener Art, in dem das Verhältnis der verschiedenen Störungen zur Entwicklung und der Grad ihrer Abweichung vom normalen Entwicklungsvorgang im Mittelpunkt der Aufmerksamkeit stehen. Der Diagnostiker steht somit vor der Aufgabe, sich für eine der im folgenden aufgezählten Möglichkeiten zu entscheiden:

1. daß trotz auftretender Schwierigkeiten in der Befriedigung der Körperbedürfnisse, im Verhältnis zur Umwelt, im täglichen Benehmen des Kindes, seine Entwicklungsvorgänge selbst nicht in Mitleidenschaft gezogen sind, daß die Störung also im Rahmen des Normalen bleibt;
2. daß Symptombildungen, die im klinischen Bild zu finden sind, dem Bemühen entsprechen, spezielle Entwicklungsaufgaben zu bewältigen, und daß der Fortschritt zur nächsten Entwicklungsstufe sie spontan wieder zum Verschwinden bringen wird;
3. daß Triebregressionen zu früher erworbenen Fixierungspunkten stattgefunden haben, und daß ihre Dauerfolgen innere Konflikte erzeugen und zu infantilen Neurosen oder Charakterstörungen führen;
4. daß die vorgefallenen Triebregressionen Ich- und Über-Ich-Regressionen nach sich ziehen und zu Infantilismus, Triebhaftigkeit etc. führen;
5. daß Schädigungen in der mitgebrachten Anlage (durch organische Störungen) oder der im ersten Lebensjahr erworbenen Konstitution (durch Entbehrungen, Versagungen, körperliche Krankheit etc.) den Entwicklungsvorgang beeinträchtigen, die Ausbildung und Sonderung der inneren Instanzen verhindern und zu defekten, in der Entwicklung zurückgebliebenen oder sonst atypischen klinischen Bildern führen;
6. daß bisher unerklärte Vorgänge organischer, toxischer oder psychischer Art einen zerstörenden oder zersetzenden Einfluß auf die

bereits zustandegekommenen Persönlichkeitserwerbungen ausüben (Verlust der Sprache, der Triebhemmungen, der Realitätsprüfung etc.) und den Entwicklungsvorgang selbst zum Stillstand bringen (infantile Psychosen, Autismus etc).

V. KAPITEL

DIE PATHOLOGISCHE KINDERENTWICKLUNG II. TEIL. INFANTILE VORSTUFEN SPÄTERER ERKRANKUNGEN

Unsere Auseinandersetzung einerseits mit dem Entwicklungsstand, andererseits mit der Psychopathologie unserer klinischen Fälle dient einer Reihe von Absichten. Sie verfolgt praktische Zwecke, insoweit sie dazu beiträgt, über die Behandlungsbedürftigkeit eines Kindes zu entscheiden und (wo Therapie angezeigt ist) die geeignetste Methode auszusuchen. Sie entspringt theoretischen Interessen, d. h. dem Bedürfnis, unsere Einsicht in die Entwicklungsvorgänge zu vertiefen und klarer zwischen entwicklungsbedingten (vorübergehenden) Symptomen und dauernder Pathologie zu unterscheiden. Schließlich entspricht sie dem Wunsch, mehr von den infantilen Vorstadien der psychischen Krankheiten zu erfahren[38], mit denen der Analytiker in der Erwachsenentherapie zu kämpfen hat.

Die infantilen Neurosen

Wir haben allen Grund, uns als Diagnostiker den infantilen Neurosen gegenüber sicherer zu fühlen als auf jedem anderen Gebiet. Unsere Kenntnis der infantilen Neurose stammt aus der Frühzeit der Analyse, und die Einsicht in diese Krankheitsform hält seit jeher Schritt mit den Einsichten in die entsprechenden erwachsenen Krankheitsformen.

Wir finden bei Freud die Versicherung, daß die „Kinderneurose eine typische und vorbildliche Bedeutung“ für die Neurose der Erwachsenheit hat (Ges.W. VII, 377, 1909); „sie leisten für das richtige Ver-

---

[38] Nach Dr. Liselotte Frankl: ihre „Naturgeschichte“ zusammenzustellen.

ständnis der Neurosen Erwachsener ungefähr so viel wie die Kinderträume für die Träume der Erwachsenen" (Ges.W. XII, 31, 1918). „Das Studium dieser infantilen Neurosen schützt gegen manch ein gefährliches Mißverständnis der Neurosen Erwachsener" (Ges.W. XI, 378, 1916/17). „Wenn in späteren Lebenszeiten eine Neurose ausbricht, so enthüllt sie sich durch die Analyse regelmäßig als die direkte Fortsetzung ... jener infantilen Erkrankung" (ebd., 378).

Wir finden dieselbe Entsprechung auch zwischen der neurotischen Symptomatologie bei Kindern und Erwachsenen. Die *Hysterie* zeigt in beiden Fällen dieselben freischwebenden Ängste und Angstanfälle; Konversion in körperliche Symptome; hysterisches Erbrechen und Vergiftungsangst; Agoraphobie und Tierphobien. (Nur die Klaustrophobie ist beim Kind seltener, dafür aber die situationsgebundenen Phobien vor Schule, Zahnarzt etc. häufiger.) In der *Zwangsneurose* finden sich bei Kindern und Erwachsenen Gefühlsambivalenz, Einschlaf- und andere Zeremonien, Waschzwänge, Zwangsdenken, -handeln und-zählen, magische Worte und Gesten oder ihre Vermeidung, Berührungszwang oder -vermeidung etc. Soweit Hemmungen in Betracht kommen, entsprechen Spiel- und Lernhemmung in der Kindheit den Leistungshemmungen in der Erwachsenheit; gehemmte Schau- und Zeigelust, Aggression, Konkurrenz beeinträchtigt das Leben der Kinder wie das der Erwachsenen. In der Persönlichkeitsausbildung finden sich beim neurotischen Kind zumindest alle Ansätze für das klinische Bild, das wir später als „neurotischen Charakter" bezeichnen.

Wichtiger als diese Übereinstimmungen in der manifesten Symptomatologie ist die ihr zu Grunde liegende Übereinstimmung in den *dynamischen* Verhältnissen. Die klassische ätiologische Formel stimmt für beide, infantile und erwachsene Neurosen: anfänglicher Fortschritt zu verhältnismäßig hoher Trieb- und Ichentwicklung (Kinder zur phallisch-ödipalen, Erwachsene zur genitalen Sexualität); Angst- und Unlusterlebnisse, Versagungen etc. auf dieser Stufe (beim Kind Kastrationsangst); Regression von diesem altersgemäßen Niveau zu prägenitalen Fixierungspunkten; Auftauchen infantiler sexual-aggressiver Impulse, Wünsche, Phantasien; Unverträglichkeit dieser Regungen mit Ansprüchen des Über-Ichs, Angst und Schuldgefühl, Mobilisierung der

Ichabwehr; Abwehrtätigkeit und Kompromißbildungen; als Endergebnis neurotische Symptome oder Charakterstörungen, im einzelnen bestimmt durch den speziellen Fixierungspunkt, zu dem der Trieb regrediert ist (anal-sadistisch, oral), durch die speziellen Inhalte der abgewehrten Phantasien, und durch die speziellen Abwehrmechanismen, deren sich das Ich bedient hat (Verdrängung, Reaktionsbildung, Projektion, Wendung gegen die eigene Person etc.).

In den Anfangsjahren, solange nur wenige und gut ausgesuchte Patienten sich beim Kinderanalytiker einstellten, erwarteten wir, solche infantile Neurosen (nach Muster des „Kleinen Hans“ und „Wolfsmanns“) in den meisten Fällen zu finden. Erst der Schritt von der Privatpraxis zur Arbeit an Kinderberatungsstellen und Kinderkliniken änderte diese Einstellung und führte vom vertrauten zum fremden Material, d. h. zu einer Unmenge von unklaren, schwer durchschaubaren klinischen Bildern aller Art, die sich auf den ersten Blick in keine der bekannten ätiologischen Voraussetzungen einordnen ließen.

Eine erste Enttäuschung war, daß Symptome bei Kindern, anders als beim Erwachsenen, genetisch nicht mit dem ganzen Persönlichkeitsaufbau des Individuums zusammenstimmen, sondern ebenso häufig als Einzelerscheinungen oder verbunden mit Symptomen und Charaktereigenschaften anderer Natur und Herkunft auftreten. Zwangsneurotische Symptome, wie Einschlafzeremonielle, Zwangszählen etc., finden sich nicht selten bei Kindern, die ihrem sonstigen Wesen nach als hysterisch zu bezeichnen sind; ebenso hysterische Konversionen, Phobien, psychosomatische Symptome bei sonst zwangsneurotischen Kindern. Gut gehaltene, sozial angepaßte, im allgemeinen gewissenhafte Kinder begehen häufig einzelne dissoziale Handlungen. Kinder mit schwierigem Benehmen im Elternhaus sind oft die gefügigsten Schulkinder, etc.

Als nächstes kam die Erfahrung, daß die einzelnen Formen der infantilen und erwachsenen Neurosen nicht glatt und ohne Änderung ineinander übergehen. Das Gegenteil ist häufiger der Fall. So sehr ein „schlimmes“ vierjähriges Kind im aggressiven Benehmen, in Rücksichtslosigkeit, Triebhaftigkeit etc. dem späteren Verwahrlosten oder Delinquenten ähnlich ist, so wenig sind wir in der Diagnose berechtigt, den infantilen Zustand als Vorläufer der erwachsenen Störung anzusehen; was wir vor uns haben, kann etwas ganz anderes sein, zum Beispiel das Anfangsstadium einer Zwangsneurose oder eines Zwangscharakters. Eine frühe Phobie oder Angsthysterie verwandelt sich oft (nicht regelmäßig) in eine spätere Zwangsneurose. Eine frühe Zwangsneurose mit klassischen Symptomen, die sich von der erwachsenen Form in nichts unterscheiden, entwickelt sich vielleicht später zur Schizophrenie etc.

Unsere nähere Einsicht in diese Verhältnisse zeigt, daß solche Unstimmigkeiten gut begründet sind. Das Kräftespiel, auf dem die Neurosen (infantil und erwachsen) aufgebaut sind, geht zwischen Trieb und Ich vor sich. Auch wo die regredierten Triebregungen fixiert bleiben, ändern sich beim Kind die von der Erkrankung noch nicht angegriffenen Ichinstanzen infolge Reifungs- und Entwicklungsvorgängen. Todeswünsche, Aggressionen, unehrliche Haltungen, die auf der Stufe des Vierjährigen noch ich- und über-ich-gerecht waren, können auf der nächsten Stufe als ichfremd abgelehnt werden: damit ändert sich die Symptomatologie von der dissozialen zur zwanghaften. Mit fortschreitender Ichreife ändern sich auch die zur Verfügung stehenden und in Gebrauch genommenen Abwehrmechanismen. Körperliche Abwehrformen, wie Konversion und Vermeidung, treten in den Hintergrund zugunsten von Abwehr in den Denkvorgängen wie Zählen, magische Formeln, Ungeschehenmachen, Isolieren; mit den letzteren verschwinden die hysterischen Symptome und ersetzen sich durch zwangsneurotische. Mischgebilde zwischen Hysterie und Zwangsneurose erklären sich auch daraus, daß hysterische Kinder während der anal-sadistischen Entwicklung zusätzlich Symptome erwerben, die den Abwehrkämpfen dieser Stufe entsprechen; oder daß infantile Zwangsneurosen ihre zusätzlichen freischwebenden Ängste, Phobien etc. noch als Restbestände früherer Entwicklungsstufen in sich tragen. Wo sich schon in Kleinkindern die hochgradige Ambivalenz und die starren Zwangshaltungen der späteren anal-sadistischen Stufe finden, sind die Zukunftsaussichten nicht günstig. Solche Erscheinungen, als Spaltungen und Unstimmigkeiten im seelischen Apparat, sind oft Vorläufer späteren psychotischen (schizophrenen) Zerfalls.

Im Gegensatz zu unseren ursprünglichen Erwartungen sind die psychopathologischen Erscheinungen im Kinderleben nicht seltener, sondern noch häufiger als beim Erwachsenen. Was wir vorfinden, sind die typischen infantilen Neurosen: Zwangserscheinungen, Zeremonien, Angstanfälle, Phobien, traumatische und psychosomatische Störungen, Charakterstörungen etc.; die infantilen Psychosen, autistischen Zustände, etc. Um diesen Kern, der keineswegs die Mehrzahl ausmacht, reiht sich dann eine Unzahl anderer Zustände: die (nicht organisch bedingten) Aufschübe in der Ausbildung wichtiger Leistungen, wie Beherrschung der Muskeltätigkeit, Sprechfähigkeit, Beherrschung der Exkretionsvorgänge, Schulfähigkeit; Störungen in den Besetzungsvorgängen (in Narzißmus oder Objektlibido); mangelnde Beherrschung der Triebvorgänge, der Tendenzen zur Selbstschädigung etc. Wo die Trieb-Ich-Organisation die phallisch-ödipale Stufe nicht erreicht hat, fehlt auch die Möglichkeit zur eigentlichen Neurosenbildung. Wo die Abwehrvorgänge unentwickelt geblieben sind, finden sich im Ich Einbrüche von Es-Elementen anstelle von Kompromißbildungen. Wo kein einflußreiches Über-Ich zustandegekommen ist, macht sich im Verhalten der Mangel an moralischen Ansprüchen, verinnerlichten Konflikten und Schuldgefühlen fühlbar.

Was auf diesem Arbeitsgebiet fehlt, sind die psychodynamischen Erklärungen, die zum Verständnis der klinischen Bilder führen. Manche der beschriebenen Erscheinungen mögen Vorstufen der Neurose entsprechen, die sich mit fortschreitender Reifung der Persönlichkeit in typische Neurosen verwandeln; andere entsprechen eher mißlungenen Versuchen zur Neurosenbildung, d. h. unzweckmäßigen Bemühungen, unter ungünstigen äußeren und inneren Umständen ein kurzlebiges inneres Gleichgewicht herzustellen.

Entwicklungsbedingte Störungen

Entwicklungsbedingte Störungen haben ihren Ursprung einerseits in der Abhängigkeit des Kindes von der Objektwelt, andererseits in den Ansprüchen, die der Entwicklungsvorgang selbst an das kindliche Ich stellt.

Folgen der infantilen Abhängigkeit

Ehe ein Kind ein gewisses Maß von Selbständigkeit erreicht, ist es für alle seine Befriedigungen von der Umwelt abhängig. Wo die Mutter (oder sonstige Pflegeperson) sich in ihren Handlungen nicht von den Bedürfnissen des Kindes leiten läßt, sondern unpersönliche, starre Vorschriften befolgt, entstehen Schwierigkeiten, die sich als Schlafstörungen, Störungen der Nahrungsaufnahme, Schwierigkeiten in den Eliminationsvorgängen, Angst vor Alleinsein fühlbar machen.

Wir übersehen nur zu leicht, daß in diesen vier Beziehungen die natürlichen Bedürfnisse der Kinder nicht mit den in unserer Kultur üblichen Sitten und Gebräuchen übereinstimmen. Kinder haben ihren individuellen *Schlaf*rhythmus, der aber selten mit den Wünschen der Umgebung zusammentrifft; die meisten Mütter legen das Kleinkind zu Bett oder nehmen es auf, je nachdem wie Schlafen und Wachen des Kindes sich in ihre eigene Tageseinteilung einfügen lassen. Kinder haben auch ihre eigenen Hilfsmittel, um sich den Weg vom Wachleben zum Schlaf zu erleichtern. Sie bedienen sich zu diesem Zweck der autoerotischen Betätigungen (Daumenlutschen, Masturbation, Übergangsobjekt), sind aber für ihren freien Gebrauch auf die nicht immer vorhandene Toleranz der Mutter angewiesen. Der kindlichen Natur zufolge wäre das Einschlafen am leichtesten im Bett der Mutter, in engster Berührung mit der von ihr ausstrahlenden Körperwärme, — ein primitiver Wunsch, der allen hygienischen (und auch den analytischen) Vorschriften unserer Tage widerspricht. In bezug auf die *Nahrungsaufnahme* wird es nur in den seltensten Fällen dem Kind freigestellt, wann die Mahlzeiten stattfinden sollen (außer in der Säuglingsernährung nach Bedarf), woraus sie bestehen sollen und wieviel das Kind zu sich nehmen will. Das Ergebnis ist nicht selten, daß das Kleinkind ungeduldig auf die Fütterung wartet, wenn es hungrig ist, und daß es zwangsgefüttert wird zu Zeiten, wo es keine Eß-Lust fühlt. Die *Reinlichkeitserziehung* beginnt nur zu oft in einem Alter, in dem weder die Fähigkeit zur Schließmuskelbeherrschung noch die Entwicklung zur körperlichen Selbständigkeit ihr entgegenkommen. Das *Alleinsein* (d. h. ohne die beruhigende Gegenwart der Mutter oder Pflegeperson) wird in unserer westlichen Kultur den Kindern, allen biologischen Bedürfnissen zum Trotz, für viele Stunden aufgezwungen, in dem irrigen Glauben, daß es „gesund" für das Kind ist, alleine zu schlafen, alleine auszuruhen, später alleine zu spielen.

Solche Vergewaltigungen der Natur, so gut sie gemeint sind, schieben sich störend zwischen Wunsch und Erfüllung ein und verhindern den glatten Ablauf der Befriedigungserlebnisse. In ihrer Folge suchen Mütter Rat und Hilfe für Kleinkinder, die nicht einschlafen oder nicht lang genug durchschlafen können, obwohl sie offenbar müde sind; die nicht genug oder nicht das Richtige essen wollen, obwohl ihr Körper offenbar nach Nahrung verlangt; oder die übermäßig schreien, aber nicht durch die Gegenwart der Mutter beruhigt werden können.

Viele dieser Störungen können vermieden werden, wenn die Säuglingspflege von allem Anfang an in verständnisvoller Weise auf die Bedürfnisse des Kindes abgestimmt ist. Wo sie einmal aufgetreten sind, ist es schwer, sie zu beseitigen, auch wenn die Mutter bereit ist, ihre Einstellung und ihr Eingreifen zu ändern. Die Versagungen und Unlustgefühle, die im Zusammenhang mit einem Körper- oder Triebbedürfnis erlebt worden sind, bleiben in der Erinnerung des Kindes mit ihm verbunden. Eine solche Unlustbesetzung (anstelle der angemessenen Lustbesetzung) verringert die Triebstärke, d. h. das positive Drängen nach Befriedigung und macht die betreffende Regung zugänglich für spätere neurotische Konflikte und Hemmungen (A. Freud, 1946).

Verständnislosigkeit den infantilen Bedürfnissen gegenüber hat noch andere, schwerwiegende Folgen für das spätere Leben. Im Laufe seiner Persönlichkeitsentwicklung, d. h. der Verinnerlichung äußerer Einflüsse, identifiziert sich das Kind auch mit der Haltung der Mutter seinem Triebleben gegenüber. Wo die Mutter seine Wünsche versteht, achtet, und im Rahmen der Möglichkeit erfüllt, ist zu erwarten, daß sein Ich sich dem Es gegenüber in ähnlicher Weise verhalten wird. Wo sie seine Befriedigungen mehr als nötig aufschiebt, verkürzt oder versagt, wird auch sein Ich sich triebfeindlicher benehmen, d. h. eine Einstellung entwickeln, die zu den Vorbedingungen der späteren Neurose zu zählen ist.

Innere Schwierigkeiten

So schwer es ist, den äußeren Unstimmigkeiten auszuweichen, die sich zwischen Mutter und Kind ergeben, so hilflos fühlt sich die Umwelt den inneren Schwierigkeiten des Kindes gegenüber. Die letzteren sind zwar größer, wo die ersteren den Boden vorbereiten, und erträglicher, wo ein ungestörtes Triebleben dem Kind reichlichen Lustgewinn verschafft. Aber sie sind auch an sich unvermeidlich und nicht weniger regelmäßig im Vorkommen als die Reifungs- und Entwicklungsvorgänge, auf denen sie beruhen. Nur sind sie, zum Unterschied von der erwachsenen Pathologie keine Dauererscheinungen: sie treten als Begleiterscheinung einer Entwicklungsstufe auf, die zu ihnen Anlaß gibt, und verschwinden wieder mit dem Fortschritt zur nächsten, d. h., sie werden „ausgewachsen".

Schlafstörungen

Bei weitem nicht alle Schlafstörungen der Kinder sind den Folgen des äußeren Regimes zuzuschreiben. Auch wo im ersten Lebensjahr alle Eingriffe in den eigenen Schlafrhythmus des Kindes sorgfältig vermieden worden sind, treten im zweiten Jahr Schlafstörungen auf. Wir sind nicht überrascht, wenn ein müdes Kleinkind (am Ende des ersten Jahres) von einem Augenblick zum andern in Schlaf verfällt (vorausgesetzt, daß kein Körperbedürfnis wie Hunger und kein Körperschmerz oder -unlust diesen Vorgang stören). Aber schon wenige Monate später wird dasselbe Kind, ungeachtet seiner Müdigkeit, protestieren, wenn es zu Bett gebracht wird, wird sich mit allen Kräften wachhalten, nach der Mutter rufen etc. Offenbar ist das Einschlafen zu dieser Zeit nicht mehr, was es vorher war: die automatische Befriedigung eines körperlichen Bedürfnisses. In dem differenzierten Wesen, das wir im zweiten Jahr vor uns haben, sind Ich und Es, Selbst und Objektwelt schon voneinander unterschieden. Der Übergang vom Wachleben in den Schlaf bedeutet jetzt dreierlei: das Zurückziehen aller Libido von den Objekten, den Abzug aller Ichinteressen von der Außenwelt, und das Zurücksinken des Ichs in das Es. Keines ist leicht; alle diese Vorgänge erregen die Angst des Kindes, lassen es nur um so heftiger gegen den Schlaf ankämpfen, und geben Anlaß zu dem endlosen Verlangen nach der Anwesenheit der Mutter, nach einem Nachtlicht, einer offenen Tür, einem Glas Wasser etc. Erst wenn die Objektbeziehungen des Kindes konstanter geworden sind und seine Ichorganisation sich sicherer fühlt, verschwinden diese Schwierigkeiten wieder: das etwas ältere Kind kann sich dann erlauben einzuschlafen.

Wie weiter oben erwähnt, haben Kinder ihre eigenen Hilfsmittel, um den Übergang vom Wachleben zum Schlaf zustandezubringen. Die autoerotischen Betätigungen dienen dem Rückzug der Libido von der Außenwelt zum eigenen Körper; die „Übergangsobjekte" (Teddybär etc.) schieben sich zwischen das mütterliche Objekt und den Körper ein. In den späteren Kinderjahren (Latenzperiode) oder wann immer die Autoerotik und besonders die Onanie aufhören, ichgerecht zu sein, ergeben sich aus diesem inneren Konflikt neue Einschlafstörungen. Die manifesten Symptome, die diesen Abgewöhnungskampf begleiten, sind gewöhnlich zwanghafte wie Zwangsbeten, Zwangszählen, Zwangsdenken etc.

Von außen gesehen, sind Einschlafstörungen der Kinder nicht unähnlich den Schlafstörungen depressiver oder melancholischer Erwachsener. Aber trotz gewisser manifester Übereinstimmungen ist das dahinter liegende metapsychologische Bild ein völlig anderes. In Wirklichkeit haben die beiden Erscheinungen wenig miteinander zu tun, und die kindliche Störung ist nicht als Vorläufer der erwachsenen zu betrachten. Die Gemeinsamkeit zwischen beiden liegt nur darin, daß die Schlaffunktion offenbar anfällig ist und darum als Kampfplatz zum Austragen innerer Konflikte dienen kann.

Eß-Störungen

Die Geschichte der kindlichen Eß-Störungen in allen ihren Einzelheiten ist dem Analytiker noch besser bekannt.[39] Hier lösen zahlreiche Schwierigkeiten in der Nahrungsaufnahme einander als Begleiterscheinung der Trieb- und Ichentwicklung ab.

---

[39] Siehe oben, Kapitel III, die entsprechende Entwicklungslinie. Auch A. Freud, 1946.

Die ersten Störungen ergeben sich beim Stillen des Säuglings, wo sie vielfach bedingt sind. Auf Seite der Mutter kommen körperliche Hindernisse in Betracht wie die Form der Brustwarzen, die Spärlichkeit der Milchsekretion etc.; oder psychische Hindernisse in Form ihrer Einstellung zum Stillen. Der Säugling seinerseits kann körperliche Schwierigkeiten mitbringen wie z. B. einen unfertigen Saugreflex, organisch bedingte Herabsetzung des Nahrungsbedürfnisses; oder psychische Schwierigkeiten als automatische Antwort auf Angst oder Ambivalenz der Mutter.

Die nächste, häufige Störung ist Nahrungsverweigerung nach dem Abstillen. Sie ist vermeidbar, vorausgesetzt, daß die Entziehung von Brust oder Flasche nicht plötzlich, sondern schrittweise vor sich geht. Wo sie vom Kind als Trauma erlebt wird, hinterläßt sie Folgen in der Form von negativer Einstellung zur Nahrungsaufnahme, Mißtrauen gegen jeden neuen Geschmack, Ablehnung ungewohnter Speisen, Herabsetzung der oralen Lustgefühle etc. Gelegentlich ist die Wirkung eine umgekehrte: Kinder, die zu plötzlich abgestillt worden sind, bleiben für ihr weiteres Leben hungrig und gierig.

Auf der nächsten Stufe wird das Essen zum Kampfplatz, auf dem die Ambivalenz des Kindes der Mutter gegenüber ihren Ausdruck finden kann.[40] Solche Kämpfe mit der Mutter drehen sich darum, was gegessen werden soll (Verweigerung gewisser Speisen, leidenschaftliches Verlangen nach anderen etc.); wieviel gegessen werden soll; und auf welche Art gegessen werden soll (Stillsitzen, Herumlaufen, Tischmanieren etc.).

Etwas später erst, und ohne dieselbe Beziehung zum Objekt, erscheint der Ekel vor gewissen Speisen, der aus der Reinlichkeitserziehung, d. h. der Abwehr gegen anale Regungen stammt; die Vorliebe für fleischlose Ernährung, die (wo das Vegetariertum nicht durch die erwachsene Umwelt bedingt ist) der Verdrängung kannibalistischer, sadistischer Phantasien entspricht; oder die Verweigerung der Nahrungsaufnahme, die auf abgewehrte Schwangerschaftsphantasien zurückgeht.

---

[40] Ein eindrucksvolles klinisches Beispiel für diese Erscheinungsform war ein Kleinkind, das im Ärger mit der Mutter nicht nur auszuspucken pflegte, was sie ihm gefüttert hatte, sondern auch noch die letzten Speisereste von der Zunge abkratzte.

Eltern fürchten nicht selten, daß die harmloseren dieser Schwierigkeiten, Vorläufer der lebensbedrohenden Eß-Verweigerungen (Anorexia nervosa) sind und ohne Behandlung in sie übergehen können. Solche Befürchtungen sind grundlos. Die geschilderten Störungen sind nicht Zeichen von pathologischen Veränderungen, sondern sind entwicklungsbedingt und als solche kurzlebig. Sie geben nur insoweit zu Besorgnis Anlaß, als jede Unlustbetonung des Eß-Vorgangs die Eß-Lust schwächt und dadurch den Schwierigkeiten der nächsten Stufe Vorschub gibt. Je ausgebreiteter die kindlichen Eß-Störungen sind, desto gründlicher wird auch der Boden für die neurotischen Magen- und Darmstörungen des erwachsenen Lebens vorbereitet.

Die archaischen Ängste

Angst gehört von allem Anfang an zum Gefühlsleben des Kindes, noch ehe die speziellen Angstformen entwickelt werden, die einerseits dem Stand seiner Objektbeziehungen, andererseits dem Aufbau seiner Innenwelt entsprechen.[41]
Die lärmenden, sogenannt „archaischen" Ängste des Kleinkindes treten spontan auf und lassen sich nicht auf vorhergegangene Gefahrsituationen oder Unlusterlebnisse zurückführen. Manifest äußern sie sich als Angst vor Dunkelheit, vor Alleinsein, vor Fremden, vor neuen Eindrücken, vor lauten Geräuschen (Donner, Wind etc.). Manifest bestehen Ähnlichkeiten zwischen den frühen archaischen Ängsten und den späteren Phobien, die sich aber metapsychologisch nicht bestätigen lassen. Die Phobien der phallischen Phase sind das Ergebnis hochentwickelter psychischer Vorgänge (Regressionen, Verschiebungen, Konflikte); im Gegensatz zu ihnen sind die archaischen Ängste das Merkzeichen für die Unreife und Schwäche des Ichs, dem noch wenig Mittel zur Angstbewältigung zur Verfügung stehen und das deshalb mit panischen Zuständen auf Reize reagiert, deren Verständnis und Bewältigung es nicht gewachsen ist.
Je mehr das Ich an Reife zunimmt, desto mehr tritt die Angstform in den Hintergrund. Realitätsprüfung, logisches Denken, Zunahme der

[41] Siehe Kapitel IV.

Vernunft, Abnahme von Projektionen und magischem Denken lassen die Umwelt weniger bedrohlich erscheinen.

Gestörtes Benehmen der Kleinkinder

Die Schwierigkeiten mancher Kleinkinder steigern sich bis zu Extremen, mit denen die Mütter nicht mehr fertig werden können. Auf der Höhe der anal-sadistischen Phase äußern sich ihre Triebregungen entweder direkt als Schmutzlust, Zerstörungslust und motorische Ruhelosigkeit, oder reaktiv als Unfähigkeit, sich zu trennen, quälerisches Benehmen, Klagen, Unzufriedenheit, chaotische Gefühlsausbrüche.
Trotz dieser für die Umwelt schwer erträglichen, quasipathologischen Erscheinungen, ist der ganze Zustand nicht sehr ernst zu nehmen. Er erklärt sich aus dem Mangel an Abfuhrmöglichkeiten, die Kindern dieses Alters zur Verfügung stehen, und das Bild ändert sich mit zunehmender Entwicklung der Ichfunktionen, wie Denken, Sprache[42], Spiel, den Sublimierungsmöglichkeiten etc.

Eine vorübergehende Zwangsphase

Wir sind einerseits gewohnt, Ordnungsliebe, Reinlichkeit, magisches Denken und Einschlafzeremonielle der Zwangsneurose oder dem Zwangscharakter zuzuschreiben, beobachten aber andererseits ihr Vorkommen bei fast allen Kindern auf der Höhe oder vor dem Absinken der analen Prägenitalität. Teils als Ergebnis der Reinlichkeitserziehung, teils auf Grund von Ichentwicklungen, die zeitlich (wenn auch nicht regelmäßig) mit der Bewältigung der analen Strebungen zusammentreffen (H. Hartmann, 1950a), benehmen sich die Kinder, als wären sie zwangsneurotisch, ohne es im metapsychologischen Sinn zu sein. Die scheinbare Pathologie dieser Altersstufe verschwindet wieder, sobald Trieb- und Ichentwicklung die nächsten Fortschritte zur phallisch-ödipalen Phase gemacht haben.
Der Zusammenhang dieser entwicklungsbedingten Zwangsphase mit der späteren Zwangsneurose ist andererseits nicht zu übersehen. Die in

[42] A. Katan, 1961.

ihr vorfallenden Erlebnisse schaffen den Fixierungspunkt, zu dem spätere Regressionen (rückläufig von der phallischen Phase) zurückführen. Wenn auch die frühe Zwangsphase selbst noch nicht neurotisch genannt werden kann, die Rückkehr zu ihr, die Abwehr gegen ihre Wiederbelebung, die daraus entstehenden Konflikte und Kompromißbildungen sind letzten Endes die Ursache der Zwangsneurose.

Entwicklungsbedingte Störungen in der phallischen Phase, Vorpubertät und Pubertät

Daß die Entwicklungsschübe nicht nur für Störungen verantwortlich sind, sondern auch für Spontanheilungen, wird besonders deutlich dort, wo die entwicklungsbedingten Änderungen quantitative sind, d. h., sich auf die ökonomischen Verhältnisse im Triebleben oder in der Ichorganisation beziehen. In der phallischen Phase z. B. steigert sich die Triebstärke und mit ihr die Abwehr von Kastrationsangst, Todesangst, Todeswünschen etc., die ein klinisches Bild gemischt aus Hemmungen, Überkompensationen, regressiven und passiven Haltungen erzeugt. Das ganze, bedrohlich erscheinende Syndrom kann sich aber in nichts auflösen, wenn die Stärke des Ödipuskomplexes absinkt und das Kind den biologisch vorgezeichneten Schritt in die Latenzperiode macht. Der infantile Neurotiker wird mit dem Nachlassen der Triebintensität verhältnismäßig problemlos.

Das Umgekehrte ergibt sich mit dem nächsten Entwicklungsschub, der der Latenzperiode zugunsten der Vorpubertät ein Ende macht. Hier treten die oralen und analen Regungen der prä-ödipalen Vorzeit verstärkt wieder in Erscheinung und bedrohen viele der in der Latenzperiode gemachten Erwerbungen (soziale Anpassung, Sublimierungen). Der ganze Anschein von psychischer Gesundheit und innerem Gleichgewicht verschwindet wieder; was bleibt, sind einesteils neurotische, andererseits dissoziale Haltungen, die der Vorpubertät ihren widerspruchsvollen Charakter verleihen.

Was folgt, ist das dem Analytiker aus vielen Studien vertraute Bild der Pubertät.[43] Die neu auftauchenden genitalen Regungen helfen, die

[43] Siehe Eissler, 1958, Geleerd, 1958; auch A. Freud, 1936.

Männlichkeit zu befestigen, und machen den aus dem negativen Ödipuskomplex mitgebrachten passiv-femininen Strebungen und andern prägenitalen Restbeständen ein vorläufiges Ende. Andererseits schafft der Pubertätsschub seine eigene Symptomatologie, die unter ungünstigen Umständen den psychischen und delinquenten Störungen nahekommt und erst mit dem Eintritt in die Erwachsenheit nachzulassen beginnt.[44]

Dissozialität und Kriminalität als diagnostische Kategorien in der Kinderklinik

Soziale Anpassung und chronologisches Alter. Legale und psychologische Gesichtspunkte

Die oben erörterte Unsicherheit, wann wir berechtigt sind zu sagen, daß ein Kind „lügt" oder „stiehlt", wird um so größer, wenn wir die Frage auf das ganze Gebiet der sozialen Anpassung und ihres Fehlschlagens anwenden.

Von welchem Alter an ein Minderjähriger vor ein Gericht (Jugendgericht) gebracht werden kann und vor dem Gesetz für seine Handlungen verantwortlich ist, ändert sich je nach Staat und Kontinent. In den mitteleuropäischen Ländern ist das Durchschnittsalter 13 und 14. In England und Amerika finden wir eine allmähliche Abstufung der gesetzlichen Eingriffe, von 8 Jahren angefangen, bis zur vollen Verantwortlichkeit mit 16, 18 oder 21 Jahren. International stimmen die

---

[44] In einer Arbeit über „Die Infantilen Neurosen" (1966) schlägt H. Nagera die folgende chronologische Stufenfolge vor:

a) Entwicklungsstörungen (durch äußeren Eingriff in den Entwicklungsvorgang bedingt);
b) entwicklungsbedingte Konflikte (als normale Begleiterscheinungen der Entwicklungsfortschritte);
c) neurotische Konflikte (zwischen Triebansprüchen und den verinnerlichten Ansprüchen der Außenwelt);
d) infantile Neurosen.

europäischen Kriminologen überein, daß es „wünschenswert ist, volle Verantwortlichkeit vor dem Gesetz nicht vor dem 18. Jahr“ einzuführen.

Erzieher und Analytiker fühlen sich auf diesem Gebiet nicht viel sicherer als die Kriminologen. Wir fühlen nur, daß es unzweckmäßig ist, Kinder als asozial, dissozial, verwahrlost oder verbrecherisch zu bezeichnen, ehe ihre Entwicklung einen Stand erreicht hat, der mit sozialer Anpassung vereinbar ist, und wir versuchen diesen Gesichtspunkt festzuhalten, auch wo Handlungen und Benehmen gegen alle Vorschriften, Regeln und moralischen Anforderungen der Familie oder der sozialen Gemeinschaft verstoßen. Was der sozialen Anpassung vorangehen muß, ist offenbar das gefühlsmäßige und verstandesmäßige Verständnis für solche Vorschriften und die Identifizierung mit den sozialen Ansprüchen, die der Identifizierung mit den Eltern als ihren Vertretern folgt. Wir stimmen mit der juristischen Welt darin überein, daß solche Anpassungen nur langsam, dem chronologischen Alter gemäß, zustande kommen, erwarten sie aber im allgemeinen früher als die Kriminologen. Mit dem Ablauf des Ödipuskomplexes sollten, unserer Meinung zufolge, zumindest die Grundlagen für soziale Anpassung in Erscheinung treten.

Theorie und Praxis gehen in dieser Beziehung nicht immer Hand in Hand. Wir verstehen theoretisch, daß Kinder in der prä-ödipalen Phase weder im legalen noch im metapsychologischen Sinn angepaßte Mitglieder einer menschlichen Gemeinschaft sein können. Trotzdem gebrauchen wir in der klinischen Untersuchung auch für diese frühen Altersklassen Bezeichnungen wie asozial, verwahrlost, gemeinschaftsunfähig oder zumindest „latent verwahrlost“ (Aichhorn, 1925). Was wir in diesen Fällen beurteilen, ist nicht die endgültige soziale Anpassung des gereiften Individuums, sondern die vielen Zwischenstufen und Teilerfolge, die für den Weg zur Sozialisierung charakteristisch sind. Wo ein Kind aufwächst, ohne die entsprechenden Fortschritte auf dieser Stufenleiter zu machen, erregt es unsere Besorgnis, daß der erwünschte Enderfolg nicht oder nur in ungenügendem Maß zustande kommen wird.

Wir zweifeln nicht, daß die endgültige soziale Anpassung auf einer ganzen Anzahl von Voraussetzungen beruht, d. h., daß Entwicklungsfortschritte auf allen Seiten und Stellen des seelischen Apparats zusammentreffen müssen, um diese Wirkung zu erzielen. Je mehr wir von diesen einzelnen Bedingungen wissen, desto besser werden wir imstande sein, spätere Dissozialität vorauszusagen, wenn auch zur Zeit der Diagnosenstellung nur leise Andeutungen von Mißverhältnissen zwischen Entwicklungslinien, Unstimmigkeiten im Entwicklungstempo von Trieb und Ich oder Mängel und Schwächen in den Objektbeziehungen im klinischen Bild zu sehen sind.

Eine solche Aufspaltung der sozialen Anpassung in ihre entwicklungsgeschichtlichen Elemente macht auch dem Irrtum ein Ende, daß Dissozialität oder Kriminalität als nasologische Begriffe einheitliche Zustände sind, die sich auf spezielle innere Ursachen zurückführen lassen, wie geistige und moralische Minderwertigkeit, oder auf spezielle Umweltseinflüsse wie Trennungen vom Elternhaus, Vernachlässigung von seiten der Eltern, elterliche Streitigkeiten, Zusammenbruch der Familie, etc. Je weniger wir von speziellen *Ursachen* der Dissozialität sprechen, desto selbstverständlicher wird es uns werden, die soziale Anpassung als das Endergebnis von Triebschicksalen anzusehen, d. h. der Umformung von Strebungen zuzuschreiben, die in jedem normalen Kind normalerweise vorhanden sind. Eine theoretische Haltung dieser Art macht es leichter, die Entwicklungslinien zusammenzustellen, die zu den hier in betracht kommenden pathologischen Ergebnissen führen. Wie zu erwarten, sind solche Wege zum Abnormen dunkler, verstrickter und schwerer zu verfolgen als die weiter oben angeführten normalen Entwicklungslinien.

Der Neugeborene unter der Herrschaft des Lustprinzips

Der Neugeborene kennt nur ein einziges Gesetz, nämlich das Lustprinzip, dem alle seine Äußerungen blind unterworfen sind. Unter der Herrschaft dieses Prinzips werden Lusterlebnisse begrüßt, Unlust abgewiesen und Spannungen so niedrig wie möglich gehalten. Für die Zukunft des Neugeborenen ist es bedeutsam, daß er Lust und Unlust nur insoweit selbständig regulieren kann, als die Befriedigung am eigenen Körper (d. h. die Autoerotik) in Betracht kommt.

Die pflegende Mutter als erste Gesetzgeberin

Für die Erfüllung seiner Körperbedürfnisse wie Hunger, Schlaf, Temperaturregelung ist der Säugling ganz auf seine Pflegeperson angewiesen; so sehr die Lustsuche ein inneres Prinzip ist, so sehr steht die Wunschbefriedigung unter dem Zeichen der Außenwelt. Die Mutter erfüllt und versagt die Wünsche des Kindes und wird, dank dieser Rolle, nicht nur sein erstes Liebesobjekt (nach dem Anlehnungstypus), sondern auch sein erster Gesetzgeber. Die ersten Regeln und Gesetze der Außenwelt, die dem Kind fühlbar werden, betreffen die Häufigkeit und das Ausmaß der ihm gestatteten Befriedigungen. Hier ist es entscheidend, wie die verschiedenen Methoden der Säuglingspflege (oder die individuellen Mütter und ihre Berater) zu dem im Kind selbst verankerten Lustprinzip eingestellt sind, ob sie ihm zuwider handeln oder sich in ihren Handlungen von ihm leiten lassen. Manche stellen die Pflege des Kindes ganz in den Dienst der Trieb- und Bedürfnisregulierung auf Grund bedingter Reflexe und fügen zu diesem Zweck Versagungen zu, schränken Befriedigungen ein und verfolgen einen Weg, der dem Luststreben des Kindes diametral entgegengesetzt ist (Truby King). Andere handeln im umgekehrten Sinn, vermeiden, das Kind Unlusterlebnissen auszusetzen, und bereiten ihm so viel Lustbefriedigung als nur möglich (Stillen nach Bedarf etc.).

Der Säugling, dessen Lebenserhaltung von der mütterlichen Fürsorge abhängt, ist den ihm auferlegten Regeln, Vorschriften und Zeiteinteilungen ohne Ausweg unterworfen. Er empfindet das Regime als feindliche Macht, soweit es ihm Unlust bereitet, und als freundliche, soweit es ihm Befriedigungen zuführt. Trotz seiner Hilflosigkeit gelingt es ihm aber, auf dem Boden der Pflege bestimmte Haltungen der Mutter gegenüber auszubilden. Die Mütter beginnen, schon in diesem frühen Alter zwischen zwei Arten von Kindern zu unterscheiden: den fügsamen, „braven", leicht zu behandelnden, und den ungeduldigen, eigenwilligen, schwierigen, die lärmend gegen jede ihnen zugemutete Beschränkung protestieren.

Äußere Einschränkung der Triebbefriedigung

Je selbständiger das heranwachsende Kleinkind in bezug auf Nahrungsaufnahme, Schlaf etc. wird, desto mehr treten im Kampf mit der Außenwelt die Körperbedürfnisse in den Hintergrund und geben ihren Platz an die Triebwünsche ab. Das Kind verfolgt dann die Befriedigung seiner egoistischen oder prägenitalen oder aggressiven Wünsche mit demselben Eifer wie vorher die Stillung seiner Hungergefühle, und trifft — nicht anders als vorher — auf Beschränkungen, die die Außenwelt ihm auferlegt. Für das Kind ist es natürlich, seine Triebziele mit Dringlichkeit und ohne Rücksicht auf Nebenumstände durchsetzen zu wollen; die erwachsene Umwelt muß, ob sie will oder nicht, hemmend eingreifen, um das Kind selbst vor Schaden zu bewahren oder um andere Menschen und Dinge vor seinen Übergriffen zu schützen. Infolge dieser Unstimmigkeit zwischen innen und außen, Luststreben und realitätsgerechten Rücksichten, sind alle Kinder dieses Alters in ständige Schwierigkeiten mit ihrer Umwelt verwickelt und sind normalerweise unfolgsam, ungebärdig, aufsäßig, d. h. „schlimm".

Verinnerlichung der äußeren Einschränkungen

Wir erklären ein Individuum als unreif, solange die Triebwünsche und ihre Erfüllungen in dieser Weise zwischen ihm und seiner Umwelt aufgeteilt sind: der Wunsch auf seiner Seite, die Entscheidung über Befriedigung oder Versagung auf Seite der Außenwelt. Von dieser moralischen Abhängigkeit, die für die Kindheit normal ist, führt dann ein langer und schwieriger Entwicklungsweg zum normalen erwachsenen Zustand, in dem der reife Mensch imstande ist, Richter in eigener Sache zu sein, d. h. auf Grund von an sich selbst gestellten Erwartungen und inneren Idealen seine Absichten zu prüfen, sie vernünftigen Überlegungen zu unterwerfen, und selbständig zu entscheiden, ob Regungen abgewiesen, aufgeschoben oder zur Handlung zugelassen werden sollen. Eine solche moralische Unabhängigkeit ist das Ergebnis vieler innerer Kämpfe zwischen Es-Abkömmlingen einerseits und Ichfähigkeiten und -funktionen andererseits. Einige der sich widersprechenden Einflüsse, die teils in die Richtung zur Sozialisierung, teils zur Dissozialität führen, sind im folgenden angeführt.

Die „Prinzipien des psychischen Geschehens" in ihrer Rolle für die Sozialisierung des Individuums

Das Lustprinzip in seiner ursprünglichen Form und in seiner späteren Umwandlung zum Realitätsprinzip sind beides Gesetze, die dem psychischen Apparat innewohnen und, jedes zu seiner Zeit, die seelischen Vorgänge beherrschen. Das Lustprinzip regiert, wie oben beschrieben, in der ersten Kindheit ohne inneren Widerspruch und beherrscht auch nach dieser Zeit noch alle seelischen Leistungen, die eng mit dem Es zusammenhängen, wie das unbewußte und (in geringerem Maß) das bewußte Phantasieleben, das Traumleben, die Symptombildung in Neurose und Psychose. Beide Prinzipien entsprechen theoretischen psychologischen Begriffen, d. h. der Bemühung, bestimmte Arten des psychischen Geschehens zu charakterisieren und voneinander zu unterscheiden. Sie enthalten in ihrem ursprünglichen Sinn keinerlei moralische oder soziale Wertung.

In ihrer Anwendung auf die Sozialisierung des Individuums sind aber solche Werturteile nicht zu umgehen. Wer unter der Herrschaft des Lustprinzips steht, läßt sich in seinen Handlungen ausschließlich und ohne Rücksicht auf äußere Verhältnisse von seinem Luststreben leiten. Erst das Realitätsprinzip schafft Raum für Aufschub, Zögern, Bedenken und Rücksichten auf die soziale Umwelt und ihre Forderungen. Das kann nur heißen, daß Lustprinzip und dissoziales oder asoziales Verhalten so eng zusammengehören wie Realitätsprinzip und gelungene Sozialisierung.

Andererseits ist auf diesem Gebiet Vorsicht geboten, denn das Verhältnis zwischen Realitätsprinzip und Sozialisierung ist nicht so eindeutig, wie es auf den ersten Blick erscheint. August Aichhorn (1925) hat als erster darauf hingewiesen, daß Verwahrloste und junge Verbrecher einen hohen Grad von Realitätsanpassung erreichen können, ohne diese Fähigkeit in den Dienst der Sozialisierung zu stellen. Die Annahme, daß der Übergang vom Lust- zum Realitätsprinzip eine Vorbedingung für die Sozialisierung des Individuums ist, behält ihre Richtigkeit. Sie

ist nur nicht umkehrbar: der Fortschritt zum Realitätsprinzip allein gibt keine Sicherheit, daß das Individuum den sozialen Anforderungen nachkommen wird.
Was die Herstellung des Realitätsprinzips vor allem einschließt, ist die wachsende Fähigkeit, Triebversagungen oder Triebaufschübe zu ertragen, Triebziele zu verschieben und sich mit zielgehemmten Ersatzbefriedigungen, d. h. mit Herabsetzungen der Lustquantität zufrieden zu geben. Viele Autoren betrachten diese Fähigkeiten als entscheidend für die Sozialisierung, das Bestehen auf dem ungeschmälerten Lusterwerb als entscheidend für das Fehlschlagen der Anpassung. Was trotz der teilweisen Richtigkeit gegen solche Urteile spricht, ist der Umstand, daß in ihnen andere, ebenso wichtige Einflüsse außer acht gelassen werden.

Die Entwicklung der Ichfunktionen in ihrer Rolle für die Sozialisierung

Der Fortschritt eines Kindes vom Lustprinzip zum Realitätsprinzip (und damit zur Ermöglichung der Sozialisierung) kann nicht zustandekommen, ehe verschiedene Ichfunktionen gewisse Entwicklungsstufen erreicht haben. Erst wenn Erinnerungsspuren im seelischen Apparat niedergelegt sind, also ein *Gedächtnis* besteht, können die Handlungen des Kindes auf Grund von Erfahrung und Voraussicht, also realitätsgerecht vor sich gehen. Ohne *Realitätsprüfung* gibt es keine Unterscheidung zwischen innen und außen, Phantasie und Wirklichkeit, also auch keinen Grund, halluzinatorische Wunscherfüllungen durch angepaßte Handlungen zu ersetzen. Erst die Erwerbung der *Sprache* macht das Kind zu einem Mitglied der menschlichen Gemeinschaft und die mit der Sprachfähigkeit verbundenen Sekundärvorgänge wie *logisches, vernünftiges Denken* befördern das Verständnis für den Zusammenhang zwischen *Ursache und Wirkung*, ohne den jede Anpassung an die Umweltsansprüche nur als blinde Unterwerfung vor sich gehen kann. Hand in Hand mit diesen Entwicklungen geht der Fortschritt vom impulsiven Benehmen zum *Probehandeln* im Denken, durch den die intellektuellen Vorgänge zwischen Wunsch und Befriedigungshandlung eingeschaltet werden. Einer der wichtigsten Schritte zur Sozialisierung ist vielleicht die *Beherrschung der Motilität* durch das Ich, die dem triebhaften Handeln ein Ende macht. Letzten Endes beruht die soziale Haltung des Menschen auch auf seiner *synthetischen Funktion*, ohne die seine Impulse, Wünsche, Haltungen, Neigungen etc. chaotisches Stückwerk bleiben, ohne sich zu einer einheitlichen Person mit Verantwortungsgefühl sich selbst und der Umwelt gegenüber zusammenzuschließen.

Daß der Mensch sich über den *Primärvorgang* hinaus entwickeln muß, ehe die soziale Anpassung in Frage kommt, ist so selbstverständlich, daß vielleicht gerade deshalb dieser Umstand nicht nach allen Richtungen hin gewürdigt wird. Wir erwarten nicht, daß Kleinkinder sich sozial benehmen, ehe sie erinnern, sprechen, denken und vernünftig überlegen können. Wir sind nicht erstaunt, wenn geistig Zurückgebliebene und organisch Geschädigte keine soziale Anpassung zustandebringen (außer auf Grund von Dressur) oder wenn pathologische Ichregressionen im späteren Leben die in dieser Richtung gemachten Erwerbungen wieder zerstören.

Ichmechanismen in ihrer Rolle für die Sozialisierung

Durch die Herstellung des Realitätsprinzips einerseits und die sekundären Denkvorgänge andererseits beginnen die inneren Wertungen des Kindes und die Wertungen seiner Umwelt sich einander anzunähern. Der Abstand zwischen beiden kann aber erst verschwinden, wenn weitere Einflüsse sich geltend machen, nämlich Ichmechanismen, die mit den Liebesbeziehungen des Kindes zu tun haben, und grundlegende Verschiedenheiten zwischen Selbst und Objektwelt zu überbrücken beginnen.

Wichtig ist hier als erster der Drang zur *Nachahmung*, der sich frühzeitig bemerkbar macht und mit der Zuwendung der Aufmerksamkeit für die Außenwelt an Stärke zunimnt. Das Kleinkind bleibt nicht passiv, in seiner Phantasie zumindest (später in vielen Handlungen) versucht es, sich selbst in die Rolle der pflegenden Mutter zu versetzen und damit etwas von ihrer allmächtigen Beherrschung der Befriedigungsvorgänge für sich selbst in Anspruch zu nehmen.

Wo die Nachahmung zu Lustgewinn führt, folgt ihr, von prä-ödipalen Zeiten angefangen, die *Identifizierung*, die dem Wunsch entspricht, aus den gelegentlichen Nachahmungen etwas Dauerndes zu machen, nämlich die eigene Person so umzuformen, daß sie mehr und mehr Eigenschaften der bewunderten Eltern enthält. Die sozialen Haltungen der Eltern, was immer sie sind, werden dadurch aus der Außenwelt in die Innenwelt des Kindes eingeführt, werden sein Ichideal und Vorläufer seines Über-Ichs. (Die „Stufe im Ich") Solche Identifizierungen bringen dem Kind den Vorteil, daß es sich wie in seinen frühesten Zeiten wieder mit der Mutter eins fühlen kann, wenn auch diese neue Einheit zwischen Kind und Mutter auf das Gebiet der Moral und Idealbildung beschränkt ist.

Während und nach Ablauf der ödipalen Periode wird dann diese neue innere Instanz mit der von den Eltern geborgten Autorität ausgestattet und erhält durch diese *Introjektion* den Rang eines inneren Gesetzgebers. Ansprüche auf Triebregulierung, die bisher nur wünschenswerte Idealbilder waren, werden jetzt vom Über-Ich aus als innere Forderungen vertreten. Solange das Ich sie erfüllt, wird es (vom Über-Ich her) mit Gefühlen von Selbstzufriedenheit und Selbstachtung belohnt; wenn das Ich Partei für den Triebwunsch nimmt und den Geboten des Über-Ichs nicht folgt, wird es vom Über-Ich her durch Schuldgefühle bestraft. Was sich also vorher als Kampf um soziale Anpassung zwischen Kind und Eltern abgespielt hat, wiederholt sich auf diese Weise als innerer Konflikt zwischen den Wunschregungen des Kindes und seinem (nach dem Muster der Außenwelt erschaffenen) inneren Gesetzgeber.

Die Aufrichtung eines tatkräftigen Über-Ichs bedeutet für das Kind einen entscheidenden Fortschritt in der Sozialisierung; statt den Moralansprüchen seiner sozialen Umwelt unterworfen zu sein, hat es von jetzt an selber Anteil an ihnen und kann sich als ihren Vertreter fühlen. Trotzdem ist es ein Fehler, die Unabhängigkeit auch eines strengen kindlichen Über-Ichs zu überschätzen. Die innere Autorität braucht noch auf Jahre hinaus Unterstützung und Anhalt an die Autoritätsfiguren der Außenwelt und kann in sich zusammenfallen, wenn entweder die Objektbeziehung zu den Eltern oder die Identifizierung mit ihnen durch schwere Enttäuschungen oder schockartige Erlebnisse gestört wird.

Das Es als Störer der Sozialisierung

Daß Ich- und Über-Ich-Entwicklung beim normalen Kind in verhältnismäßig kurzen Jahren ein weit gestecktes Ziel erreichen, täuscht den Beobachter leicht über die endlosen Schwierigkeiten und Hindernisse, die auf dem Weg zu überwinden sind. Die Motive, die das Kind dazu drängen, soziale Forderungen positiv zu besetzen, anzuerkennen und schließlich zu eigenen zu machen, stammen aus den Gefühlsbeziehungen zu seinen wichtigsten Objekten, den Eltern, und sind entsprechend stark. Andererseits darf nicht vergessen werden, daß es für das Kind nicht weniger dringlich ist, seine eigenen Triebwünsche zu befriedigen. Daß die prägenitale Sexualität und infantile Aggression, die den Kern seines Trieblebens ausmachen, in ihrer ursprünglichen Form Anstoß erregen, nicht in die erwachsene Welt passen und weitgehende Umformungen durchmachen müssen, ehe sie zur erlaubten Äußerung zugelassen werden können, ist für jedes Kind eine schmerzliche Erfahrung. Was von ihm verlangt wird, ist, daß es ein Stück seines eigenen Selbst aufgeben soll, um als Mitglied in die soziale Gemeinschaft aufgenommen zu werden.

Was dem Vorgang zu Hilfe kommt, ist andererseits, daß nicht alle notwendigen Triebumformungen durch innere Kämpfe erworben werden müssen, daß zumindest einige auch spontane Veränderungen durchmachen, die durch Reifung und Wachstum bedingt sind.

Die frühesten kannibalistischen Phantasien z. B. fallen der primären Verdrängung zum Opfer, d. h., sie werden gar nicht in den Ichverband aufgenommen und verschwinden, noch ehe das Ich seine Abwehrbemühungen in Bewegung gesetzt hat. Auch der Hauptanteil der frei schwebenden Aggression und Destruktion des Kleinkindes wird spontan gebunden und gebändigt, nicht durch Anstrengungen von seiten des Ichs oder der Erziehung, sondern durch sein Zusammenfließen mit der kindlichen Libido. (Fusion zwischen Libido und Aggression.) Auch die analen Regungen unserer Kulturkinder finden fast automatisch den Weg zur zielgehemmten Verschiebung und Sublimierung, solange die Erziehungsmaßnahmen in dieser Beziehung nicht zu rücksichtslos und störend in den natürlichen Ablauf eingreifen.

Die Abwehrleistung, die dem Kind wie selbstverständlich zugemutet wird, bleibt trotzdem beträchtlich. Nicht alle infantilen Triebabkömmlinge sind gefügig, und die meisten führen zu Konflikten, anfangs mit der Umwelt, später mit den Ichinstanzen (soweit sie Forderungen der Umwelt in sich aufgenommen haben). Das Ich verliert dann die Fähigkeit, den Trieb als Lustquelle zu behandeln, und prüft statt dessen, ob er vom Gesichtspunkt der Umwelt und des eigenen Über-Ichs angemessen oder anstößig, zulässig oder unzulässig ist. Objektiv gesehen, ist nicht zu leugnen, daß fast alle normalen Elemente des infantilen Trieblebens (wie Gier, Habsucht, Eifersucht, Rivalität, Todeswünsche etc.) das Individuum in die Richtung der Dissozialität drängen, wenn sie ungeändert bleiben, und daß Sozialisierung mit ihrer Abwehr gleichbedeutend ist. Was normalerweise geschieht, ist tatsächlich, daß das Ich sich mit seiner ganzen Abwehrorganisation gegen sie zur Wehr setzt. Gewisse Abkömmlinge des Es werden völlig aus dem bewußten Ich ausgeschieden (verdrängt); andere in ihr Gegenteil verkehrt (Reaktionsbildung); oder auf andere, vom Triebziel entfernte Ziele gerichtet (sublimiert); von der eigenen Person auf andere verschoben (projiziert) etc. Die Erfüllung von weniger ichfremden Regungen, wie die der phallischen Sexualität, werden für die Zukunft aufgeschoben.

Die Abwehrvorgänge, deren Aufgabe es ist, die soziale Zukunft des Individuums zu sichern, haben gleichzeitig eine hemmende, einschränkende und verarmende Wirkung für die Gesamtperson, eine Schädigung, die weder auf die Wahl der Abwehrmechanismen noch auf übermäßigen Druck der Erziehung zurückzuführen ist. Abwehrmaßnahmen an sich sind nicht (wie von manchen Autoren vertreten wird) einseitig krankmachend (Verdrängung, Reaktionsbildung) oder gesunderhaltend (Verschiebung, Sublimierung). Sie sind immer beides, d. h. stehen gleichzeitig im Dienst der inneren Triebbewältigung und der äußeren Anpassung, die letzten Endes nur zwei Seiten desselben Vorgangs sind. Zwischen den Entwicklungsvorgängen und den Abwehrvorgängen besteht kein innerer Widerspruch; im Gegenteil, die Organisation der Abwehrvorgänge ist selbst ein wichtiger und unentbehrlicher Bestandteil der Ichentwicklung. Die wirklichen Gegensätze, auf die wir hier stoßen, liegen tiefer, zwischen Individuum und Gesellschaft: Freiheit der individuellen Persönlichkeit (einschließlich Triebfreiheit) gegen Einordnung des Individuums in die Gemeinschaft (einschließlich Triebbeschränkung). Der volle Widerspruch zwischen den beiden Zielen spricht gegen den glatten Ablauf des Sozialisierungsvorgangs.[45]

Mißlingen der Sozialisierung

Je mehr Vorbedingungen für einen Entwicklungsvorgang notwendig sind, desto zahlreicher sind die Störungen, denen er ausgesetzt ist. Im Falle der Sozialisierung des Kindes liegen die Vorbedingungen, wie oben erörtert, auf zwei Gebieten: äußerlich in den Erziehungseinflüssen; innerlich in Reifung, Wachstum und Entwicklung von Es, Ich und Über-Ich. Die äußeren Einflüsse sind von Fall zu Fall verschieden, je nach Familie, sozialem Stand und Kulturzugehörigkeit; die inneren wechseln je nach den individuellen Schicksalen der Trieb- und Ichentwicklung. Was daraus folgt, sind die weitgehendsten Unterschiede in der Ausbildung des sozialen Gewissens in bezug auf Zeitpunkt des Erscheinens, Reichweite und Verläßlichkeit. Es ist aussichtslos, hypothetische Normen aufzustellen, wo die Variationen so unübersehbar zahlreich sind wie hier.

---

[45] Anstatt zwischen normalen und pathologischen Abwehrmechanismen zu unterscheiden, ist es zweckmäßig, die einzelnen Maßnahmen von den folgenden Gesichtspunkten aus zu prüfen:

a) *Altersgemäßheit.* Die Abwehrmechanismen haben ihre eigene Chronologie, mit der wir wenigstens zum Teil vertraut sind. Eine nachteilige Wirkung ihres Gebrauchs ist wahrscheinlicher, wenn sie zu früh auftreten oder länger als normal aufrecht erhalten werden. Verleugnung und Projektion z. B. sind in einer frühen Kindheitsphase „normal", wirken pathogen in späteren. Verdrängung und Reaktionsbildung führen zur Erstarrung der kindlichen Persönlichkeit, wenn sie zu früh zur Verwendung kommen.

b) *Gleichgewicht.* Wir betrachten es als positiv, wenn eine Abwehrorganisation nicht auf den Gebrauch weniger Maßnahmen beschränkt ist, sondern für verschiedene Gefahren verschiedene Mechanismen zur Verfügung hat.

c) *Intensität.* Ob Abwehrtätigkeit zur Neurose oder zur äußeren Anpassung führt, ist nicht nur von der Wahl zwischen den Mechanismen abhängig, sondern auch von der Intensität, mit der sie angewendet werden. Übermaß in der Triebbeherrschung kann nur zur Neurose führen.

d) *Dauer.* Kein Abwehrmechanismus soll länger aufrecht erhalten bleiben als die Gefahr, gegen die er ursprünglich gerichtet ist.

Das Mißlingen der Sozialisierung wird in der psychoanalytischen Literatur meistens auf Einzeleinflüsse zurückgeführt. Daß Schäden in der höheren Ichentwicklung (siehe oben) zur Dissozialität führen, ist in Übereinstimmung mit den psychologischen Testresultaten bei vielen Verwahrlosten und Delinquenten. (Niedriger Intelligenzquotient, geistig zurückgebliebene, infantile Persönlichkeiten etc.[46]) Daß die dissoziale oder kriminelle Einstellung der Eltern durch normale Identifizierung mit ihnen in das Über-Ich des Kindes übernommen wird, steht bei mehreren Autoren im Vordergrund. (A. Aichhorn, 1925, Augusta Bonnard, 1950.) Daß Störungen und gewaltsame Unterbrechungen in der Objektbeziehung zu den Eltern zur Dissozialität prädisponieren, findet sich zuerst bei A. Aichhorn (1925), später bei John Bowlby (1944), und wird heute als gegeben angenommen.

Bei den meisten Autoren finden die qualitativen Faktoren in der Pathogenese mehr Berücksichtigung als die nicht weniger bedeutsamen quantitativen. Jede Änderung in Trieb- und Ichstärke oder in der Beziehung beider zueinander bedeutet eine Gefahr für die noch sehr ungesicherte soziale Einstellung des Kindes. Wo das Ich, aus welchem Grund immer, an Kraft verliert, verliert es auch die Herrschaft über die normale Triebtätigkeit, so daß primitives Luststreben und egoistische Haltungen anstelle von altersgemäßem, sozial angepaßtem Benehmen treten. Wo die Besetzungen der Triebtätigkeit im allgemeinen oder eines bestimmten Partialtriebs im besonderen zunehmen, reicht die normale Abwehrtätigkeit nicht aus, um die zur sozialen Anpassung nötige Beherrschung zu erzielen. Solche quantitative Schwankungen gehören andererseits zu den normalen Entwicklungsschicksalen. Körperschmerz, körperliche Krankheit, Angst, schockartige Erlebnisse wirken schwächend auf das Ich. Triebstärke steigt oder sinkt je nach äußeren Erfahrungen, wie Verführung, sexuelle Beobachtungen, übermäßige Zufuhr von Versagungen und Befriedigungen, oder aus inneren Gründen, wie bei den Übergängen zwischen den verschiedenen Entwicklungsstufen.[47] Solange quantitative Schwankungen dieser Art

[46] Siehe J. J. Michaels, 1955, über „Triebhafte Charaktere bei Delinquenten".
[47] Ein Beispiel ist das Absinken der Triebstärke beim Übergang vom Oedipuskomplex zur Latenzperiode, dem das sozial angepaßte Benehmen des Latenzkindes entspricht.

im Gang sind, bleibt die soziale Anpassung des Kindes unsicher, unverläßlich, und beständigen Veränderungen ausgesetzt.

In der Meinung vieler Autoren ist das häufige Mißlingen sozialer Anpassung nur in geringem Maß der infantilen Sexualität und in größerem Ausmaß der Hartnäckigkeit der infantilen Aggression zuzuschreiben, eine Ansicht, die meiner Meinung nach durch die Erfahrung nicht bestätigt wird. Wo die aggressiven Regungen in das normale Mischungsverhältnis mit der Libido eintreten, wirken sie eher fördernd als hemmend auf die Sozialisierung. Der Säugling braucht die aggressiven (d. h. aktiven) Regungen, um seine Zuwendung zur Außenwelt und sein Festhalten an ihr zu sichern; beim Kleinkind stärkt die Aggression den Wunsch, groß und unabhängig zu werden und sich an die Stelle der Eltern zu setzen, d. h. sich mit ihnen zu identifizieren. Die Über-Ich-Bildung ist von der Aggression abhängig, insoweit nach außen gerichtete aggressive Regungen von der Objektwelt zurückgezogen und dem Über-Ich zur Verfügung gestellt werden.

Nur wo die Mischung zwischen Aggression und Libido nicht zustande kommt, oder wo später Entmischungen vorfallen, wird die Aggression (als reine Aggression oder Destruktion) zur Bedrohung des sozialen Verhaltens. Die Gründe dafür liegen gewöhnlich nicht auf der Seite des Aggressionstriebs selbst, sondern auf Seite der libidinösen Vorgänge. Wenn die Libidobeziehungen in der Entwicklung zurückbleiben oder durch Ereignisse wie Enttäuschungen am Objekt, Trennung vom Objekt, Objektverlust, geschädigt werden, erweisen sie sich als zu schwach, um die Aggressionsmengen zu binden. Ein Gefahrenpunkt ist hier die anal-sadistische Phase, wo einerseits die Aggression besonders stark ist, andererseits die libidinösen Beziehungen des Kindes zur Umwelt durch seine Ambivalenz bedroht sind. Es geschieht zu dieser Zeit häufig, daß die aggressiven Regungen sich dem Einfluß der Libido entziehen und als reine Destruktion teils gegen die Außenwelt, teils gegen die eigene Person gewendet werden. Solche Kinder werden rücksichtslos, habsüchtig, streitsüchtig und feindselig in ihrer Einstellung zur Außenwelt und bleiben für erzieherischen Einfluß oder Einspruch von seiten des Über-Ichs unzugänglich. Wo die Fusion zwischen Aggression und Libido sich nicht durch neue geglückte Objektbindungen wiederherstellt, geht der weitere Entwicklungsweg zur Verwahrlosung und Kriminalität.

Nachahmung, Identifizierung und Introjektion, die während der ganzen Entwicklungszeit vor sich gehen, können das Kind nicht weiter führen als bis zur Angleichung an die Eltern. Sie sind unentbehrliche Vorbedingungen für den späteren Eintritt in eine soziale Gemeinschaft von Erwachsenen, aber sie bedeuten nicht mehr als einen Anfang. Ehe der Schritt über die Familie hinaus getan ist, bleibt das Endergebnis unsicher, selbst dort, wo zwischen der Familienmoral und der öffentlichen Moral keine wesentlichen Unterschiede bestehen.

Die moralischen und ethischen Anschauungen innerhalb der Familie sind für das einzelne Kind von zwei Seiten her zugänglich. Sie sind einerseits wichtige Bestandteile der Elternpersonen, so daß das Kind sie sich auf dem Weg von Objektliebe und Identifizierung zu eigen machen kann. Andererseits werden sie von den Eltern individuell gehandhabt, mit Rücksicht auf die spezielle Eigenart des Kindes und mit Einfühlung in seine speziellen Schwierigkeiten, Vorlieben und Abneigungen. Soweit die Eltern selbst mit ihrem Kind narzißtisch identifiziert sind, stellen sie keine Anforderungen, die entweder die kindliche Fassungskraft oder die kindliche Ichstärke übersteigen; Alter, Individualität, Stellung im Familienverband werden berücksichtigt. Neben vielen Vorteilen hat diese Behandlung des Kindes in der Familie auch ihre Nachteile. Manche Kinder erwarten als selbstverständlich, die gleichen Rücksichten auch außerhalb der Familie zu finden und reagieren mit Schock, wenn diese Erwartung enttäuscht wird. Trotzdem ist die anfängliche Toleranz dem Kind gegenüber lebensnotwendig; wo sie fehlt, zieht das Kind seine Libidobesetzungen von der Umwelt zurück und wird für ihren Einfluß unzugänglich.

Der Schulverband, in den das Kind als nächstes eintritt, gleicht noch dem Familienleben, insoferne die an das Kind gestellten Ansprüche von einer Autoritätsperson ausgehen, d. h. vom Lehrer, der mit Libido besetzt, bewundert und als Identifizierungsobjekt gebraucht werden kann. Darüber hinaus ist die Schulordnung eine unpersönliche. Wenn auch die Regeln und Vorschriften für die niedrigeren und höheren Klassen, also dem Alter nach, verschieden sind, innerhalb der Schulklasse gilt die gleiche Ordnung für alle Schüler, soweit sie sich auch individuell von-

einander unterscheiden. Viele Kinder finden es aus diesem Grund schwer, sich in die Schule einzufügen. Die häusliche Anpassung überträgt sich nicht ohne weiteres auf das Schulleben.
Mit dem nächsten Schritt, von der Schule zum öffentlichen Leben, verschwinden dann auch die letzten Reste von individueller Rücksichtnahme. Daß vor dem Gesetz alle Staatsbürger gleich sind, hat nicht nur Vorteile; es bedeutet auch das Aufgeben aller persönlichen Vorrechte. Gesetze sind starr und unpersönlich, und Verstöße gegen sie unterliegen legalen Sanktionen, gleichgültig, welches Opfer ihre Befolgung für das Individuum bedeutet, oder ob sein Charakter und Intelligenzzustand ihm ein solches Opfer leicht oder schwer machen. Die einzigen Ausnahmen in dieser Beziehung sind – oder waren bis vor kurzem – Geisteskranke und geistig minderwertige Individuen, deren Störung sie der legalen Annahme nach verhindert, „gut" von „böse" zu unterscheiden.
Wir muten dem normalen Individuum nicht zu, daß es die ganze Unzahl der gesetzlichen Vorschriften kennt, in sich aufnimmt und zu seinen eigenen macht. Was von seinem Über-Ich erwartet wird, ist nur, abgesehen von den Grundregeln der Moral und Ethik, daß es die Notwendigkeit von Recht und Gesetz anerkennt und im Prinzip bereit ist, sich ihnen zu unterwerfen. Die Stellung des „guten Staatsbürgers" dem Gesetz gegenüber ist letzten Endes nicht sehr anders als die Einstellung des Kindes, das die Autorität der Eltern blind anerkennt; der Kriminelle (aus welchem Grund immer) ähnelt dem Kind, das die Autorität der Eltern mißachtet, sich ihr entzieht und ihr zuwiderhandelt.
Zum Unterschied von dem bisher geschilderten gibt es auch eine Anzahl von Menschen, deren moralische Anforderungen an die eigene Person strenger und höher sind, als die Umwelt von ihnen erwartet und verlangt. Ihre Ideale stammen nicht aus der Identifizierung mit den wirklichen Eltern, sondern mit einer idealisierten Eltern-Imago. Ihr Über-Ich verwendet in der Durchsetzung seiner Absichten die Aggression, die andere Individuen für den Kampf mit der Außenwelt verwenden. Bei allen Beschränkungen, die ihr (zwangsneurotischer) Charakter ihnen auferlegt, fühlen solche Menschen sich selbstsicher und ihren Mitmenschen moralisch überlegen: sie haben erreicht, daß sie in eigener Sache ihr „eigener Herr" sind, nicht außerhalb der Gesetze, sondern über dem Gesetz stehen.

Homosexualität als diagnostische Kategorie in der Kinderklinik

Die homosexuellen Regungen, die während der Entwicklung in Erscheinung treten, sind nicht leichter in einer Psychopathologie der Kindheit unterzubringen als die dissozialen. Wir stoßen auf dieselben Fragen: von welchem Alter angefangen die Bezeichnung Homosexualität sinnvoll ist; welche Beziehungen zwischen den normalen psychosexuellen Entwicklungsstufen und den homosexuellen Erscheinungen bestehen; und inwieweit es möglich ist, Vorstufen der Homosexualität festzustellen und die Abweichung vom normalen Sexualziel im erwachsenen Leben aus ihren ersten Anzeichen vorauszusagen.

Seit dem Erscheinen der „Drei Abhandlungen zur Sexualtheorie" (S. Freud, 1905) hat eine wachsende psychoanalytische Literatur sich mit dem Thema der Homosexualität beschäftigt. Nicht alle diese Veröffentlichungen haben Bezug auf die Kinderjahre. Die wichtige Unterscheidung zwischen manifester und latenter Homosexualität z. B. beruht auf der tatsächlichen Ausführung sexueller Handlungen beim Erwachsenen (unbewußte Phantasien oder manifeste Akte) und läßt sich nicht ohne weiteres auf die sexuellen Spiele der Kinder übertragen. Die Unterscheidung zwischen passiver und aktiver Homosexualität (oder den ihr zugrunde liegenden Phantasien) bezieht sich auf die Rolle der Partner im Sexualverkehr, d. h. auf Akte, die erst nach der Pubertät in Betracht kommen. Auch die viel erörterte Frage, inwieweit die Homosexualität heilbar ist, bezieht sich nur auf den Erwachsenen, der diese Abweichung entweder als ichgerecht empfindet und vertritt oder unter ihr leidet und unter ihrem Druck die Behandlung aufsucht.

Eine Reihe anderer Fragen, die in gleicher Weise in der Literatur auftauchen, sind von größerer Bedeutung für den Kinderanalytiker. Was hier verdient, hervorgehoben zu werden, sind im besonderen drei Themen: die Rolle der Gleichgeschlechtlichkeit oder Andersgeschlechtlichkeit für die *Objektwahl;* die Unterschiede zwischen *Rekonstruktion* aus der Erwachsenenanalyse und *direkter Beobachtung* am Kind für die Beurteilung der sexuellen Richtung; die allgemeine Frage der *Zurückführung* der Homosexualität auf entweder angeborene oder erworbene Einflüsse und ihre Wechselbeziehungen miteinander.

Objektwahl in Beziehung zu den Altersstufen

Es gehört zu den grundlegenden Funden der Psychoanalyse, daß beide Geschlechter in der Kindheit sowohl weibliche wie männliche Objekte mit Libido besetzen. Auf den verschiedenen Alters- und Entwicklungsstufen geht die Objektwahl auf Grund verschiedener Bedürfnisse und Notwendigkeiten vor sich. Bindungen an Personen des gleichen Geschlechts sind daher ebenso normal wie Bindungen an Andersgeschlechtliche, und keine dieser Lösungen ist für die Voraussage späterer Normalität oder Abnormalität verwendbar.[48]

Kleinkinder, am Anfang des Lebens, wählen ihre Objekte auf Grund der Erfüllung ihrer Bedürfnisse und Wünsche ohne Rücksicht auf den Geschlechtsunterschied. Die Mutter ist mit Libido besetzt, weil ihre Pflegehandlungen lustbringend sind; der Vater in der Folge auf Grund seiner bewunderten Allmacht, als Beschützer, als Besitzer der Mutter etc. Wo der Vater anstelle der Mutter die Pflege des Kindes übernimmt, stellt das Kind eine „Mutterbeziehung" zu ihm her; wo die Mutter die führende Rolle in der Familie spielt, geht die „Vaterbeziehung" in ihre Richtung. Normalerweise hat also das Kleinkind beider Geschlechter libidinöse Bindungen an beide Geschlechter. Wir sagen mit Recht, daß das Kleinkind weder homosexuell noch heterosexuell ist. Wir können auch mit demselben Recht sagen, daß es beides ist.

Daß die erste Objektwahl des Menschen auf solcher Grundlage vor sich geht, bestätigt sich in der Übertragung auf den Analytiker während der Behandlung. Auch hier macht das Geschlecht wenig Unterschied. Vater- und Mutterbeziehungen werden auf männliche sowie weibliche Analytiker übertragen.

Auch abgesehen von dieser ersten „Objektwahl nach dem Anlehnungstypus" (d. h. auf Grund der Bedürfnisbefriedigung), benehmen sich

---

[48] Siehe S. Freud: „Der Psychoanalyse erscheint vielmehr die Unabhängigkeit der Objektwahl vom Geschlecht des Objektes, die gleich freie Verfügung über männliche und weibliche Objekte, wie sie im Kindesalter, in primitiven Zuständen und frühhistorischen Zeiten zu beobachten ist, als das Ursprüngliche, aus dem sich durch Einschränkung nach der einen oder anderen Seite der normale wie der Inversionstypus entwickeln." (Ges.W. V, 44, 1915.)

alle *prägenitalen* Partialtriebe in derselben Weise. Sie gehen auf Befriedigungen aus, für die der Sexualapparat des Partners keine Rolle spielt, für die aber seine anderen Eigenschaften und Haltungen von Bedeutung sind. Wo die Mutter dem Kind orale oder anale Lust zuführt, können wir sagen, daß das männliche Kind in diesen Phasen heterosexuell ist, das weibliche homosexuell; wo Vater und Mutter ihre Rolle tauschen, ist das Ergebnis umgekehrt. Was hier für die Objektwahl in Betracht kommt, ist das spezielle Ziel des Partialtriebs, das vom Geschlecht noch unabhängig ist.

Im Gegensatz zu den vorangehenden Entwicklungsstufen steht in der *phallischen* Phase das Geschlecht des Liebesobjekts an erster Stelle. Die entwicklungsgemäße hohe Schätzung des männlichen Organs veranlaßt Knaben wie Mädchen ein Objekt zu wählen, das einen Penis besitzt oder dem der Besitz eines Penis wenigstens in der Phantasie zugeschrieben wird (die phallische Mutter). Wie immer der Verlauf ihrer Sexualentwicklung sich bisher abgespielt hat, auf dieser Stufe kommen sie „von einem, durch eine bestimmte Bedingung ausgezeichneten Objekt nicht los".[49]

Der *Ödipuskomplex* selbst (positiv wie negativ) beruht natürlich auf dem Geschlechtsunterschied, und die Objektwahl der ödipalen Kinder geht nicht anders vor sich als in der Erwachsenheit. Die positive ödipale Bindung an den andersgeschlechtlichen Elternteil ähnelt manifest in jeder Beziehung der erwachsenen Heterosexualität, die Bindung an den gleichgeschlechtlichen Elternteil der erwachsenen Homosexualität. Beide Vorkommnisse gehören in den Rahmen der normalen Entwicklung und beruhen auf der biologisch bedingten Bisexualität des Menschen. Andererseits finden sich hier quantitative Unterschiede in den Besetzungen, die als erste Vorzeichen für spätere Abweichungen vom normalen Sexualziel gewertet werden können. Das Kind verrät die stärkere Anziehungskraft, die entweder vom männlichen oder weib-

---

[49] „Wie unser kleiner Hans, der unterschiedslos zärtlich ist mit Buben wie mit Mädchen und gelegentlich seinen Freund Fritzl für ‚sein liebstes Mäderl' erklärt. Hans ist homosexuell, wie es alle Kinder sein können, ganz im Einklange mit der nicht zu übersehenden Tatsache, daß er nur eine Art von Genitale kennt, ein Genitale wie das seinige." (S. Freud, Ges.W. VII, 344/45, 1909.)

lichen Objekt ausgeht und auf Eindrücken aus prä-ödipaler Zeit beruht. Hier macht sich geltend, wie Vater und Mutter ihre eigene männliche und weibliche Rolle erfüllt haben. Wo Fixierungen an die aggressiv-sadistische Seite der analen Phase zurückgeblieben sind, drängen sie das männliche Kind in die Richtung zum positiven Ödipuskomplex und zur späteren Heterosexualität; Fixierungen an orale und anale Passivität drängen in die umgekehrte Richtung, nämlich zum negativen Ödipuskomplex und zur späteren Homosexualität.

Mit dem Eintritt in die *Latenzperiode* treten diese Vorzeichen wieder in den Hintergrund, außer in den Fällen von neurotischen Kindern mit ungelösten ödipalen Bindungen. Das gesunde Latenzkind, bei dem zielgehemmte, verschobene und sublimierte Strebungen im Vordergrund stehen, wählt seine Objekte wieder ohne viel Rücksicht auf ihr Geschlecht. Die Lehrpersonen z. B., die eine große Rolle für das Schulkind spielen, werden positiv oder negativ besetzt, d. h. geliebt, geachtet, gehaßt, gefürchtet etc., nicht auf Grund ihrer Männlichkeit oder Weiblichkeit, sondern weil sie hilfreich, verständnisvoll und anregend oder streng, unnahbar und angsterregend sind.

Es ist auch wichtig, nicht zu übersehen, daß in der Latenzperiode die libidinöse Beziehung zu den Altersgenossen anders aufgebaut ist als in der Erwachsenheit. Daß Knaben männliche Spielgefährten oder Freunde bevorzugen und sich von den Mädchen zurückziehen, macht manifest den Eindruck von homosexueller Objektwahl, ist aber in Wirklichkeit ein Zeichen von gesunder Männlichkeit (d. h. späterer Heterosexualität); der spätere Homosexuelle benimmt sich in der umgekehrten Weise, d. h., er sucht die Gesellschaft von Mädchen und zeigt Vorliebe für ihr Spielzeug, ihre Bücher und Beschäftigungen. Bei Mädchen in der Latenzperiode waren die Beobachter sich nie im Zweifel über die Bedeutung des entsprechenden Benehmens. Mädchen, die darauf aus sind, mit Buben zu spielen, ihre Interessen zu teilen etc. sind nicht auf der Suche nach männlichen Partnern, sondern möchten selber Buben sein und werden von Penisneid und Männlichkeitskomplex, nicht von ihren femininen Einstellung in diese Richtung gedrängt.

Was in der Latenz als manifeste Homosexualität auftritt, entspringt also den heterosexuellen Regungen, die manifeste Heterosexualität den homosexuellen. Die Umkehrung erklärt sich daraus, daß auf dieser Entwicklungsstufe die Beziehungen zu Altersgenossen nicht auf Objektbeziehungen zum Partner beruhen, sondern auf Identifizierungen mit ihm. Was angestrebt wird, ist „Gleichheit"[50] mit dem Gefährten, was gewöhnlich die Tatsache des gleichen Geschlechts mit einbezieht.

In der Vorpubertät sind homosexuelle Bindungen nicht weniger häufig und auch nicht weniger normal als heterosexuelle. Sie besagen wenig oder nichts für die spätere Objektwahl und beruhen vor allem auf der Wiederholung alter, prägenitaler Beziehungen.

Die homosexuelle Objektwahl in der Pubertät beruht zum großen Teil auf der in dieser Lebensperiode häufigen Regression von Objektbesetzung zu Selbstliebe (Narzißmus) und primärer Identifizierung. In solchen Fällen steht der Partner für das eigene Selbst, oder, richtiger gesagt, für ein ideales Bild des eigenen Selbst, einschließlich der eigenen idealisierten Sexualfunktion. Die Ähnlichkeit solcher Beziehungen mit den homosexuellen Verhältnissen zwischen erwachsenen Männern ist nur oberflächlich. Metapsychologisch gesehen, entsprechen die letzteren der Besetzung eines Partners mit Objektlibido; die ersteren sind narzißtische Phänomene und gehören in den Zusammenhang vieler anderer schizoider Symptome, die in der Pubertät in Erscheinung treten. Sie zeigen an, wie tief die Libidoregression im einzelnen Fall gegangen ist, und sagen wenig darüber aus, wie sich das zukünftige Liebesleben des Individuums gestalten wird.

Rekonstruktion und Prognose auf dem Gebiet der Homosexualität

Die voranstehende Untersuchung der verschiedenen Entwicklungsstufen ergibt überraschend wenig Anhaltspunkte für die Voraussage späterer Homosexualität. In vollstem Gegensatz dazu läßt die Analyse erwachsener Homosexueller keinen Zweifel daran, daß ihre (latente oder manifeste) Abweichung vom normalen Sexualziel auf infantile Wurzeln zurückgeht und in den Schicksalen der prägenitalen Partial-

[50] Siehe das Sprichwort: „Gleich und gleich gesellt sich gern."

triebe und frühen Objektbindungen verankert ist. In der psychoanalytischen Literatur finden wir in dieser Beziehung Hinweise auf die folgenden Punkte, die sich in der Rekonstruktion der Kindheitsgeschichte solcher Patienten als pathogen erwiesen haben:

a) auf die konstitutionelle Anlage, d. h. die angeborene Bisexualität als Grundlage der Homosexualität (Freud, 1905, besonders zusätzliche Fußnote 1915, 1909; Böhm, 1920; Sadger, 1921; Bryan, 1930; Nunberg, 1947; Gillespie, 1964);
b) auf den Narzißmus, der das Individuum veranlaßt, den sexuellen Partner nach dem eigenen Bild zu wählen (Ferenczi, 1911, 1914; Freud, 1914; Böhm, 1933);
c) auf die oralen und analen Wurzeln der Homosexualität (Böhm, 1933; Grete Bibring, 1940; Sadger, 1921; Lewin, 1933);
d) auf die Überbewertung des Penis in der phallischen Phase (Freud, 1909; Sadger, 1920; Jones, 1932; Lewin, 1933; Loewenstein, 1935; Fenichel, 1936; Pasche, 1964);
e) auf übermäßige positive oder negative (Liebe oder Haß) Bindung an Mutter oder Vater (Freud, 1905, 1918, 1922; Sadger, 1921; Weiß 1925; Böhm, 1930, 1933; Wulff, 1941);
f) auf traumatisch wirkende Beobachtungen der weiblichen Genitalien oder auf Menstruationsbeobachtungen (Daly, 1928; Nunberg, 1947);
g) auf Neid auf den Körper der Mutter (Böhm, 1930; Melanie Klein, 1957);
h) auf Eifersucht auf jüngere Brüder, die aus Rivalen zu Liebesobjekten werden (Freud, 1922; Lagache, 1950); etc.

Annahmen dieser Art stammen aus den Analysen erwachsener Neurotiker, bei denen die Zusammenhänge zwischen ihrer Vergangenheit und Gegenwart durch analytisches Material gut dokumentiert sind. Trotzdem lassen sich die Funde nicht in der umgekehrten Richtung verwerten, nämlich zur Voraussage späterer Homosexualität, wo die entsprechenden Fakten in der Beobachtung oder der Analyse des Kindes auffällig sind. Was jede Prognose unsicher macht, läßt sich an dem hier folgenden Beispiel zeigen:
Unter den verschiedenen Formen der mänlichen Homosexualität ist der

feminin-passive Typus durch zahlreiche Behandlungen dem Analytiker am besten bekannt. Im manifesten Benehmen sind solche Männer anhänglich an die Mutter, unfähig und nicht willig zum Sexualverkehr mit dem weiblichen Geschlecht, und auf der ständigen Suche nach männlichen Partnern, gewöhnlich aus sozial niedrigerem Stand, die körperliche Eigenschaften wie betont männliches Erscheinen, Muskelkraft, starke Behaarung etc. aufweisen. Die Rekonstruktion ihrer Kindheitsgeschichte in der Analyse zeigt eine leidenschaftliche Bindung an die Mutter von der oralen bis zur Höhe der phallischen Entwicklungsstufe; eine starke Abneigung gegen den weiblichen Körper, gewöhnlich infolge der traumatischen Entdeckung des weiblichen Genitales bei Mutter oder Schwester; eine Zeitspanne von großer Bewunderung für den väterlichen Penis. Der Einfluß dieser Elemente auf die Ausbildung der Homosexualität ist in solchen Fällen außer Zweifel.

Andererseits sind dieselben psychischen Tatsachen nicht nur in der Vorgeschichte der passiv-femininen Homosexuellen zu finden, sondern gehören auch zum normalen Bestand jeder männlichen Entwicklung. Dieselbe Mutterbindung, die beim späteren Homosexuellen die Kastrationsangst vor dem Vater erhöht und ihn auf die orale oder anale Stufe zurückwirft, ist für den Normalen ein unentbehrliches Stück seines positiven Ödipuskomplexes und der Vorläufer seiner späteren Heterosexualität. Die Entdeckung des weiblichen Genitales, die den ersteren für alle Zeiten vom weiblichen Geschlecht abschreckt, fehlt nie im normalen Zug der Entwicklungsereignisse. Sie beendet natürlicherweise die Phase, in der das Kind allen Menschen den Besitz eines Penis zuschreibt, und hinterläßt beim Knaben im allgemeinen nicht mehr als eine vorübergehende Steigerung der Kastrationsangst, die nebenbei auf seine Abwehr der weiblichen Strebungen, seinen Stolz auf die eigene Männlichkeit, seine phallische Überheblichkeit über die „kastrierten" Mädchen einen fördernden Einfluß ausübt. Auch die Bewunderung für den Penis des „großen" Mannes, die das Liebesleben der passiv-femininen Homosexuellen beherrscht, ist an sich eine normale Entwicklungsstufe in der Beziehung zum Vater. Der Unterschied liegt nur darin, daß der spätere Homosexuelle hier stehenbleibt und fortfährt, seine männlichen Objekte mit allen Zeichen der bewunderten Kraft,

Größe und Männlichkeit auszustatten, während der spätere Heterosexuelle über diese Stufe hinauswächst, sich mit dem Vater als Besitzer des Penis identifiziert und die väterliche Männlichkeit für sich selbst in Anspruch nimmt.

Wir lernen anhand dieses Beispiels, daß die geschilderten infantilen Elemente nicht an und für sich die spätere sexuelle Identität bestimmen, sondern daß erst ihr weiteres Schicksal über Homo- oder Heterosexualität entscheidet. Dieses Schicksal hängt aber seinerseits von einer Unzahl von begleitenden Umständen ab, die in der analytischen Rekonstruktion nicht leicht festzustellen sind und sich bei der Voraussage für ein Kind jeder Beurteilung entziehen. Äußere und innere, qualitative und quantitative Einflüsse wirken hier zusammen. Ob die Mutterbindung eines Knaben für ihn der erste Schritt zur Männlichkeit ist oder ob er der Mutter zuliebe seine auf sie gerichteten männlich-aggressiven Regungen verdrängen wird, hängt nicht nur von ihm selbst ab, d. h. von der Stärke seiner phallischen Sexualität, der Intensität seiner Kastrationsängste und -wünsche, oder von der Anziehungskraft, die von alten Fixierungspunkten ausgeht. Eine ebenso große Rolle spielen die Haltungen und Handlungen der Mutter. Es ist nicht gleichgültig, wie sie auf seiner oralen und analen Entwicklungsstufe die Nahrungszufuhr und Reinlichkeitserziehung gehandhabt hat; ob sie seine Abhängigkeit begrüßt oder stolz auf seine wachsende Unabhängigkeit von ihrer Pflege ist; ob sie seine phallische Männlichkeit bewundern kann oder seine ödipalen Werbungen als unzulässig abweist. Auch die zeitliche Aufeinanderfolge der Geschehnisse darf in ihrer Bedeutung nicht gering geschätzt werden. Die in jeder Kindheit vorfallenden traumatischen Beobachtungen, ärztliche Eingriffe etc. wirken als Kastrationsdrohungen, je nachdem, zu welchem Zeitpunkt sie vorfallen, und um so stärker, wenn sie mit der Höhe der phallischen Masturbation, dem negativen Ödipuskomplex, gesteigerten Schuldgefühlen etc. zusammentreffen. Die Kastrationsängste und -wünsche hängen ihrerseits von der individuellen Persönlichkeit des Vaters ab, seiner Strenge oder Nachsicht, seiner Eignung als männliches Vorbild etc. Wo der Vater im Familienverband fehlt (Abwesenheit, Scheidung, Tod), dort fehlt auch für das ödipale Kind die Sicherheit, daß seine eigenen sexuellen Strebungen der Mutter gegenüber in Schranken gehalten werden. In der

Phantasie wird die Abwesenheit des Vaters gewöhnlich dem Einfluß der Mutter zugeschrieben, d. h., das Kind nimmt an, daß die Mutter den Vater wegen seiner aggressiven Männlichkeit beseitigt hat, und erwartet die gleiche Strafe auf Grund seiner eigenen gleichgerichteten Wünsche.

Die Einflüsse, die auf die sexuelle Entwicklung einwirken, sind damit noch nicht zu Ende. Was hinzukommt, sind die Schicksalszufälle wie Unfälle, Verführungen, Krankheiten, Objektverlust durch Tod der Eltern, das Vorhandensein oder Fehlen von geeigneten heterosexuellen Objekten in der Umwelt des Pubertierenden etc. Begebenheiten dieser Art sind nicht vorherzusehen, können die Entwicklungsrichtung eines Kindes jederzeit aufhalten, abändern, ins Gegenteil verkehren etc.

Je größer die Zahl der Einflüsse ist, mit denen der Diagnostiker zu rechnen hat, desto aussichtsloser scheint es, Zukunftsentwicklungen auf diesem Gebiet vorauszusehen.

Hemmende und fördernde Einflüsse in der Entwicklung zur Homosexualität

Es ist vorteilhafter, die Suche nach infantilen Vorstufen der erwachsenen Homosexualität aufzugeben, und statt dessen zu prüfen, welche der normalen Entwicklungsphasen einen fördernden, welche einen hemmenden Einfluß auf die spätere Homosexualität ausüben. Eine solche Untersuchung beruht auf der Annahme, daß normalerweise, während der ganzen Zeit des kindlichen Wachstums, die beiden sexuellen Strömungen nebeneinander bestehen, miteinander um die Vorherrschaft ringen, und abwechselnd aus den libidinösen Positionen Vorteil ziehen, die im Zuge der Entwicklung durchlaufen werden.

Von diesem Standpunkt gesehen, lassen sich die folgenden Faktoren als fördernd für die Homosexualität zusammenfassen:

1. Die angeborene Bisexualität, die alle Individuen mit männlichen und weiblichen Eigenschaften ausstattet und ihnen ermöglicht, sich männlichen und weiblichen Personen als Liebesobjekt anzubieten, oder sie als Liebesobjekte libidinös zu besetzen. Die in der prä-

ödipalen Periode vorfallenden Identifizierungen mit beiden Eltern wirken als Verstärkung der bisexuellen Anlage und liefern die konstitutionelle Grundlage für spätere Beiträge aus anderen Quellen.

2. Der primäre und sekundäre Narzißmus, d. h. die Besetzung des eigenen Selbst mit narzißtischer Libido. Soweit die Objektwahl in der späteren Kindheit diesem Muster folgt, werden Personen positiv besetzt, die der eigenen Person so ähnlich wie möglich sind (einschließlich gleichgeschlechtlich). Verhältnisse dieser (narzißtischen) Art sind für Latenzperiode, Vorpubertät und Pubertät charakteristisch.
3. Die Liebesbindungen nach dem Anlehnungstypus, für die das Geschlecht des Objekts nicht in Betracht kommt. Die Fixierung an diese Stufe (Fixierung an die pflegende Mutter) ist für die weibliche Homosexualität von größerer Bedeutung als für die männliche.
4. Die Libidinisierung des Anus und die entwicklungsbedingten passiven Strebungen der analen Phase, die den körperlichen Hintergrund für die feminine Einstellung der Knaben abgeben.
5. Der Penisneid als Grundlage für die männlichen Identifizierungen der Mädchen.
6. Die Überbewertung des Penis in der phallischen Phase als Grundlage der männlichen Abneigung gegen ein penisloses („kastriertes") Liebesobjekt.
7. Der negative Ödipuskomplex als normale „homosexuelle" Entwicklungsstufe.

Als Hemmung der homosexuellen Einflüsse und Sicherung der normalen Heterosexualität lassen sich folgende Einflüsse zusammenfassen:

1. Der libido-ökonomische Faktor, der während der ganzen Kindheit entscheidet, welche der beiden sexuellen Richtungen den Vorrang hat. Was immer die Heterosexualität fördert, hemmt die Homosexualität, wie z. B. die männliche phallische Phase und der positive Ödipuskomplex, die eventuelle Rückstände aus der analen Passivität (und die damit zusammenhängenden homosexuellen Neigungen) zum Verschwinden bringen. Die Schübe von genitaler Sexualität in der Pubertät wirken in der gleichen, heterosexuellen Richtung.

2. Kastrationsängste, die unter gewissen Umständen die Abwendung vom weiblichen Geschlecht, also die Homosexualität zur Folge haben, wirken unter anderen Umständen in der umgekehrten Richtung. Sie führen zur Abwehr der passiv-femininen Einstellung zum Vater (die das Aufgeben des Penis zur Voraussetzung hat) und zu übertrieben aggressivem Benehmen einer „falschen Männlichkeit“, mit betontem Erfolg bei Frauen, und Verleugnung jeder Möglichkeit von Kastration oder femininen Regungen.
3. Die Reaktionsbildungen gegen die Analität, insbesondere der Ekel, verlegen den Weg zur manifesten homosexuellen Betätigung (nicht zu ihren latenten Formen).
4. Das Streben, den Entwicklungsweg zu vollenden, und die „biologische Vernunft“ (Edward Bibring, 1936), die normale Lösungen wünschenswerter erscheinen läßt als abnorme, wirken beide als Einflüsse zugunsten der Heterosexualität.

Im großen ganzen schwankt das Kräfteverhältnis zwischen den beiden Strebungen die ganze Kindheit hindurch, den äußeren und inneren, schicksalsbedingten und entwicklungsbedingten Umständen zufolge. Es bleibt wahr, daß „die Entscheidung über das endgültige Sexualverhalten ... erst nach der Pubertät fällt (S. Freud, Ges.W. V, 44, 1905/1915).

Andere Perversionen, Süchtigkeit etc. als diagnostische Kategorien in der Kinderklinik

Andere diagnostische Kategorien, die sich nicht ohne weiteres auf Kinder anwenden lassen, sind Transvestitismus, Fetischismus und Süchtigkeit.

Die Gründe dafür liegen, soweit es sich um Perversionen handelt, natürlich auf der Hand. Da die infantile Sexualität als solche polymorph pervers ist, kann es nicht sinnvoll sein, gewisse Sexualbetätigungen des Kindes als Perversionen zu bezeichnen, wie es in der Kinderpraxis oft geschieht. Die Frage ist offenbar anders zu stellen. Für die Diagnose (und Prognose) ist es wichtig zu wissen, welche Partialtriebe, oder welche Anteile von Partialtrieben der Unterwerfung unter das

Primat der Genitalzone zu widerstreben drohen, welche also Aussicht haben, für spätere Perversionen in der Erwachsenheit die Grundlage abzugeben.

Feststellungen dieser Art sind um so schwieriger, weil viele Kinder im manifesten klinischen Bild nicht von erwachsenen Perversen zu unterscheiden sind; der Diagnostiker muß sich an die metapsychologische Auseinanderlegung der einzelnen Faktoren halten, um die Unterschiede klar zu sehen. Wir erklären einen Erwachsenen als „pervers", wenn die Genitalzone in seinem Sexualleben keine oder eine nur untergeordnete Rolle spielt, d. h., wenn im Sexualakt selbst die prägenitalen Partialtriebe mehr sind als Einleitungen oder Begleiterscheinungen zum genitalen Geschlechtsverkehr. Eine Definition dieser Art ist begreiflicherweise nicht anwendbar, solange der Geschlechtsverkehr nicht in Betracht kommt und die prägenitalen Zonen legitimer Weise die Hauptrolle im Sexualleben spielen. Kinder vor der Pubertät können also nicht pervers sein (oder sind normalerweise pervers), und wir müssen nach anderen Gesichtspunkten suchen, um pervers erscheinende Symptome in eine psychoanalytisch orientierte Psychopathologie der Kindheit einzuordnen.

Klinische Erfahrungen weisen darauf hin, daß die sogenannte perverse Symptomatologie des Kindes auf zweierlei Abweichungen vom normalen Entwicklungsvorgang zurückzuführen ist. Abweichungen, welche die Zeitfolge, und solche, die die Triebstärke betreffen.

Wir finden Störungen in der *zeitlichen Folge*, wenn die erotogenen Körperzonen nicht in der erwarteten und altersgemäßen Reihenfolge in den Vordergrund treten, oder ihre Bedeutung für das infantile Sexualleben zu lange behalten, anstatt ihre Rolle an die nächstfolgende Zone abzugeben. Solche Vorkommnisse sind auch abgesehen von den üblichen Regressionen nicht selten.

Als Beispiel kann hier der Ablauf in der Hauterotik dienen. Am Anfang des Lebens ist die Hauterotik von großer Bedeutung. Die lustvolle Berührung der Körperoberfläche von seiten der Mutter spielt eine vielfache Rolle für das Kind. Sie libidinisiert die einzelnen Körperteile, hilft dem Aufbau des Körper-Ichs, steigert den Narzißmus und befestigt gleichzeitig die Objektbeziehung zwischen Mutter und Kind. Wenn diese Notwendigkeiten erfüllt sind, die normalerweise die beiden ersten Lebensjahre nicht überdauern, ändert sich auch die Stellung der Hauterotik. Wir betrachten es mit anderen Augen, wenn Kinder auf der analen oder phallischen Stufe die lustvolle Reizung der Haut allen anderen Befriedigungen vorziehen, besonders wenn zur Zeit die Sexualerregung des Kindes schon neue Abfuhrwege gefunden hat. Wenn z. B. ein Knabe auf der ödipalen Stufe durch Hautkontakt mit der Mutter erregt wird und die Erregung in phallischer Masturbation abführt, dann gleicht er dem erwachsenen Perversen, bei dem die Reizung einer prägenitalen Zone zum genitalen Orgasmus führt. Die Betonung liegt hier auf dem Abstand zwischen der Quelle der Erregung und dem Abfuhrorgan.[51]

Abweichungen von der gewöhnlichen *Triebstärke* sind ein so häufiges Vorkommnis, daß sie mehr oder weniger in den Rahmen des Normalen gehören. Jeder sexuelle Partialtrieb und jede Form von Aggression kann in der Kindheit jederzeit von irgendeiner Seite her verstärkt werden und das Bild des infantilen Trieblebens beherrschen. In manchen Fällen ist ein solches Hervortreten konstitutionell bedingt, wie z. B. bei Kindern von Alkoholikern, Süchtigen oder Manisch-Depressiven, bei denen die oralen Strebungen im Vordergrund sind; oder bei Kindern von Zwangsneurotikern, bei denen die analen Tendenzen eine besondere Rolle spielen, die dann sekundär durch die Haltung der Eltern in der Reinlichkeitserziehung noch verstärkt wird. Umwelteinflüsse wie falsche Erziehungsmaßnahmen, Verführung, mangelnde Erziehungshilfe in der Triebbeherrschung, wirken in der gleichen Richtung.

Ein solches Primat eines bestimmten Partialtriebes über alle andern, das in der Kindheit das Bild einer „Perversion“ erzeugt, stammt am häufigsten aus der Wechselwirkung zwischen Umwelteinflüssen mit inneren Faktoren, wie z. B. besonderer Schwäche der Ichinstanzen im Vergleich zum Trieb; oder, umgekehrt, mit besonderer Strenge des Über-Ichs und gesteigerter Abwehrtätigkeit. Ein gutes Beispiel für den

[51] Ein gutes Beispiel für ein solches „perverses“ Kind war ein Patient von Isabel Paret in der Hampstead Child-Therapy Clinic. (Analyse von 2 1/2 bis 4 1/2 Jahren.) In seinem Fall war es möglich, die sexuelle Lust am Gestreicheltwerden auf Verführung zurückzuführen, d. h. auf die Vorliebe der Mutter für diesen speziellen Kontakt mit ihrem Kind.

letzteren Fall sind die Knaben, die sich wie *phallische Exhibitionisten* benehmen (und auch als solche bezeichnet werden), deren Benehmen aber auf der Abwehr von Kastrationsängsten und Kastrationswünschen beruht und nicht — wie beim erwachsenen Exhibitionisten — dem sexuellen Lusterwerb dient.

Süchtigkeit in der Kindheit

Was in der Kindheit als „Süchtigkeit" auftritt (und einer Verstärkung der oralen Strebungen entspricht) bezieht sich fast ausschließlich auf Süßigkeiten. Manche Kinder benehmen sich den Süßigkeiten gegenüber nicht anders als erwachsene Süchtige in ihrer Beziehung zum Alkohol oder zu Rauschgiften. Sie fühlen dasselbe unwiderstehliche Bedürfnis und benützen seine Befriedigung in derselben Weise wie der Erwachsene, um Gefühle von Angst, Leere, Enttäuschung, Depression etc. niederzuhalten. Nicht anders als die Erwachsenen sind sie auch zu allem bereit, um ihre Sucht zu befriedigen, d. h., sie lügen, stehlen etc., um sich die notwendigen Süßigkeiten anzueignen.

Die Ähnlichkeiten zwischen der infantilen und erwachsenen Sucht liegt andererseits nur auf der Oberfläche, d. h. im manifesten Benehmen, nicht im psychologischen Hintergrund. Die infantile Sucht nach Süßigkeiten entspricht der verhältnismäßig einfachen, direkten Äußerung des oralen Partialtriebs, dessen Stärke in diesen Fällen durch frühe Erlebnisse (Versagungen etc.) in die Höhe getrieben ist. Eine solche Vorliebe für orale Befriedigung erhält sich für das spätere Leben, verschiebt sich aber gewöhnlich von den Süßigkeiten auf anderes, wie besondere Freude am Essen (Feinschmecken), Rauchen etc.[52] In ihrem Liebesleben suchen solche Menschen nach Objekten, von denen sie Trost, Hilfe und Stütze in allen Schwierigkeiten des Lebens erwarten können.

Die Süchtigkeiten der Erwachsenen sind anderer Art, d. h., sie sind ein hoch zusammengesetztes symptomatisches Gebilde, das einerseits von den oralen Wünschen, andererseits von passiv-femininen und selbst-

[52] In einem speziellen Fall: unmäßiges Wassertrinken.

schädigenden Strebungen unterhalten wird. Für den Erwachsenen ist das Objekt oder die Substanz, auf die seine Sucht gerichtet ist, nicht nur gut, lustbringend, befriedigend (wie die Süßigkeiten für das Kind), sondern auch gleichzeitig schädlich, schwächend, überwältigend, kastrierend (was übermäßiger Alkoholgenuß oder Rauschgifte auch wirklich sind). Erst das Zusammenfließen von zwei gegensätzlich gerichteten Wünschen (nach Stärke und Schwäche, Aktivität und Passivität, Männlichkeit und Weiblichkeit) bindet den wirklich Süchtigen an das Objekt seiner Sucht, ein Vorgang, für den wir in der Kindheit kein entsprechendes Gegenstück finden.

Transvestitismus in der Kindheit

Nicht anders als die Süchtigkeit nach Süßigkeiten entspricht auch der Transvestitismus in der Kindheit der quantitativen Überbetonung von Strebungen, die zur normalen Entwicklung gehören, solange sie das gewöhnliche Ausmaß nicht überschreiten. Die Triebsteigerung bezieht sich in diesen Fällen entweder auf die männliche oder die weibliche Seite der kindlichen Person.

Daß Kleidungsstücke, die dem anderen Geschlecht oder den Erwachsenen gehören, für Kinder einen besonderen Reiz haben, ist bekannt. Sich zu „verkleiden" ist ein beliebtes Spiel, das Kindern die Möglichkeit gibt, sich in die Rolle von Vater oder Mutter, Bruder oder Schwester zu phantasieren und ihre Tätigkeiten nachzuahmen. Ein Schirm, Spazierstock oder Hut des Vaters genügen der Einbildungskraft des Kindes, um es in den Vater zu verwandeln; Handtasche, Schuhe, Lippenstift tun das gleiche für die Mutter. Die Spielzeuggeschäfte liefern Helme für Flieger oder Polizeimänner, Kappen für Kondukteure, Federnschmuck für Indianer, Uniformen für Krankenschwestern. Für das Kind ist die Kleidung das magische Mittel zur Verwandlung der eigenen Person in irgendein bewundertes Vorbild. Geschlechtsunterschiede spielen beim Verkleiden, wenigstens für die Mädchen, eine untergeordnete Rolle, verglichen mit den Unterschieden in Alter, Stand, Wichtigkeit etc.

Abgesehen vom Spiel, ist bei Mädchen auf der Stufe des Penisneids die

Vorliebe für männliche Kleidung so allgemein, daß sie wenig Aufmerksamkeit erregt. Eltern werden erst besorgt, wenn ein Mädchen sich unter allen Umständen weigert (und in der Tat außerstande ist), weibliche Kleider anzuziehen (nicht einmal für Kindergesellschaften oder als Brautjungfer). Aber auch in solchen Fällen, wo Penisneid, Männlichkeitswunsch und Abwehr der Weiblichkeit abnorm gesteigert sind, ist das Mädchen in Bubenkleidern noch nicht dasselbe wie die erwachsene Frau in Männerkleidung. Das Benehmen der letzteren ist ein direkter Ausfluß des Sexuallebens und auf die Erzeugung orgastischer Lustgefühle gerichtet. Im ersteren Fall handelt es sich weniger um sexuelle Erregung, als um Neid und Eifersucht auf das, was die Buben vor den Mädchen voraushaben, um die Verleugnung von Kastrationsphantasien und von Schuldgefühlen für Masturbation, die in der Phantasie des Kindes zur Kastration geführt hat. Der sogenannte Transvestitismus der phallischen Mädchen gehört also ebensosehr in ihre Abwehrorganisation wie zu den direkten Äußerungen ihres männlichen Bestrebens.

Der Transvestitismus der Knaben folgt nicht denselben Bedingungen. Nach unseren heutigen Gebräuchen[53] wird weibliche Kleidung für männliche Kinder auf keiner Entwicklungsstufe als selbstverständlich angesehen. Wo solche Vorlieben sich trotzdem zeigen, erregen sie Besorgnis als wahrscheinliche Vorläufer späterer sexueller Abnormität.

In einer Anzahl von derartigen Fällen[54] war es möglich, den Hintergrund für das vom Normalen abweichende Benehmen aufzuklären. Die klinischen Funde bei den einzelnen Kindern waren im allgemeinen in Übereinstimmung miteinander.

Das Symptom (die Vorliebe für weibliche Kleidung) tritt — nach diesen Erfahrungen — zwischen dem dritten und fünften Lebensjahr in Erscheinung, nicht isoliert, sondern gleichzeitig mit anderen weiblichen Haltungen, wie z. B. dem offen ausgesprochenen Wunsch, ein Mädchen zu sein, einen Mädchennamen zu haben, mit Puppen zu spielen und anderes Spielzeug der Mädchen mit ihnen zu teilen. Die Kleidungs-

---

[53] Noch vor etwa fünfzig Jahren war es Sitte, kleine Jungen bis zum zweiten oder dritten Lebensjahr wie Mädchen anzuziehen.

[54] in diagnostischer Untersuchung oder analytischer Behandlung in der Hampstead Child-Therapy Clinic.

stücke oder Unterwäsche, die gesucht und tatsächlich angezogen werden, gehören der Mutter oder Schwester, einem geliebten Kindermädchen etc.; betont weibliche, spitzenbesetzte etc. Kleidungs- und Wäschestücke werden bevorzugt. Wo solche Dinge außer Reichweite sind, werden die eigenen Kleider verwendet, als wären sie Mädchenkleider (Gürtel, Überbluse, eingeschnürte Taille). Manche Kinder zeigen sich offen in solcher Ausstattung, andere verstecken die Kleidungsstücke, derer sie habhaft geworden sind, ziehen sie nur heimlich im Bett an etc. Wo die Eltern einschreiten, verleugnet das Kind seine Handlungen oder findet rationell klingende Ausreden für sie oder „weint herzbrechend“[55], wenn es an der Ausführung seiner Absichten verhindert wird.

Die Ähnlichkeit zwischen den äußeren Umständen der einzelnen Fälle ist nicht weniger auffallend. Fast ausnahmslos findet sich, daß die betreffenden Mütter entweder eine Tochter dem Sohn vorziehen oder vor der Geburt des Kindes auf ein Mädchen gehofft haben.[56] Nicht selten helfen die Mütter den Jungen bei ihrem Vorhaben und kaufen ihnen ein weibliches Kleidungsstück („um dem Streit zwischen den Kindern ein Ende zu machen“). In der Vorgeschichte der betreffenden Kinder finden sich häufig Erlebnisse von Trennungen und Objektverlust (von der Mutter, von einem Kindermädchen etc.).

Das analytische Material ergibt als Hintergrund für das manifeste Symptom eine Anzahl von Motiven: Werbung um die Liebe der Mutter in der Rolle der bevorzugten Schwester; Verleugnung der phallischen Männlichkeit „der Mutter zuliebe“; Festhalten an einem verlorenen weiblichen Liebesobjekt durch teilweise Identifizierung (Eigenschaften, Kleidung).

Wie bei den Mädchen handelt es sich auch bei den Knaben um quantitative Veränderungen in ihrer Libidoökonomie. Nur wo die weibliche Komponente bedeutend verstärkt ist, kann der Stolz auf die Männlichkeit, männliche Kleidung etc. so weit in den Hintergrund treten, daß das Symptom zustande kommen kann; wo das nicht der Fall ist, findet

[55] Nach dem Bericht einer bestimmten Mutter.

[56] Oder in den Worten eines kleinen Patienten: „Die Mutter kann Männer nicht leiden, weil sie den Vater nicht leiden kann.“

dieselbe Eifersucht auf die Schwester, die Werbung um die Mutter, die Identifizierung mit ihr etc. andere Ausdrucksformen.

Eine andere Quelle für Transvestitismus im Benehmen beider Geschlechter ist wahrscheinlich die Fixierung des Kindes an die Entwicklungsstufe, auf der nicht eine ganze Person als Objekt besetzt wird, sondern Teile von ihr, die für das Ganze stehen, auf der also Libido leicht vom (männlichen oder weiblichen) Körper auf seine Umhüllungen verschoben wird. Nach Flugel (1930) geht die Kleidersymbolik auf diese Phase zurück.

Die Frage, ob der kindliche Transvestitismus als Vorläufer der erwachsenen Perversion anzusehen ist, läßt sich nach diesen Ausführungen leichter beantworten. Offenbar ist dieses symptomatische Benehmen des Kindes in den meisten Fällen nicht ernster (oder leichter) zu nehmen als andere Kompromißbildungen, die auf dem Konflikt zwischen Männlichkeit und Weiblichkeit beruhen. Bei den Mädchen ist das Symptom an die Phase des Penisneids gebunden und verschwindet, wenn sie abläuft; bei Knaben an die passive Feminität der analen Phase, an den negativen Ödipuskomplex und die entsprechenden Regressionen. Soweit der Transvestitismus der Angstabwehr dient (Trennungsangst, Angst vor Liebesverlust, Kastrationsangst), braucht er nicht länger zu dauern als der entwicklungsbedingte Höhepunkt dieser Ängste.

Daneben gibt es auch Fälle, in denen der infantile Transvestitismus keiner der obigen Absichten dient, sondern als Träger der infantilen Sexualität von allen Zeichen starker sexueller Erregung begleitet wird. Das Symptom gleicht dann der erwachsenen Perversion und wird sich wahrscheinlich ohne Unterbrechung in sie fortsetzen.[57] Die in dieser Hinsicht gefährdeten Kinder sind wahrscheinlich diejenigen, die den Transvestitismus heimlich, abends, im Bett betreiben. Die diagnostische Unterscheidung zwischen den mehr oder weniger harmlosen und den bedenklichen Fällen ist aber nicht ohne weiteres zu treffen. Kinder können auch andere Gründe für ihre Heimlichkeiten haben als das Verbergen der Sexualerregung. Nur wo sich mit Sicherheit feststellen läßt,

[57] In der Analyse von Erwachsenen lassen sich solche Symptome gewöhnlich auf das dritte bis fünfte Lebensjahr zurückführen.

daß Masturbation und Erektionen den Transvestitismus begleiten, dürfen wir annehmen, daß wir nicht eine vorübergehende Erscheinung, sondern ein Dauersymptom, d. h. den Beginn der späteren Perversion vor uns haben.

Fetischismus in der Kindheit

Die Doppelseitigkeit des scheinbar perversen Benehmens, einerseits als Mittel zur Abwehr, andererseits als Ausdruck der sexuellen Bedürfnisse, wird noch deutlicher, wo es sich um den „Fetischismus" der Kinder handelt, ein Thema, das in der psychoanalytischen Literatur reichliche Bearbeitung gefunden hat.[58] Trotz mancher Meinungsverschiedenheiten sind die meisten Autoren einig darin, „daß der kindliche Fetischismus zwar dem erwachsenen ähnlich ist", daß aber der sogenannte Fetisch der Kinder „in einen Vorgang gehört, der in manchen Fällen zum erwachsenen Fetischismus führt, in anderen nicht" (Sperling, 1963). Wulff (1946) vertritt dieselbe Ansicht mit großem Nachdruck, wenn er sagt, daß „diese pathologischen Erscheinungen ... in der prä-ödipalen Periode nicht mehr sind als die Reaktionen des Kindes auf gehemmte oder unbefriedigte Triebregungen"; oder daß „fetischistisches Benehmen bei Kindern zwar häufig ist", die zugrunde liegenden psychologischen Verhältnisse „sich aber vom erwachsenen Fetischismus unterscheiden". Die Äußerungen beider Autoren (wie die hier vorangehenden Ausführungen) lassen keinen Zweifel daran, daß es unzweckmäßig ist, dieselbe Bezeichnung für kindliche und erwachsene Erscheinungsformen zu verwenden und damit den irrtümlichen Eindruck zu erwecken, daß hinter der gleichen manifesten Oberfläche die gleiche metapsychologische Struktur zu finden ist.

Kinder und Erwachsene haben hier die Neigung gemeinsam, einen bestimmten Gegenstand, einen eigenen oder fremden Körperteil, mit großen Quantitäten von narzißtischer oder Objektlibido zu besetzen. Auf Grund dieser Besetzung beginnt das Ding (oder der Körperteil), die Rolle eines Teilobjekts (oder Objekts nach dem Anlehnungsbedürf-

---

[58] Für eine ausführliche Bibliographie siehe Melitta Sperling (1963) „Fetishism in Children".

nis) zu spielen und wird für das betreffende Individuum unentbehrlich. In der Analyse von erwachsenen Fetischisten ist die unbewußte Bedeutung des Fetisch gewöhnlich nicht schwer zu finden. Der Fetisch vieler Männer ist das Symbol für den phantasierten Penis der phallischen Mutter, an den die Sexualerregung gebunden ist. Der Fetisch der Passiv-Homosexuellen ist, wie früher angeführt, der Phallus des Vaters, der anstelle der eigenen Männlichkeit des Individuums steht. Auch in diesen letzteren Fällen ist die Möglichkeit der sexuellen Erregung (und Befriedigung) an den Anblick des Fetisch gebunden, die Suche nach ihm ist zwanghaft, und wo er unerreichbar ist, fühlt der Homosexuelle sich leer, kastriert, und leidet unter der sexuellen Entbehrung.

Der Fetisch der Erwachsenen läßt also keinen Zweifel an seiner eindeutigen Rolle in ihrem Sexualleben: er ist der unverkennbare Mittelpunkt, um den die ganze Sexualerregung und ihre Abfuhrmöglichkeiten sich drehen. Anders beim Kind, wo das fetischistische Objekt je nach der erreichten Entwicklungsstufe die verschiedensten Bedeutungen annehmen und den verschiedensten Es- oder Ichzwecken dienen kann. Für den Säugling z. B. kann jeder Gegenstand (Lutscher) oder Körperteil (Finger) überbesetzt und unentbehrlich werden, vorausgesetzt, daß er zwei Aufgaben erfüllt: orale Lust zu verschaffen und durch die Versicherung ungestörter Lustzufuhr die Trennungsängste des Kindes (Angst vor Alleinsein, Angst vor Liebesverlust) zu vermindern. Nach Wulff (1946) liegt die Bedeutung des Fetisch zu dieser Zeit darin, daß er imstande ist, für „den Körper der Mutter und insbesondere der Mutterbrust" zu stehen. Diese Art Fetisch ersetzt sich auf der nächsten Stufe durch irgendeinen weichen Gegenstand, ein Spielzeug, ein Kopfkissen, ein Deckenzipfel etc., der mit narzißtischer und Objektlibido besetzt, als „Übergangsobjekt" (Winnicott, 1953) die Brücke zwischen dem eigenen Körper des Kindes und der Mutter als Außenweltsperson herstellt. Nach Winnicott gehört die Stufe des Übergangsobjekts zur „normalen Gefühlsentwicklung", und ist im Kind selbst, nicht in den Handlungen der Mutter begründet. Nach Melitta Sperling (1963) handelt es sich hier um eine „spezifische Störung in der Gefühlsentwicklung und ihren pathologischen Ausdruck", bei der die Schuld den unbewußten Gefühlen und Einstellungen der Mutter zufällt.

Die „Übergangsobjekte" oder „fetischistischen" Objekte spielen eine besondere Rolle beim abendlichen Einschlafen, wo sie dem Kind helfen, sein Interesse von der Außenwelt abzuziehen, d. h. den Schlafzustand vorzubereiten und zu ermöglichen. Viele Kinder sind unfähig einzuschlafen und verstört, wenn das ihnen so wichtige Ding aus irgendeinem Grund außer Reichweite, verlegt, verloren etc. ist. Viele Mütter gehen bei solchen Gelegenheiten bereitwillig auf die Suche nach ihm, um dem Jammer des Kindes ein Ende zu bereiten. Melitta Sperling fragt, wieso „ein an sich wertloser Gegenstand dem Kind wichtiger werden kann als die Person der Mutter" und zieht den Schluß, daß eine solche Verschiebung „nicht ohne Anregung von seiten der Mutter" vor sich gehen kann. Hier ist das von Winnicott gebrachte Gegenargument viel überzeugender: das Übergangsobjekt befriedigt und beruhigt das Kind auf Grund seiner doppelten Besetzung, die es befähigt, gleichzeitig dem Autoerotismus und der Objektliebe zu dienen. Außerdem hat es den Vorteil, daß es — im Gegensatz zur Mutter— keinen eigenen Willen hat, nicht kommt und geht, daß sein Verlust, von Ausnahmen abgesehen, nicht befürchtet werden muß. Im Widerspruch mit Sperlings Behauptung, daß „die Mutter das fetischistische Benehmen verursacht und die Wahl des Fetisch mitbestimmt", läßt sich anführen, daß alle Bemühungen einer Mutter in dieser Beziehung erfolglos bleiben würden, wenn nicht im Kind das durch die Entwicklung bedingte Hin und Her zwischen Autoerotik, Narzißmus und Objektliebe nach einem solchen Auskunftsmittel verlangen würde.

Auch abgesehen von seiner Rolle für die Libidoentwicklung, hat der fetischistische Gegenstand viele andere Beziehungen zu der polymorph perversen Sexualität des Kindes. Die Berührung, das rhythmische Streicheln, Zupfen, Reiben an seiner weichen Oberfläche erzeugen Lustgefühle an der Haut (Hauterotik). Sein Geruch, insbesondere jeder ihm anhaftende Körpergeruch, bringt Lust, die in das anale Gebiet gehört; hier findet sich auch eine enge Beziehung zum Transvestitismus, bei dem die gebrauchten Kleidungs- oder Wäschestücke des anderen Geschlechts als Fetisch dienen. Während des analen Sadismus ist das Übergangsobjekt unentbehrlich, weil die volle Gefühlsambivalenz des Kindes an ihm ausgelassen werden kann. Während der phallischen Phase (Wulff, 1946) übernimmt der Fetisch schließlich die Rolle des Penis, des eigenen, des Vaters oder des phantasierten Penis der Mutter.

Inwieweit dieser infantile Pseudo-Fetischismus ein Vorläufer der späteren Perversion ist, ist schwer zu sagen. Die Analyse erwachsener Fetischisten läßt keinen Zweifel daran, daß ihr Fetisch aus der frühen Kindheit stammt und aus dieser Vorzeit ohne jede Änderung in das Erwachsenen-Leben hinübergenommen worden ist. Fuß oder Finger, ein bestimmtes Kleidungsstück, ein Handschuh, ein bestimmtes, von der Mutter ausgehendes Geräusch begleiten das Individuum auf seinem ganzen Lebensweg als unerläßliche Vorbedingung für die Erzeugung und Abfuhr der Sexualerregung. Die Beobachtung und Analyse der Kinder zeigt aber mit derselben Sicherheit, daß der infantile Fetisch unvergleichlich häufiger ist als die erwachsene Perversion, was nur heißen kann, daß das fetischistische Benehmen der Kinder an bestimmte Entwicklungsstufen gebunden ist und in der Mehrzahl der Fälle verschwindet, wenn die Stufe überwunden, d. h. „ausgewachsen" ist.

Als Anhaltspunkt für die Unterscheidung zwischen den vorübergehenden und den Dauerformen dient auch hier nur die an den Fetisch gebundene Sexualerregung, die dort fehlt, wo das „Übergangsobjekt" dem Ich und der Abwehrtätigkeit dient. Der Fetisch, der im Mittelpunkt des infantilen Sexuallebens steht, hat Aussicht, für alle Zukunft erhalten zu bleiben. Kinderfälle dieser Art sind in der psychoanalytischen Literatur nicht selten beschrieben worden.[59]

---

[59] Siehe Melitta Sperling, 1963; A. Freud und S. Dann, 1951. Die letzteren beschreiben einen 4½jährigen Knaben, verwaist und im Gruppenleben aufgezogen, der seine Befriedigungen aus Zwangslutschen, Zwangsmasturbation, Autoerotik und Fetischismus bezog. „Er entwickelte die Gewohnheit, an den Waschlappen der anderen Kinder zu lutschen, die im Badezimmer an Haken hingen, und konzentrierte seine ganze Leidenschaft auf diese Betätigung. ... Die Lappen und auch die Barteln der Kinder waren seine Fetische. Während des Lutschens pflegte er mit den Lappen rhythmisch seine Nase zu streicheln, oder er nahm alle sechs Lappen auf einmal in seine Arme oder preßte sie zwischen die Beine. Auf Spaziergängen konnte er die Rückkehr nach Hause kaum erwarten, stürzte sofort ins Badezimmer mit dem begeisterten Ausruf: ‚Lappen, Lappen!' Seine phallische Erregung und phallische Masturbation waren offenbar. Der Fetisch selbst war aber ebenso offenbar kein phallisches Symbol. Dieselben Waschlappen und Barteln verloren alle Anziehungskraft für ihn, wenn sie frisch gewaschen, d. h. geruchlos waren.

Die prognostische Bedeutung der infantilen Perversionen

Die voranstehenden Untersuchungen warnen den Analytiker zur Vorsicht in seinen Voraussagen. Ein Partialtrieb, der in einer der geschilderten Beziehungen (zeitlich oder an Stärke) von der Norm abweicht, kann einerseits später noch unter das Primat der Genitalzone gebracht werden, kann aber andererseits auch seine zentrale Stellung behalten und damit zum Kern einer späteren Perversion werden. Sein endgültiges Schicksal wird sich nicht vor der Pubertät entscheiden und wird letzten Endes von den folgenden Bedingungen abhängen:

1. von dem Kräfteverhältnis zwischen den prägenitalen Partialtrieben und den in der Pubertät ausgelösten genitalen Schüben;
2. von den Libidoquantitäten, die während der Entwicklung auf prägenitalen Fixierungspunkten zurückgeblieben sind, und durch ihre Anziehungskraft schwächend auf die Genitalität wirken;
3. von dem Kräfteverhältnis zwischen progressiven und regressiven Strebungen, d. h., ob der Wunsch, groß zu sein, stärker ist als das Festhalten an infantilen Lustquellen;
4. vom Erfolg oder Mißerfolg der ersten genitalen Objektbeziehungen des Pubertierenden.

Die Unsicherheit unserer Voraussagen nimmt zu, je größer die Anzahl der Einflüsse ist, die in Betracht gezogen werden müssen, und je mehr das Gewicht dieser Einflüsse nicht von ihrer Art, sondern von Besetzungsgrößen abhängt. (Relative Triebstärke etc.)

Man konnte nur den Schluß ziehen, daß der erregende Umstand mit dem Geruch und wahrscheinlich mit der Erinnerung an frühe orale Befriedigungen bei der Säuglingsernährung verbunden war."

VI. KAPITEL

WEGE UND MÖGLICHKEITEN DER THERAPIE

Ein psychoanalytisches Kinderambulatorium[60] gibt Gelegenheit, die Psychopathologie der Kindheit in ihrem ganzen Umfang ausgebreitet zu sehen. Die der Klinik zugewiesenen Fälle beginnen an einem Ende mit den gewöhnlichsten Entwicklungs- und Erziehungsstörungen, den schlechten Schulerfolgen und Verlangsamungen im Reifungstempo, schließen die Traumatisierten und Verführten ein, die eigentlich infantilen Neurosen, und gehen von hier zum anderen Extrem: zu den schweren Ich- und Triebstörungen bei organisch Geschädigten, den Grenzfällen zur Verwahrlosung und Psychose, den autistischen Kindern etc.

In der analytischen Behandlung ist die Arbeit doppelt gerichtet: auf Therapie und Forschung. Die gleichen technischen Maßnahmen dienen beiden Zwecken, die je nach den Umständen nebeneinanderherlaufen, in eins zusammenfließen, oder sich abwechselnd in den Vordergrund drängen. In manchen Fällen fühlt der Kinderanalytiker, daß die zeitraubende analytische Behandlung vermeidbar gewesen wäre, wenn Elternberatung und Erziehungshilfe rechtzeitig eingegriffen hätten, d. h., wenn verbesserte äußere Umstände bessere innere Entwicklungsmöglichkeiten geschaffen hätten. In anderen Fällen fühlt er sich sicher in der Diagnose und zweifelt nicht, daß die Analyse des Kindes das geeignetste Mittel zu seiner Herstellung ist. In noch anderen Fällen überwiegen die unbekannten und rätselhaften Faktoren. Der Analytiker muß sich dann mit der Überzeugung begnügen, daß seine Methode besser als irgendeine andere geeignet ist,

[60] wie die Hampstead Child-Therapy Clinic.

die Dunkelheit aufzuklären. Nur wenn Einsicht in die genetischen, dynamischen und libido-ökonomischen Verhältnisse solcher Krankheitsformen gewonnen wird, kann es gelingen, sie in die infantile Psychopathologie einzuordnen und, auf Grund von Diagnose und Prognose, der geeignetsten Behandlungsmethode zuzuführen.

Wo eine Kinderanalyse nicht zum gewünschten Ziel führt, sind wir geneigt, den Mißerfolg ungünstigen äußeren Umständen zuzuschreiben, wie mangelndem therapeutischem Geschick auf seiten des Analytikers; mangelnder Mitarbeit von seiten der Eltern; zu kurzer Dauer der Behandlung; Unterbrechungen durch körperliche Krankheit; Schicksalsschlägen und traumatischen Ereignissen in der Familie; Wechsel in der Person des Therapeuten; etc. Wo eine Analyse gelingt, nehmen wir das Ergebnis als selbstverständlich hin und fragen nicht, wieso es möglich ist, daß eine und dieselbe Methode, unter sich gleichbleibenden strengen Bedingungen durchgeführt, auf eine so große Anzahl verschiedenster Krankheitsformen anwendbar sein kann.

Die klassische Psychoanalyse der Erwachsenen. Anwendungsgebiet und Definition

Das ursprüngliche Anwendungsgebiet der Psychoanalyse war die Erwachsenenneurose, das entsprechende Anwendungsgebiet der Kinderanalyse die infantile Neurose.[61] Mit zunehmender Erfahrung bei Erwachsenen nahm auch das Arbeitsfeld der Analytiker größeren Umfang an[62] und begann, mit geringen technischen Abänderungen[63], die Psychosen, die Perversionen, die Süchtigkeiten und die verschiedenen Formen der Delinquenz in sich einzuschließen. Eine ähnliche Entwicklung läßt sich seitdem auf dem Gebiet der Kinderanalyse verfolgen.

Soweit die Erwachsenenanalyse in Betracht kommt, findet sich in der

---

[61] Anders bei Melanie Klein und ihren Schülern, die von Beginn die Kinderanalyse auch auf schwere Ichstörungen und Psychosen anwendeten.

[62] Siehe das Symposium 1954, „The Widening Scope of Psychoanalysis".

[63] Oder „Parameter", nach K. R. Eissler, 1953.

psychoanalytischen Literatur der letzten dreißig Jahre eine wachsende Anzahl von Arbeiten zur Theorie und Praxis der psychoanalytischen Methode und zur Klarstellung des durch die Analyse in Gang gebrachten Heilungsvorgangs.[64]

Aus den Beiträgen zu diesen Diskussionen lassen sich die folgenden Definitionen des Behandlungszieles herausheben:

daß es ein Ziel der Analyse ist, die wechselseitigen Beziehungen zwischen Es, Ich und Über-Ich zu verändern (E. Bibring, 1937);

daß die analytische Therapie darauf ausgeht, Abwehrvorgänge rückgängig zu machen oder abzuändern und als „Erziehung des Ichs zur Toleranz immer unentstellterer Abkömmlinge zu wirken" (Fenichel [Symposium, 1937]);

daß die Analyse die Intoleranz des Über-Ichs herabsetzt, (Strachey [Symposium, 1937]);

daß es das Ziel der Analyse ist, intrapsychische Veränderungen in der Persönlichkeit des Patienten herbeizuführen (Gill [Panel, 1954 b]);

daß der Analytiker das Ziel hat, die Einsicht des Patienten zu vertiefen, so daß er in den Stand gesetzt wird, eigene Lösungen für seine neurotischen Konflikte zu finden, dauernde Veränderungen in Ich, Es und Über-Ich herbeizuführen und dadurch die Ober-

---

[64] Anstatt einzelne Autoren und ihre Meinungen anzuführen, wird im Folgenden eine Liste der Symposien gegeben, die sich um dieses Thema gruppieren.

1936 XIV. Internationaler Psychoanalytischer Kongreß, Marienbad. „Symposion über die Theorie der therapeutischen Resultate" (Glover, Fenichel, Strachey, Bergler, Nunberg, E. Bibring), Int. Z. f. PsA. XXIII, 1.

1952 American Psychoanalytic Association, Midwinter Meeting, New York. „The Traditional Psychoanalytic Technique and its Variations." (Orr, Greenacre, Alexander, Weigert), J. Amer. Psychoanal. Assn. 2.

1953 American Psychoanalytic Association, Annual Meeting, Los Angeles. „Psychoanalysis and Dynamic Psychotherapy" (E. Bibring, Gill, Alexander, Fromm-Reichmann, Rangell), J. Amer. Psychoanal. Assn. 2.

1954 Symposium in Arden House, New York. „The Widening Scope of Indications for Psychoanalysis" (Stone, Jacobsen, A. Freud), J. Amer. Psychoanal. Assn. 2.

1957 Symposium, International Psychoanalytic Congress in Paris. „Variations in Classical Psycho-Analytic Technique" (Greenson, Loewenstein, Bouvet, Eissler, Reich, Nacht), Int. J. Psycho-Anal. 39.

herrschaft des Ichs über die anderen Instanzen zu befestigen (Greenson [Symposium, 1958]).

Diese und viele andere, hier nicht genannte Autoren stimmen darin überein, daß die therapeutische Wirkung der Analyse vor allem darin besteht, die Kräfteverhältnisse zwischen Es, Ich und Über-Ich zu verändern, die gegenseitige Toleranz für ihre respektiven Absichten zu erhöhen und auf diese Weise ein besseres seelisches Gleichgewicht herzustellen. Solche Definitionen des Behandlungszieles beruhen auf der Annahme, daß die Störungen der in Analyse stehenden Patienten vor allem auf psychische Konflikte begründet sind und daß alle anderen eventuell vorhandenen pathogenen Einflüsse an Bedeutung weit hinter der pathogenen Wirkung des Konflikts zurückstehen. (Z. B. Störungen der Objektbeziehung, R. Waelder siehe Zetzel, 1953.)

Die Bewertung der verschiedenen technischen Maßnahmen hängt für diese Autoren davon ab, inwieweit jede einzelne Maßnahme dem oben geschilderten Behandlungsziel dient.

Die Kinderanalyse. Ihre Begründung

Die oben gegebenen Definitionen beziehen sich auf die Analyse der Erwachsenen, sind darum aber nicht weniger bedeutungsvoll für den Kinderanalytiker. Sie regen ihn an, zu prüfen, ob dieselben Beziehungen zwischen seelischem Konflikt, seelischer Störung und seelischer Behandlung auch auf seinem Arbeitsgebiet gültig sind. Letzten Endes ist die Gleichstellung der Kinderanalyse mit der klassischen Analyse der Erwachsenen davon abhängig, ob die beiden Methoden die gleichen Vorbedingungen haben und auf den gleichen Grundprinzipien beruhen.

Der seelische Konflikt in der Kinderanalyse

„Normale" Konflikte in Analyse (Diagnostische Kategorie 1)

Wie früher ausgeführt, sind innere Konflikte eine normale Erscheinung, ohne die keine höhere Entwicklung der Persönlichkeit zu-

standekommen kann. Sie werden im Kind bemerkbar, sobald zuerst Es und Ich, später Ich und Über-Ich sich voneinander abzusondern beginnen, d. h. von dem Zeitpunkt, von dem an jede einzelne psychische Instanz ihre besonderen Ziele und Absichten verfolgt.
Normalerweise fällt es dem Ich zu, die Rolle des Vermittlers zwischen den Instanzen zu übernehmen und das Gleichgewicht zwischen ihnen herzustellen, eine Aufgabe, die aber in der Kindheit nur mit Stütze und Beistand von seiten der Eltern durchführbar ist. Wo solche Hilfe fehlt, verfällt das Kind in einen Zustand von Verwirrung und Ratlosigkeit, der unter Umständen eine Behandlung notwendig macht. Es ist dann die Aufgabe der Kinderanalyse, klärend einzugreifen, die entstandenen Schwierigkeiten für das Kind in Worte zu fassen, sie zu deuten, soweit sie unbewußt sind, Ängste aufzulösen, sobald sie auftauchen, unzweckmäßige Abwehrmaßnahmen rückgängig zu machen, ehe sie weiteren Fortschritt lähmen, und Abfuhrwege für Triebabkömmlinge zu eröffnen oder offen zu halten. Analytische Arbeit dieser Art wirkt als Erziehungs- und Entwicklungshilfe im besten Sinne des Wortes. In dieser Beziehung stimmt die oft geäußerte Behauptung, daß alle Kinder, ob gesund oder krank, aus einer Analyse in frühen Jahren Nutzen ziehen können. Trotzdem bleibt die Frage offen, ob hier nicht der Kinderanalyse eine Aufgabe zugeschoben wird, die normalerweise dem Ich des Kindes und der tätigen Mithilfe seiner Umwelt angehört.

Die Entwicklungsstörungen in Analyse (Diagnostische Kategorie 2)

Die Hilfslosigkeit der Eltern und das Verlangen nach Behandlung sind berechtigter, wo die Störungen im inneren Gleichgewicht des Kindes darauf beruhen, daß Trieb und Ich in der Entwicklung nicht Schritt miteinander halten. Wie oben beschrieben[65], leiden Kinder an inneren Konflikten, wenn Ich und Über-Ich sich vorzeitig entwickeln und innere Ansprüche von seiten dieser Instanzen zeitlich mit aggressiv-grausamen Abkömmlingen des oralen und analen Partialtriebs zusammentreffen. Obwohl die letzteren altersgemäß sind, empfindet

[65] Siehe Kapitel IV.

das Kind sie in solchen Fällen nicht als ichgerecht und ist gezwungen, sie abzuwehren. Im umgekehrten Fall, wenn die Ichseite sich langsamer entwickelt als die Triebseite, findet das Kind sich hilflos den prägenitalen Impulsen ausgeliefert.
Trotz subjektiver Leidensgefühle und trotz der auftauchenden Symptomatologie ist die Entscheidung für oder gegen eine Behandlung auch in diesen Fällen keine eindeutige. Es ist möglich, daß der Abstand zwischen Trieb- und Ichentwicklung sich in der nächsten Lebenszeit auch ohne Analyse spontan wieder ausgleichen wird; es ist ebenso möglich, daß er andauert und daß die Analyse nötig ist, um schwere Folgeerscheinungen zu verhüten.
Der Diagnostiker steht hier vor der schwierigen Aufgabe, Entwicklungen vorauszusehen, für deren Richtung nicht genug Anhaltspunkte vorhanden sind.

Die infantile Neurose als eigentliches Anwendungsgebiet der Kinderanalyse (Diagnostische Kategorie 3)

Der Diagnostiker fühlt sich erleichtert, wenn er eine infantile Neurose vor sich hat, der gegenüber solche Zweifel nicht in Betracht kommen. Metapsychologisch ist der Analytiker mit dem Aufbau der Neurose am besten vertraut. Der Unterschied zwischen Kind und Erwachsenem liegt hier nur in der auslösenden Ursache, die im ersteren Fall in den Konflikten der Ödipusperiode zu finden ist. Soweit die Symptomatologie in Betracht kommt, gilt für die infantile und die erwachsene Neurose die gleiche Entstehungsfolge: von einer drohenden Gefahr (Versagung, Triebverzicht, Kastrationsdrohung, drohender Liebesverlust) zur Angst (Angst vor Objektverlust, Liebesverlust, Kastrationsangst, Schuldgefühl); von der Angst zur Regression zu einem Fixierungspunkt auf einer früheren Stufe der Libidoentwicklung; auf Grund der Regression Auftauchen prägenitaler Triebabkömmlinge, die dem Ich unerträglich sind; Abwehrvorgänge, die das Ziel haben, diese Abkömmlinge wieder aus dem Ich auszuschließen; Mißlingen der Abwehr und Kompromißbildungen zwischen Trieb und Ich; Auftauchen des Symptoms.
Auch die Rolle, die dem Analytiker während der Behandlung zu-

fällt, ist fast die gleiche wie dem Erwachsenen gegenüber: er kann dem kindlichen Ich bei seinen inneren Kämpfen zu Hilfe kommen, und unter günstigen Umständen wird das Kind diese Hilfe bereitwillig annehmen.

Die Frage wird häufig gestellt, von welchem Alter angefangen, man annehmen kann, daß das Ich eines Kindes reif genug ist, um eine analytische Behandlung zu begrüßen. Die Antwort ist offenbar nicht im chronologischen Alter zu finden, sondern in anderen Verhältnissen. Daß ein Ich sich in innere Konflikte einläßt, und dem Triebleben Kompromisse, d. h. Symptome, aufzwingt, ist an und für sich ein Zeichen, daß es die Absicht hat, sich zu behaupten. Wir dürfen in diesem Fall, wenigstens in der Theorie, annehmen, daß es auch die Absicht haben wird, ein therapeutisches Bündnis mit dem Analytiker einzugehen.

Ein solches Bündnis mit dem Kind kommt um so eher zustande, je unlustvoller die neurotischen Symptome für sein eigenes Empfinden sind. Der subjektive Leidensfaktor, der — wie oben besprochen — kein gutes Anzeichen ist, wenn es sich darum handelt, die objektive Schwere einer Erkrankung festzustellen, ist um so verläßlicher, wenn wir versuchen vorauszusagen, inwieweit ein Kind an seiner eigenen Analyse mitarbeiten wird. Kinder leiden körperlich unter ihren psychosomatischen Magen- und Darmstörungen, den Ekzemen, Asthmaanfällen, Kopfschmerzen und psychisch bedingten Schlafstörungen; sie leiden seelisch unter ihren Ängsten und unter den Freiheitsbeschränkungen, die ihre Phobien ihnen auferlegen. Zwangsneurotische Kinder fühlen sich hilflos den unbekannten Kräften gegenüber, die sie zwingen, mühsame und sinnlose Handlungen auszuführen.

Kinder sind gelegentlich imstande, solche Gefühle offen zu äußern, wie die folgenden Beispiele zeigen. So sagt ein 4½jähriger Patient zu seiner Analytikerin, nachdem er in ihrer Gegenwart seine Zwangshandlungen ausgeführt hat: „Jetzt siehst du wenigstens, was ich tun muß, ob ich will oder nicht." Oder eine 6-Jährige mit einer Schulphobie zu ihrer Mutter: „Du mußt nicht glauben, daß ich nicht in die Schule gehen will. Ich will, aber ich kann nicht." Ein schwieriges Latenzkind, die Älteste in einer Schar von jüngeren Geschwistern, von unterdrückter Eifersucht und Penisneid geplagt, singt vor sich hin: „Alle anderen Kinder sind brav, nur ich bin schlimm. Warum muß ich schlimm sein?“ Was alle diese Kinder auf solche Weise zum Ausdruck bringen, ist das Gefühl, daß sie nicht so sind, wie sie sein wollen, und daß ihr eigenes Ich nichts dazu tun kann, um ihre eigenen Über-Ich-Forderungen zu erfüllen.[66]

Wir dürfen andererseits auch von solcher Einsicht in die eigenen Schwierigkeiten nicht mehr erwarten, als daß sie das Kind für die Vorstellung einer Behandlung zugänglich macht. Sie verschwindet in der Analyse selbst, sobald Widerstand und Übertragung eine Rolle zu spielen beginnen; sie ist, anders als beim Erwachsenen, nicht stetig und nicht gefestigt genug, um dem Auf und Ab der Gefühle während der Behandlung und den in einer Analyse unvermeidlichen Versagungen, Enttäuschungen, Angstgefühlen etc. zu widerstehen.

Das Ich des erwachsenen Analysanden hat eine doppelte Rolle. Es spaltet sich in der Behandlung in einen beobachtenden und einen beobachteten Teil, eine Haltung, die dem Patienten über viele Schwierigkeiten hinweghilft und nur auf der Höhe der Übertragungsneurose von den ihn überwältigenden Gefühlen weggeschwemmt wird. Wie Richard Sterba (1934)[67] ausführlich beschrieben hat, ist der beobachtende Teil des Ich mit der Rolle des Analytikers identifiziert, teilt sein wachsendes Verständnis für die inneren Vorgänge und nimmt tatkräftig an der therapeutischen Arbeit teil.

Wir haben keinen Grund, vom Kind eine entsprechende Einsicht in seine inneren Vorgänge zu erwarten. Die sogenannte Introspektion ist eine erwachsene Fähigkeit, die in der Kindheit noch nicht ausgebildet ist. Wo Ansätze in dieser Richtung vorhanden sind, gehören sie nicht zur normalen Entwicklung, sondern in die pathologischen Spaltungen, z. B. zur Spaltung zwischen Liebe und Haß, wie sie in der erhöhten Gefühlsambivalenz vorkommt, oder zur gesteigerten Spaltung zwischen Ich und Über-Ich, die sich in den infantilen Zwangsneurosen und Zwangscharakteren als Schuldgefühl, Selbstkritik und Selbstquälerei äußert.

---

[66] Siehe auch Bornstein, 1951.

[67] R. Sterba, Das Schicksal des Ichs im therapeutischen Verfahren, Int. Zeitschr. f. Ps.A. XX, 1934.

Von solchen Fällen abgesehen, pflegen Kinder sich nicht Rechenschaft von dem zu geben, was in ihnen vorgeht. Ihre Neugier und Forschungslust bleibt für viele Jahre ganz auf die Außenwelt gerichtet. Erst in der Pubertät finden wir bei gewissen schizoiden Typen eine übermäßige und gewöhnlich qualvolle Beschäftigung mit der eigenen Person und den inneren Vorgängen.

Es gehört zu dieser Abwendung der Einsicht vom eigenen Innenleben, daß Kinder geneigt sind, jeden inneren Konflikt in einen Konflikt mit der Außenwelt zu verwandeln. Wenn sie in ihren Handlungen gegen das eigene Gewissen verstoßen haben, lassen sie sich lieber von den Eltern für irgendeinen, oft weitabliegenden Ungehorsam bestrafen, anstatt die Schuldgefühle zu spüren, die das eigene Über-Ich aussendet. Latenzkinder zum Beispiel, die ihre sexuellen Phantasien und Betätigungen abwehren, tun nach jedem Masturbationsakt alles nur mögliche, um die Außenwelt (Eltern, Lehrer etc.) gegen sich aufzubringen. Delinquentes Benehmen der Kinder läßt sich in vielen Fällen in derselben Weise auf die Suche nach Bestrafung zurückführen. (Der „Verbrecher aus Schuldgefühl")

Mehrere der uns bekannten Abwehrmechanismen des Ich verfolgen die gleiche Absicht. In der infantilen Neurose werden angsterregende orale und anale Strebungen, Todeswünsche gegen Eltern und Geschwister etc. aus der Innenwelt auf Personen der Außenwelt verschoben (projiziert). Damit verwandelt sich der innere Kampf gegen einen verbotenen Triebwunsch in einen äußeren Kampf gegen einen vermeintlichen Verführer oder Verfolger, und das Kind kann sich schuldlos fühlen. Solche Verlegungen nach außen finden sich besonders in den infantilen Phobien, bei denen dem Analytiker die Aufgabe zufällt, die scheinbar von außen drohende Gefahr wieder in den ihr zugrunde liegenden inneren Konflikt zwischen Trieb, Ich und Über-Ich zurückzuverwandeln.

Es ist wichtig für den Kinderanalytiker, sich klarzumachen, wie sehr gerade die Flucht vor dem inneren Konflikt die ganze Einstellung des Kindes zur Therapie beeinflußt. Was das Kind für seine Erleichterung erhofft, sind nicht innere Veränderungen, sondern Veränderungen in der Außenwelt. Es will die Schule wechseln, um einem Lehrer auszuweichen, der nichts anderes ist, als eine äußere Darstellung seines inneren Gewissens; oder um einen Klassengenossen zu vermeiden, der durch Projektion seiner eigenen Triebwünsche als Verführer empfunden wird; oder um aggressiven Kameraden zu entgehen, deren gefürchtete Angriffe im Grunde nur seine eigenen passivmasochistischen Wünsche erfüllen. Der Therapeut, der sich mit Recht solchen „Heilungsversuchen" widersetzt, verwandelt sich in den Augen des Kindes aus einem erwünschten Helfer in eine neue und gesteigerte Gefahr.

Zum Bedauern des Analytikers nehmen die Eltern nur zu häufig für die Haltung des Kindes Partei. Auch sie glauben lieber an die Wirksamkeit von Veränderungen in der Umwelt (Schulwechsel, Vermeidung von „schlechter Gesellschaft" etc.) als an Veränderungen im Kind selbst.

Technisch gesprochen, ist es wichtig, Schwierigkeiten dieser Art nicht mit den Widerständen zu verwechseln, die sich in der Analyse selbst auf Grund der Verdrängungen und Übertragungen ergeben und die sich mit Hilfe von Deutungen auflösen lassen. Mangel an Krankheitseinsicht und Flucht vor innerem Konflikt sind Hindernisse in der analytischen Behandlung, gehören aber an und für sich zu den normalen Mitteln, mit denen das schwache Ich sich in der Kindheit gegen zu große Angst- und Unlustmengen wehrt. Nur wo das Zutrauen zu einem Erwachsenen groß genug ist, faßt das Kind Mut, sich mit seiner Hilfe ohne dasselbe Maß von Verleugnung den Gefahren der Innenwelt auszusetzen.

Es ist leicht hier einzuwenden, daß auch viele erwachsene Neurotiker einen ähnlichen Mangel an Krankheitseinsicht und eine entsprechende Neigung zur Verleugnung innerer Konflikte zeigen. Der Unterschied für die Therapie ist trotzdem ein bedeutender. Erwachsene, bei denen diese Einstellung übermächtig ist, vermeiden nicht nur die Wahrnehmung ihrer Konflikte, sie vermeiden auch die analytische Therapie, und suchen statt dessen ihr Heil in endlosem Agieren in der Außenwelt. Nur der Kinderanalytiker findet sich Patienten gegenüber, die nicht freiwillig, ihrer eigenen Neigung folgend, den Entschluß gefaßt haben, in eine Behandlung einzutreten, deren Methode ihnen Unlust, Angst und Versagungen aller Art auferlegt.

Eine Abart der infantilen Neurose in der Kinderanalyse (Diagnostische Kategorie 4)

Das Verhältnis des Kindes zum Analytiker ist auch anders, wo es sich nicht um eine infantile Neurose im eigentlichen Sinne des Wortes handelt, sondern um eine oben geschilderte Abart, bei der die Ichinstanzen sich den regredierten Triebabkömmlingen nicht widersetzen, sondern sich ihnen dadurch anpassen, daß sie selbst regredieren, d. h. auf eine niedrigere Entwicklungsstufe zurückfallen, um auf diese Weise jede Konfliktsmöglichkeit zwischen Es und Ich zu beseitigen. (Infantilismen, atypische Störungen, Verwahrlosungserscheinungen etc.) Die Gesamtpersönlichkeit des Kindes ist damit auf einen niedrigeren Stand hinuntergedrückt, und jeder therapeutische Eingriff ist unerwünscht, weil er das hergestellte Gleichgewicht bedroht. Wenn der Analytiker in diesen Fällen mehr sein will als ein Störenfried, muß er darauf hinarbeiten, die inneren Widersprüche zwischen Ich und Es wiederherzustellen, d. h., er muß dieselben Konflikte begünstigen oder sogar hervorrufen, von denen er die eigentlich Neurotischen zu befreien sucht.

In der Technik der Kinderanalyse ist diese scheinbar paradoxe therapeutische Aufgabe von zwei Autoren in Angriff genommen worden.

August Aichhorn beschrieb als erster (1925), daß er sich in der Therapie der jugendlichen Verwahrlosten hilflos fühlte, solange ihr Ich gemeinsame Sache mit ihren Triebwünschen machte und in Auflehnung gegen ihn und die soziale Umwelt begriffen war. Er legte es darauf an, den Jugendlichen (narzistisch) an sich zu binden, ihn zur Identifizierung mit seiner Person und seinen Werten zu veranlassen und auf diese Weise Konflikte in den Kern seiner Persönlichkeit hineinzutragen. Je mehr der Verwahrloste sich auf diese Weise in einen Neurotiker verwandelte (oder rückverwandelte), desto zugänglicher fand er ihn für eine nach den gewöhnlichen Regeln durchgeführte analytische Behandlung. Für Aichhorn, wie für viele andere Autoren, war das Vorhandensein innerer Konflikte gleichbedeutend mit der Analysierbarkeit des Individuums.

Die von mir 1926 vorgeschlagene Einleitungsphase zur Kinderanalyse diente derselben Absicht.[68] Neben den ersten tastenden Versuchen, in das Privatleben und die Geheimnisse des Kindes einzudringen, hatte der Analytiker hier die Aufgabe, den Blick des Kindes auf die Widersprüche in seinem eigenen Inneren zu lenken und ihrer Verleugnung entgegenzuarbeiten. Nicht anders als Aichhorn, war ich der Meinung, daß die Wahrnehmung und Wiederbelebung der inneren Konflikte ihrer Deutung und der Suche nach neuen Lösungen vorangehen muß. In unserer heutigen Technik, in der die Einleitungsphase keine Rolle mehr spielt, erwarten wir dieselbe Klarstellung der Gegensätze zwischen Es und Ich von der Aufdeckung und Deutung der Abwehrmechanismen und der von ihnen niedergehaltenen unbewußten Inhalte.

Zusammenfassend kann man sagen, daß die Kinderanalyse ihre Rolle als Therapie am besten erfüllt, wo eine psychische Störung auf Konflikten im Innenleben des Kindes beruht, gleichgültig ob solche Konflikte vorübergehend und entwicklungsbedingt oder dauernd und neurotischer Natur sind. Abgesehen von den oberflächlichen Besserungen, die wir dem positiven Gefühlsverhältnis des Kindes zum Analytiker zuschreiben (Übertragungserfolge), lassen sich die teilweisen oder vollen Heilungserfolge gewöhnlich im einzelnen auf die Bewußtmachung von verdrängtem Material und auf die Deutung von Widerstand und Übertragung zurückführen, also auf analytische Arbeit im strengsten Sinne des Wortes.
In den Entwicklungsstörungen (Diagnostische Kategorie 2) ist es vor allem die Deutung und das Durcharbeiten der Gefahrsituationen und Ängste, die therapeutisch wirken, Regressionen rückgängig machen und Weiterentwicklungen wieder in Gang bringen, wo sie ins Stocken gekommen sind. In den infantilen Neurosen (Diagnostische Kategorie 3) verschwinden die Angstanfälle, Schlafzeremonielle, Zwangshandlungen etc., wenn ihr unbewußter Inhalt bewußt gemacht wird; Berührungszwänge oder Berührungsängste werden aufgegeben, wenn das Kind ihren Zusammenhang mit der Masturbation

[68] Nicht, wie oft irrtümlich angenommen, der Erzielung billiger Übertragungserfolge.

oder mit seinen aggressiven Phantasien verstehen lernt; Phobien antworten auf die Deutung der ödipalen Komplexe, auf denen sie beruhen; Fixierungen an traumatische Erlebnisse lassen sich lösen, sobald das Trauma selbst in die bewußte Erinnerung zurückgerufen oder in der Übertragung wiederbelebt und gedeutet werden kann.
Wie oben ausgeführt, schädigt die neurotische Symptombildung das Kind in zweifacher Beziehung, einerseits durch die Schwächung seines Trieblebens, andererseits durch die Einschränkung seiner Ichleistungen. Dementsprechend ist die therapeutische Aufgabe der Kinderanalyse eine doppelte. Die Deutungsarbeit, die zwischen Abwehr und Abgewehrtem hin- und herwechselt, bringt abwechselnd Erleichterung, einerseits für das geängstigte Ich, andererseits für die ungenügend befriedigten und ihrer Abfuhr beraubten Triebregungen. Was wir letzten Endes von der Analyse neurotischer Kinder erwarten, ist die Befreiung, Bereicherung und ungestörte Fortentwicklung ihrer Persönlichkeit.

Die therapeutischen Maßnahmen bei Störungen nichtneurotischer Natur

Je weiter wir uns von den konfliktbedingten Störungen (Diagnostische Kategorien 1—4) entfernen, desto mehr ändern sich die Einzelheiten des Heilungsvorgangs, auch dort, wo die Methode der Kinderanalyse noch anwendbar ist und weitgehende Besserungen erzielt.

Die therapeutischen Elemente in der psychoanalytischen Methode[69]

Die Einzelheiten der analytischen Methode, auf die der Analytiker vor allem seine Hoffnung setzt, sind die *Deutung* von Widerstand und Übertragung, die *Erweiterung des Bewußtseins* auf Kosten der unbewußten Anteile von Es, Ich und Über-Ich, und die daraus folgende Erweiterung der *Ichherrschaft* über die anderen Teile der Persönlichkeit. Neben diesen wichtigsten Elementen gibt es dann, wie

[69] Siehe E. Bibring, 1954.

allgemein anerkannt, eine ganze Reihe anderer, die mehr oder weniger beabsichtigt oder unbeabsichtigt nebenherlaufen. In der Kinderanalyse spielt besonders die Beschäftigung mit den *vorbewußten* Inhalten eine große Rolle. Wenn der Analytiker sie für das Kind in Worte faßt und voll ins Bewußtsein zieht, verringert er damit die Ängste, die durch jede direkte Deutung des Unbewußten ausgelöst werden. *Suggestive* Elemente lassen sich nie ganz von der Analyse ausschließen, besonders nicht beim Kind, in dessen Augen der Analytiker als Erwachsener immer auch eine Autoritätsperson ist; die sogenannten „erzieherischen" Erfolge der Kinderanalyse sind auf diese Rechnung zu setzen. Soweit Kinder den Analytiker als wirkliches, neues Objekt (nicht als Übertragungsobjekt) empfinden, verwenden sie die Gefühlsbeziehung zu ihm nicht zur Aufklärung der Vergangenheit, sondern zur *Korrektur* und Entschädigung für Enttäuschungen an Liebesobjekten aus früheren Zeiten. Auch die oberflächliche *Beschwichtigung von Ängsten* (anstelle ihrer Analyse) ist in der Kinderanalyse mehr oder weniger unvermeidlich. Schon die bloße Anwesenheit eines verläßlichen Erwachsenen wirkt beruhigend auf die infantilen Angstzustände, ganz abgesehen von der freundlichen Teilnahme, die der Analytiker zeigt, von der Abwesenheit von Tadel und Kritik in der analytischen Situation etc.

Der Analytiker, der eine regelrechte Behandlung durchführen will, tut sein bestes, um diese letzteren, nicht-analytischen Mittel von ihrer Mitwirkung bei der Analyse auszuschließen. Er muß aber einsehen, daß seine Bemühungen nicht immer erfolgreich sind. So sehr auch die Wahl der Behandlungsmethode und ihre Durchführung in seinen Händen liegen, die Natur des Heilungsvorgangs hängt letzten Endes nicht von ihm ab, sondern von der individuellen Natur, der Persönlichkeit und der speziellen Krankheitsform seines Patienten.

Ferenczi zitiert (1909) einen Ausspruch Freuds, der dahingeht, daß die Neurotiker sich selbst immer mittels Übertragungen behandeln, wie immer der Analytiker auch ihre Behandlung vollziehen will. An anderen Stellen (zum Teil der mündlichen Überlieferung nach) berichtet Freud ähnliche Erfahrungen wie folgt: daß die Patienten im Grunde nicht von den Bemühungen des Analytikers in der Analyse gehalten werden, sondern sich selbst auf Grund ihrer individuellen

Krankheitsform an die analytische Situation klammern: der Hysteriker durch die Übertragung seiner leidenschaftlichen Liebes- und Haßregungen, die sich am Analytiker befriedigen wollen; der Zwangsneurotiker durch die Projektion seiner Allmachtswünsche auf den Analytiker, an deren phantasierter Verwirklichung er dann in der Übertragung teilhat; der Masochist dem Leiden zuliebe, das er aus der Analyse beziehen kann; der Sadist, um die Gelegenheit zum Quälen an der Person des Analytikers auszuleben; der Süchtige, insoweit er das Ziel seiner Sucht (Alkohol, Rauschgifte) durch die Person des Analytikers ersetzt hat etc.
In ähnlicher Weise beschreibt K. R. Eissler (1950) mit Bezug auf die Ichpathologie, daß jeder einzelne Patient je nach seiner individuellen Pathologie dem Analytiker Änderungen des technischen Verfahrens aufzwingt und es möglich ist, aus der Art dieser Änderungen (Parameter) Rückschlüsse auf die Art der Ichstörung des Patienten zu ziehen.
Die Äußerungen beider Autoren lassen sich mit gewissen Abänderungen auch auf die Kinderanalyse anwenden. Als Analytiker eröffnen wir dem in Behandlung stehenden Kind den Zugang zu allen in der Methode enthaltenen therapeutischen Elementen. Wir machen dann die Erfahrung, daß auch dort, wo unsere Technik sich gleichbleibt, der Heilungsvorgang im Kind die verschiedensten Wege geht, d. h., daß diejenigen therapeutischen Elemente sich als die wirksamsten erweisen, die der speziellen Krankheitsform des Kindes am besten entsprechen.

Die Beziehungen zwischen Krankheitsform, therapeutischem Mittel und Heilungsvorgang

Unsere diagnostischen Kategorien, die sich bemühen, neue Ordnung in der Psychopathologie der Kindheit zu schaffen (siehe Kapitel IV), führen gleichzeitig auch zu neuen Einsichten auf dem Gebiet der Theorie und Technik des Heilungsvorgangs in der Kinderanalyse. Wie die folgenden Überlegungen zeigen, hat jede einzelne Störung ihren charakteristischen Einfluß nicht nur auf das Ziel der Behandlung, sondern auch auf die Wirksamkeit ihrer Mittel und auf die Natur des Heilungsvorgangs.

Wie oben ausgeführt, ist der therapeutische Vorgang am eindeutigsten bei den verschiedenen Vorstufen der infantilen Neurose und bei den infantilen Neurosen selbst (Diagnostische Kategorien 1—3). Hier sind es die analytischen Mittel im eigentlichen Sinne des Wortes, die Veränderungen und Besserungen in Gang bringen. Solange der Analytiker sich seiner Rolle gemäß benimmt, spielen weder Suggestion, noch Korrektur alter Gefühlsbeziehungen, noch oberflächliche Angstbeschwichtigung eine nennenswerte Rolle. Das Kind mag sich zu ihnen wenden, wenn es im Widerstand ist und alles daransetzt, um die wirkliche Analyse, d. h. die Einsicht in seine eigenen Konflikte zu vermeiden. Aber der Analytiker kann überzeugt sein, daß wirkliche Veränderungen sich nicht auf dieser Grundlage herbeiführen lassen. Was die Kindertherapeuten und Erziehungsberater in den verschiedenen Psychotherapien der Kinder auf diese Weise zustandebringen, sind nicht Veränderungen in den Wechselbeziehungen zwischen Es, Ich und Über-Ich, sondern nur Änderungen in der Symptomatologie oder im Benehmen des Kindes, also Besserungen, die auf ganz anderen und mehr oberflächlichen Vorgängen beruhen und die Neurose selbst unangetastet lassen.

Die Verhältnisse liegen völlig anders bei den nicht-neurotischen Störungen (Diagnostische Kategorie 5). Hier treten die sekundären therapeutischen Mittel, einzeln oder in Verbindung miteinander, in den Vordergrund, während die Deutungen des Unbewußten, der Übertragung oder des Widerstands, auch wo an ihrer Richtigkeit kein Zweifel ist, entweder ohne Wirkung bleiben oder gelegentlich auch unerwünschte Folgeerscheinungen haben.

Verschlechterungen als Folge der Deutung lassen sich z. B. bei den *Grenzfällen* zur infantilen Psychose beobachten. Solche Kinder haben gewöhnlich ein üppiges Phantasieleben. Die Ergebnisse ihrer Einbildungskraft zeigen nicht dieselben Entstellungen wie die bewußten Phantasien der neurotischen Kinder; sie sind dem Anlaytiker leicht zugänglich, sind leicht verständlich, und geben verläßliche Auskunft über die Ängste und über die Es-Inhalte, die das Kind bedrängen. Wenn diese Phantasien aber in derselben Weise wie beim Neurotiker gedeutet werden, folgt nicht dieselbe merkliche Herabsetzung von Angst und innerer Spannung. Im Gegenteil, zur Enttäuschung des

Analytikers benützt das Kind die Deutungen selbst im Sinne seiner Pathologie. Es nimmt den Wortlaut auf und macht das vom Analytiker Gesagte zur Grundlage für eine immer mehr erweiterte (und mehr angsterregende) Phantasietätigkeit. Je korrekter der Analytiker sich im Sinn der analytischen Technik benimmt, desto unerwarteter benimmt sich das Kind; es macht den Analytiker gerne und ohne den gewöhnlichen Widerstand zum Mitwisser seiner Phantasien, aber seine Absicht dabei ist nicht, sich von den letzteren zu befreien, sondern sie mit Hilfe des Analytikers auszuleben, zumindest eine Art *folie à deux* mit ihm herzustellen, ein Ziel, das zwar der Pathologie des Kindes, aber nicht seiner Herstellung entspricht. Der Kinderanalytiker lernt an solchen Fällen, daß es für ihre Therapie unzweckmäßig ist, den Inhalt von Phantasien zu deuten, und daß er seine analytische Arbeit darauf beschränken muß, vorbewußte Gefahrsituationen und Ängste für das Kind in Worte zu fassen und ihm zu helfen, sie zu verstehen, sie in seine Denkvorgänge aufzunehmen und allmählich unter die Herrschaft seines bewußten Ichs zu bringen. In Fällen, wo es schwierig ist, zwischen einer schweren infantilen Neurose und einem Grenzfall zur Psychose zu unterscheiden, kann diese negative therapeutische Wirkung der Deutung des Unbewußten als diagnostischer Fingerzeig dienen.

Bei Kindern mit *schwer gestörtem Gefühlsleben* liegen die Unterschiede vor allem auf dem Gebiet der Übertragungsdeutung. Diese Patienten zeigen in ihrer Einstellung zum Analytiker alle Merkmale der libidinösen Stufe, auf der ihre Entwicklung in dieser Beziehung zum Stocken gekommen ist. Sie machen keinen Unterschied zwischen ihrer eigenen Person und der Person des Analytikers, d. h. sie übertragen auf ihn die ursprüngliche Einheit zwischen Mutter und Kind (Symbiosis); oder sie sehen den Analytiker nur als Mittel zur Befriedigung ihrer Wünsche an (Liebe nach dem Anlehnungsbedürfnis); oder sie ziehen ihre Libidobesetzung zurück, sobald der Analytiker ihnen Versagungen auferlegt oder irgendwelche Ansprüche zur Mitarbeit an sie stellt (mangelnde Konstanz in der Objektbeziehung). Eine Deutung der Übertragung wirkt hier nur in den Fällen, in denen die Störung entweder auf traumatische Erlebnisse (Enttäuschungen etc.) oder auf Regressionen von höheren Stufen der Libidoentwicklung zurückgeht. Wo die Schädigungen auf weitgehenden Entbehrungen und Versagungen von seiten der ersten Liebesobjekte am Anfang des Lebens beruhen, bleibt die Deutung der Übertragung ohne merkliche Wirkung. Andererseits bessern sich auch solche Zustände in der Analyse, und die Kinder machen deutliche Fortschritte von ihren niedrigen zu höheren Stufen der Libidoentwicklung. Hier ist es wichtig für den Analytiker, zu erkennen, daß die Besserungen nicht auf Rechnung der eigentlichen Analyse zu setzen sind. Was bei diesen Patienten therapeutisch wirkt, ist die geduldige, teilnehmende, durch nichts gestörte Zuwendung des Erwachsenen, die im Kind, wenn sie nicht zu spät kommt, einen Widerhall findet, und Restbestände von normalen Libidoeinstellungen zur Weiterentwicklung anregt. Was wir hier im Rahmen der Kinderanalyse vor uns sehen, ist also wirklich eine *Korrektur* der Vergangenheit, nicht eine Analyse des Vergangenen.[70]

Bei Kindern mit *schweren intellektuellen Störungen* liegen die hier in Betracht kommenden Unterschiede auf dem Gebiet der Angstbewältigung. Solche Patienten leiden gewöhnlich in hohem Grad unter ihren *archaischen Ängsten* (siehe Kapitel V). Durch das Zurückbleiben ihrer Ichfunktionen sind sie länger als andere nicht imstande, sich in der Innenwelt und Außenwelt zurechtzufinden. Die von beiden Seiten anlangenden Reize können nicht bewältigt werden und erzeugen Ängste, die ihrerseits alle verfügbare Aufmerksamkeit des Ichs auf sich ziehen und seine weitere Entwicklung aufhalten. Hier greift die Behandlung ein, der Analytiker unterstützt das hilflose Ich des Kindes bei seinen Bemühungen, erleichtert die Spannung und macht auf diese Weise Kräfte für die Weiterentwicklung frei, die sich bisher nutzlos in den Versuchen zur Angstbewältigung aufgezehrt haben. Das Kind macht dann während der Behandlung die Fortschritte in den Angstformen, die normalerweise als Folge der spontanen Ichentwicklung vor sich

---

[70] Besserungen oder Heilungen dieser Art unterscheiden sich von den analytischen Erfolgen dadurch, daß sie zeitgebunden sind. Wir finden sie am ehesten dort, wo die Therapie noch in dieselbe Entwicklungsphase fällt, in der die Schädigung vor sich gegangen ist, oder jedenfalls nicht lange nachher. Sehr frühe Schädigungen lassen sich in späteren Kinderjahren nicht mehr auf diese Weise gutmachen, d. h., Entwicklungen lassen sich nicht nachholen, wenn die für sie angemessene Zeit vorüber ist, oder nur dann, wenn noch genügend Ansätze für Weiterentwicklung ungeschädigt geblieben sind.

gehen, nämlich von den archaischen Ängsten (Vernichtungsangst etc.) zur Trennungsangst, Angst vor Liebesverlust, Kastrationsangst, Schuldgefühl etc. Für den Analytiker ist es wichtig zu erkennen, daß es nicht seine analytische Tätigkeit ist, die diese Erfolge herbeiführt, sondern die ihm vom Kind zugeschobene Rolle bei der Angstbeschwichtigung.

Entgegen unseren Erwartungen lassen sich Besserungen in der Kinderanalyse sogar in Fällen organischer Schädigung (Diagnostische Kategorie 5) erzielen. Wo der Schaden vor allem in der Verarmung des Trieblebens liegt und das Ich verhältnismäßig normal entwickelt ist, wirkt die Behandlung wohltätig durch Anregung des Phantasielebens und Förderung aller nur möglichen Triebabkömmlinge; im umgekehrten Fall von Ichschädigung bei relativ normalem Triebleben zieht die Persönlichkeit des Kindes Nutzen aus der Stütze für das Ich, die das Kind im Analytiker findet. Auch in diesen Fällen ist es nicht die Analyse selbst, sondern die sekundären in ihr enthaltenen Elemente, die eine günstige therapeutische Wirkung ausüben.

In der Analyse von *gestörten Jugendlichen* finden wir eine volle Entsprechung zwischen den Mischformen in ihrer Psychopathologie und dem ständigen Wechsel in ihrem Verhalten der analytischen Therapie gegenüber. Nach einer Beschreibung von K. R. Eissler (1958) vereinigt der Jugendliche in sich die Merkmale der Neurose und Psychose, der Delinquenz und Süchtigkeit etc. und verlangt aus diesem Grund vom Analytiker den gleichen unaufhörlichen Wechsel in der Technik, der diesen verschiedenen Krankheitsformen angepaßt ist. Die Schlüsse, die Eissler für die Technik des Therapeuten zieht, lassen sich, in umgekehrter Weise, unserem Gedankengang folgend, auch auf das Verhalten des Analysierten anwenden: der Jugendliche wählt in rascher Folge, dem Wechsel in seinen inneren Zuständen entsprechend, was er von den technischen Mitteln der Analyse für seine innere Erleichterung gebrauchen kann. Soweit er Neurotiker ist, kommen die regelrechten analytischen Deutungen für ihn in Betracht; für seine Süchtigkeit wird die Person des Analytikers ihm unentbehrlich; soweit er von seinen Triebregungen überschwemmt wird, gebraucht er den Analytiker als Hilfs-Ich; soweit sein Ich und Es gemeinsame Sache machen, empfindet er die Analyse als Bedrohung und strebt danach, die Behandlung abzubrechen etc.

Schlußfolgerungen

Die Wege und Mittel der Therapie in der Kindheit sind so zahlreich, wie die auf dem Entwicklungsweg erworbenen Störungen, und so verschieden voneinander, wie die verschiedenen Anteile der kindlichen Persönlichkeit. Wo es sich um lähmende Hemmungen und eingewurzelte neurotische Symptomatologie handelt, wirkt nur die Kinderanalyse, die das Kräfteverhältnis zwischen den psychischen Instanzen ändert. Bei anderen Störungen, bei denen der Zusammenhang mit der Außenwelt noch in weitgehenderem Maße erhalten ist, können Haus, Schule und die mehr oberflächlichen Psychotherapien ihren Einfluß geltendmachen.

Ein gutes Beispiel für solche Einflußnahme von außen ist das erste Lebensjahr, in dem die Einstellung und die Handlungen der pflegenden Mutter von entscheidender Bedeutung für die normale oder abnorme, schnelle oder verlangsamte Entwicklung des Kleinkindes sind. Auch in den nächsten Jahren können die Eltern viel dazutun, um Unstimmigkeiten im Tempo der Entwicklung zwischen den verschiedenen Entwicklungslinien wieder auszugleichen. Wenn sie selbst ihre Aufmerksamkeit, ihr Interesse und ihre Libido in Richtungen lenken, in denen das Kind zurückgeblieben ist, dann folgen ihnen das Interesse und die Libido des Kindes und fördern den Fortschritt in dieser bisher vernachlässigten Beziehung. Statt dessen machen die Eltern ihren Einfluß gewöhnlich in der umgekehrten Richtung geltend: Wo der kindliche Verstand sich früh entwickelt, sind sie geneigt, alles zu tun, um ihm weitere Nahrung zu geben; wo die Sprachentwicklung voraneilt, sprechen sie um so mehr mit dem Kind; wo die Motilität besonders hoch entwickelt ist, schaffen sie immer neue Möglichkeiten für ihre Betätigung. Hier kann die rechtzeitige Einsicht in die den Eltern gegebenen therapeutischen Möglichkeiten viel dazutun, um solche Fehler zu vermeiden und frühzeitige wohltätige Wirkungen auf die Entwicklung auszuüben.

Auch den destruktiven Tendenzen gegenüber ist die Außenwelt nicht so hilflos, wie oft angenommen wird. Wo die gesteigerte Aggression und Destruktion des Kleinkindes auf ungenügende Liebesbindungen zurückgeht, hilft die Eröffnung neuer Möglichkeiten für libidinöse Beziehungen mit der Umwelt. Die Libidoentwicklung selbst hängt weitgehend von der Art ab, wie die Personen der Umwelt dem Kind und seinen Liebesbedürfnissen entgegenkommen. Das Ich des Kindes reagiert auf die Identifizierungsmöglichkeiten, die die Objektwelt ihm bietet. Schuldgefühle und Angst vor einem zu strengen Über-Ich im Innern des Kindes können oft erleichtert werden, wenn eine Person in der Außenwelt vorübergehend die Rolle seines Gewissens übernimmt und die Gewissensangst herabsetzt etc. Je häufiger wir solche günstige Veränderungen vor uns sehen, desto mehr wächst unsere Überzeugung, daß die Möglichkeiten einer wohltätigen (therapeutischen) Beeinflussung der kindlichen Entwicklung von seiten der Eltern fast ebenso unbegrenzt sind wie die krankmachenden Einflüsse, die von ihnen ausgehen.

Aus den Überlegungen des vorstehenden Kapitels läge es nahe, den Schluß zu ziehen, daß es vorteilhaft ist, jede einzelne kindliche Krankheitsform der speziellen Behandlungsmethode zuzuführen, die ihrer speziellen Struktur entspricht. In der Praxis hieße das, daß libidinös gestörte Kinder eine Technik brauchen, die direkt auf das Durcharbeiten ihrer symbiotischen oder autistischen Haltungen abzielt (Margaret Mahler, 1955); daß Kindern, die an psychischen Entbehrungen im ersten Lebensjahr erkrankt sind, die Möglichkeit gegeben werden soll, sich an einem mütterlichen Objekt für vergangene Versagungen zu entschädigen (Augusta Alpert, 1959); daß Fälle mit schweren Ichschädigungen oder Grenzfälle zur Psychose in eine auf Ichstärkung gerichtete Behandlungen gehören etc.

Spezialtherapien dieser Art sind ohne Zweifel weniger kostspielig und weniger zeitraubend als die Kinderanalyse. Sie sind auch ökonomischer, weil sie dem Kind keine therapeutischen Möglichkeiten anbieten, von denen es seiner speziellen Symptomatologie zufolge keinen Gebrauch machen kann. Sie enthalten und entwickeln auch als Hauptstück in ihrer Technik, was für die analytische Methode nur nebensächliche Begleiterscheinungen sind, etc.

Solche Argumente haben auf den ersten Blick viel für sich, halten aber näheren Überlegungen nicht stand. Es spricht gegen sie, daß es in der Mehrzahl der Fälle praktisch unmöglich ist, sie ohne weiteres in eine bestimmte diagnostische Kategorie einzuordnen. Was wir vor uns haben, sind gewöhnlich Mischformen, in denen pathogene Elemente der verschiedensten Art in verschieden großem Maß an dem Zustandekommen eines Krankheitszustandes beteiligt sind. Störungen im Gefühlsleben des Kindes zum Beispiel führen gewöhnlich sekundär zu einem Rückzug seines Interesses von der Außenwelt und damit zu intellektuellen Störungen, d. h. zu Ichschädigungen. Akute Traumata stehen gewöhnlich nicht allein, sondern werden von wiederholten, d. h. chronischen Schädigungen gefolgt. Verwahrlosungserscheinungen haben in vielen Fällen eine neurotische Grundlage. Atypische Entwicklungen und Grenzfälle zur Psychose teilen viele Symptome mit der infantilen Neurose. Von den schwersten Fällen abgesehen (Diagnostische Kategorie 6), finden wir auch bei psychisch kranken Kindern viele gesunde Anteile ihrer Persönlichkeit, die einen normalen Entwicklungsweg verfolgen.

Die Psychopathologie der Kindheit ist also, soweit unsere Erfahrung reicht, alles eher als eindeutig. Sie beruht auf einer Unzahl sich widersprechender Einflüsse und erzeugt eine Unzahl widerspruchsvoller Krankheitsbilder. Je mehr therapeutische Möglichkeiten eine Behandlungsmethode dem Kind eröffnet, desto größer ist infolgedessen die Aussicht, daß seine vielseitigen therapeutischen Bedürfnisse in ihr Befriedigung finden können.

Für die Anwendung der Kinderanalyse über das Gebiet der infantilen Neurose hinaus spricht auch noch eine weitere Überlegung. Nur die analytische Methode dient gleichzeitig zwei Zielen: der Therapie und der Forschung. Wo wir auf sie verzichten, verzichten wir auch auf ein weiteres Vordringen in die noch dunklen Gebiete der infantilen Psychopathologie. Es ist nicht unmöglich, daß in der Zukunft unsere diagnostischen Unterscheidungen scharf genug sein werden, um uns zu berechtigen, die Therapie eines Kindes von vorneherein auf einen einzigen Heilungsfaktor einzuschränken. Der jetzige Stand unserer Kenntnisse gibt uns noch kein Recht zu solcher Sicherheit. Ehe wir mehr wissen, tun wir besser daran, mit einer Methode zu arbeiten, die den Therapeuten zu neuen Einsichten führt und dem Kind erlaubt, seinen eigenen Weg zur Heilung oder Besserung einzuschlagen.

BIBLIOGRAPHIE

AICHHORN, A. (1925): Verwahrloste Jugend. Die Psychoanalyse in der Fürsorgeerziehung, Bern (Huber) 1951.

— (1925): Erziehungsberatung und Erziehungshilfe. 12 Vorträge über psychoanalytische Pädagogik, Bern/Stuttgart (Huber) 1959.

ALPERT, A. (1959): Reversibility of Pathological Fixations Associated with Maternal Deprivation in Infancy, The Psychoanalytic Study of the Child, 14, 169—185.[1]

ANGEL, A. (1937): Die Rolle der Verschiebung bei der Straßenangst, Int. Z. Psychoanal., 23, 376—392. Siehe auch KATAN, A.

BIBRING, E. (1936): Zur Entwicklung und Problematik der Triebtheorie, Imago, 22, 147.

— (1937): On the Theory of the Therapeutic Results of Psycho-Analysis, Int. J. Psycho-Anal., 18, 170—189.

— (1954): Psychoanalysis and the Dynamic Psychotherapies, J. Amer. Psychoanal. Assn., 2, 745—770.

BIBRING, GRETE L. (1940): Über eine orale Komponente der männlichen Inversion, Int. Z. Psychoanal., 25, 124—130.

BÖHM, F. (1920): Beiträge zur Psychologie der Homosexualität, Int. Z. Psychoanal., 6, 297—319.

— (1930): Über den Weiblichkeitskomplex des Mannes, Psyche, 14, 38.

— (1933): Über zwei Typen von männlichen Homosexuellen, Int. Z. Psychoanal., 19, 499—506.

BONNARD, A. (1950): Environmental Backgrounds Conducive to the Production of Abnormal Behaviour and Character Structure, Including Delinquency. In: Congrès International de Psychiatrie, Paris (Hermann).

BORNSTEIN, B. (1949): Die Analyse eine phobischen Kindes, Psyche, 20, 72.

— (1951): On Latency, The Psychoanalytic Study of the Child, 6, 279—285.

BOWLBY, J. (1944): Forty-four Juvenile Thieves. London (Baillière, Tindall & Cox) 1946.

— (1960): Die Trennungsangst, Psyche, 15, 411.

— ROBERTSON, JAMES & ROSENBLUTH, D. (1952): A Two-Year-Old Goes to Hospital, The Psychoanalytic Study of the Child, 7, 82—94.

BREUER, J. & FREUD, S. (1893): Studien über Hysterie, S. Freud, Ges. W., Bd. I.[2]

BRODEY, W. M. (1965): On the Dynamics of Narcissism: I. Externalization and Early Ego Development, The Psychoanalytic Study of the Child, 20, 165—193.

[1] The Psychoanalytic Study of the Child, 19 Bände, hrsg. von Ruth Eissler, Anna Freud, Heinz Hartmann, Marianne Kris, New York (International Universities Press), London (Hogarth Press) 1945—1964.

[2] Die Standard-Ausgabe der Gesammelten Werke von Sigmund Freud, 18 Bände, erschien bei Imago, London, 1952 ff. und bei S. Fischer, Frankfurt/M.

Bryan, D. (1930): Bisexuality, Int. J. Psycho-Anal., 11, 150—166.
Bühler, C. (1928): Kindheit und Jugend, Leipzig (Hirzel).
— (1935): From Birth to Maturity, London (Routledge & Kegan Paul).
Burlingham, D. (1952): Twins: A Study of Three Pairs of Identical Twins, New York (International Universities Press).
— Goldberger, A. & Lussier, A. (1955): Simultaneous Analysis of Mother and Child, The Psychoanalytic Study of the Child, 10, 165—186.
Daly, C. D. (1928): Der Menstruationskomplex, Imago, 14, 11—75.
— (1943): The Role of Menstruation in Human Phylogenesis and Ontogenesis, Int. J. Psycho-Anal., 24, 151—170.
Danziger, L. & Frankl, L. (1934): Zum Problem der Funktionsreifung, Z. Kinderforsch., 43, 219—254.
Eissler, K. R. (1950): Ego-Psychological Implications of the Psychoanalytic Treatment of Delinquents, The Psychoanalytic Study of the Child, 5, 97 bis 121.
— (1953): The Effect of the Structure of the Ego on Psychoanalytic Technique, J. Amer. Psychoanal. Assn., 1, 104—143.
— (1958): Bemerkungen zur Technik der psychoanalytischen Behandlung Pubertierender nebst einigen Überlegungen zum Problem der Perversion, Psyche, 20, 837.
Fenichel, O. (1936): Die symbolische Gleichung: Mädchen = Phallus, Int. Z. Psychoanal., 22, 299—314.
Ferenczi, S. (1909): Introjection und Übertragung. In: Bausteine zur Psychoanalyse, 1, Bern/Stuttgart (Huber) 1964, 9.
— (1911): Über die Rolle der Homosexualität in der Pathogenese der Paranoia. In: Bausteine zur Psychoanalyse, 1, 120.
— (1913): Die Entwicklungsstufen des Wirklichkeitssinnes. In: Bausteine zur Psychoanalyse, 1, 62.
— (1914): Zur Nosologie der männlichen Homosexualität (Homoerotik). In: Bausteine zur Psychoanalyse, 1, 152.
Flugel, J. C. (1930): The Psychology of Clothes, London (Hogarth Press).
Freud, A. (1926—1946): Einführung in die Technik der Kinderanalyse, London (Imago) 1949 und München (Kindler) 1966.
— (1945): Indikationsstellung in der Kinderanalyse, Psyche, 21, 233—253.
— (1946): The Psychoanalytic Study of Infantile Feeding Disturbances, The Psychoanalytic Study of the Child, 2, 119—132.
— (1949): Aggression in Relation to Emotional Development, The Psychoanalytic Study of the Child, 3/4, 37—42.
— (1951): Observations on Child Development, The Psychoanalytic Study of the Child, 6, 18—30.
— (1952): The Role of Bodily Illness in the Mental Life of Children, The Psychoanalytic Study of the Child, 7, 69—81.
— (1936): Das Ich und die Abwehrmechanismen, London (Imago), München (Kindler) 1964.
— (1936): Einführung in die Psychoanalyse für Pädagogen, Bern/Stuttgart (Huber) 1956.
— (1962): Assessment of Childhood Disturbances, The Psychoanalytic Study of the Child, 17, 149—158.

— & BURLINGHAM, D. (1949): Kriegskinder, London (Imago Publ. Co.).
— — (1950): Anstaltskinder, London (Imago Publ. Co.).
— & DANN, S. (1951): Gemeinschaftsleben im frühen Kindesalter. Jahrb. d. Psychoanalyse, 2, 201—248; Köln (Westdeutscher Verlag) 1961/62.
Siehe auch ROBERTSON, JOYCE, LEVY, KATAN.
FREUD, S. (1893): Über den psychischen Mechanismus hysterischer Phänomene, Ges. W., I.
— (1900): Die Traumdeutung, Ges. W., II und III.
— (1905): Drei Abhandlungen zur Sexualtheorie, Ges. W., V.
— (1907): Zur sexuellen Aufklärung der Kinder, Ges. W., VII.
— (1909): Analyse der Phobie eines fünfjährigen Knaben, Ges. W., VII.
— (1913): Die Disposition zur Zwangsneurose, Ges. W., VIII.
— (1914): Zur Einführung des Narzißmus, Ges. W., X.
— (1916—1917 [1915—1917]): Vorlesungen zur Einführung in die Psychoanalyse, Ges. W., XI.
— (1918 [1914]): Aus der Geschichte der infantilen Neurose, Ges. W., XII.
— (1919): Vorrede zu „Probleme der Religionspsychologie" von Dr. Theodor Reik, Ges. W., XII.
— (1922): Über einige neurotische Mechanismen bei Eifersucht, Paranoia und Homosexualität, Ges. W., XIII.
— (1924): Kurzer Abriß der Psychoanalyse, Ges. W., XIII.
— (1926 [1925]): Hemmung, Symptom und Angst, Ges. W., XIV.
— (1927): Die Zukunft einer Illusion, Ges. W., XIV.
— (1930 [1929]): Das Unbehagen in der Kultur, Ges. W., XIV.
— (1931): Das Fakultätsgutachten im Fall Halsmann, Ges. W., XIV.
— (1932): Neue Folge der Vorlesungen zur Einführung in die Psychoanalyse, Ges. W., XV.
— (1937): Die endliche und die unendliche Analyse, Ges. W., XVI.
Siehe auch BREUER.
GELEERD, E. R. (1958): Borderline States in Childhood and Adolescence, The Psychoanalytic Study of the Child, 13, 279—295.
GILLESPIE, W. H. (1964): Symposium on Homosexuality, Int. J. Psycho-Anal., 45, 203—209.
GREENACRE, P. (1960): Considerations Regarding the Parent-Infant Relationship, Int. J. Psycho-Anal., 41, 571—584.
GYOMROI, E. L. (1963): The Analysis of a Young Concentration Camp Victim, The Psychoanalytic Study of the Child, 18, 484—510.
HARTMANN, H. (1947): On Rational and Irrational Action, Psychoanalysis and the Social Sciences, 1, 359—392, New York (Int. Univ. Press).
— (1950a): Psychoanalyse und Entwicklungspsychologie, Psyche 18, 354, 1964.
— (1950b): Bemerkungen zur psychoanalytischen Theorie des Ichs, Psyche, 18, 330, 1964.
HELLMANN, I., FRIEDMANN, O., & SHEPHEARD, E. (1960): Simultaneous Analysis of Mother and Child, The Psychoanalytic Study of the Child, 15, 359—377.
HOFFER, W. (1950): Development of the Body Ego, The Psychoanalytic Study of the Child, 5, 18—23.

— (1952): The Mutual Influences in the Development of Ego and Id: Earliest Stages, The Psychoanalytic Study of the Child, 7, 31—41.
ISAKOWER, O.: Persönliche Mitteilung.
JACOBSON, E. (1946): The Effect of Disappointment on Ego and Superego Formation in Normal and Depressive Development, Psychoanal. Rev., 33, 129—147.
JAMES, M. (1960): Premature Ego Development: Some Observation upon Disturbances in the First Three Years of Life, Int. J. Psycho-Anal., 41, 288—294.
JAMES, T. E. (1962): Child Law, London (Sweet & Maxwell).
JONES, E. (1932): Die phallische Phase, Int. Z. Psychoanal., 19, 322—351.
KATAN, ANNY (1937): The Role of „Displacement" in Agoraphobia, Int. J. Psycho-Anal., 32, 41—50, 1951.
— (1961): Some Thoughts about the Role of Verbalization in Early Childhood, The Psychoanalytic Study of the Child, 16, 184—188.
KLEIN, M. (1957): Neid und Dankbarkeit. In: Das Seelenleben des Kleinkindes, Stuttgart (Klett) 1962.
KRIS, E. (1950): Notes on the Development and on Some Current Problems of Psychoanalytic Child Psychology, The Psychoanalytic Study of the Child, 5, 24—46.
— (1951): Opening Remarks on Psychoanalytic Child Psychology, The Psychoanalytic Study of the Child, 6, 9—17.
LAFORGUE, R. (1936): La Névrose Familiale, Rev. Franç. Psychanal., 9, 327 bis 359.
LAGACHE, D. (1950): Homosexuality and Jealousy, Int. J. Psycho-Anal., 31, 24—31.
LAMPL-DE GROOT, J. (1950): On Masturbation and Its Influence on General Development, The Psychoanalytc Study of the Child, 5, 153—174.
LEVY, K. (1960): Simultaneous Analysis of a Mother and Her Adolescent Daughter: The Mother's Contribution to the Loosening of the Infantile Object Tie. With an Introduction by Anna Freud, The Psychoanalytic Study of the Child, 15, 378—391.
LEWIN, B. D. (1933): The Body as Phallus, Psychoanal. Quart., 2, 24—47.
LITTLE, M. (1958): On Delusional Transference (Transference Psychosis), Int. J. Psycho-Anal., 39, 134—138.
LOEWENSTEIN, R. M. (1935): Phallic Passivity in Men, Int. J. Psycho-Anal., 16, 334—340.
MAHLER, M. S. (1952): Über Psychose und Schizophrenie im Kindesalter, Autistische und symbiotische frühkindliche Psychosen, Psyche, 21, 895.
— & GOSLINER, B. J. (1955): On Symbiotic Child Psychosis: Genetic, Dynamic and Restitutive Aspects, The Psychoanalytic Study of the Child, 10, 195—212.
MICHAELS, J. J. (1955): Disorders of Character: Persistent Enuresis, Juvenile Delinquency and Psychopathic Personality, Springfield, Ill. (Charles C. Thomas).
— (1958): Character Disorder and Acting upon Impulse. In: Readings in Psychoanalytic Psychology, hrsg. M. Levitt, New York (Appleton).

Murphy, L. B. (1964): Some Aspects of the First Relationship, Int. J. Psycho-Anal., 45, 31—43.

Nagera, H. (1966): Early Childhood Disturbances, the Infantile Neurosis and the Adulthood Disturbances, New York (Int. Univ. Press).

Nunberg, H. (1947): Problems of Bisexuality as Reflected in Circumcision, London (Imago Publishing Co.) 1949.

Panel (1954a): The Traditional Psychoanalytic Technique and Its Variations, J. Amer. Psychoanal. Assn., 2, 621—710.

— (1954b): Psychoanalysis and Dynamic Psychotherapies: Similarities and Differences, J. Amer. Psychoanal. Assn., 2, 711—797.

Pasche, F. (1964): Symposium on Homosexuality, Int. J. Psycho-Anal., 45, 210—213.

Peck, N. (1962): Chronological Age and the Rehabilitative Process. Thesis, Criminal Law Abteilung, Yale Law School, New Haven.

Rangell, L. (1954): Panel Report: Psychoanalysis and Dynamic Psychotherapy—Similarities and Differences, J. Amer. Psychoanal. Assn., 2, 152—166.

Robertson, James (1958): Young Children in Hospital, London (Tavistock Publications), New York (Basic Books) 1959.

Robertson, Joyce (1956): A Mother's Observations on the Tonsillectomy of Her Four-Year-Old Daughter. Mit Erläuterungen von Anna Freud, The Psychoanalytic Study of the Child, 11, 410—433.

— (1962): Mothering as an Influence on Early Development. A Study of Well-Baby Clinic Records, The Psychoanalytic Study of the Child, 17, 245—264.

Sadger, J. (1920): Psychopathia sexualis und innere Sekretion, Fortschr. Med., 1.

— (1921): Die Lehre von den Geschlechtsverirrungen, Leipzig & Wien (Deuticke).

Sarnoff, C. (1963): Discussion von „The Analysis of a Transvestite Boy", durch Melitta Sperling (Abstract der Tagung der Psychoanalytic Association, New York), Psychoanal. Quart., 32, 471.

Sperling, M. (1963): Fetishism in Children, Psychoanal. Quart., 32, 374—392.

Spitz, R. A. (1945): Hospitalism, The Psychoanalytic Study of the Child, 1, 53—74.

— (1946): Anaclitic Depression, The Psychoanalytic Study of the Child, 2, 313—342.

— (1954): Die Entstehung der ersten Objektbeziehungen, Stuttgart (Klett) 1957.

— (1957): Nein und Ja, Stuttgart (Klett) 1960.

— (1965): Vom Säugling zum Kleinkind, Stuttgart (Klett) 1967.

Sprince, M. P. (1962): The Development of a Preoedipal Partnership between an Adolescent Girl and her Mother, The Psychoanalytic Study of the Child, 17, 418—450.

Sterba, R. (1934): Das Schicksal des Ichs im therapeutischen Verfahren, Int. Z. Psychoanal., 20, 66—73.

Symposium (1937): The Theory of the Therapeutic Results of Psycho-Analysis, Int. J. Psycho-Anal., 18, 125—189.

— (1954): The Widening Scope of Indications for Psychoanalysis, J. Amer. Psychoanal. Assn., 2, 567—620.
— (1958): Variations in Classical Psycho-Analytic Technique, Int. Psycho-Anal., 39, 200—242.
Weiss, E. (1925): Über eine noch nicht beschriebene Phase der Entwicklung zur heterosexuellen Liebe, Int. Z. Psychoanal., 11, 429—443.
Winnicott, D. W. (1949): The Ordinary Devoted Mother and her Baby, London (Tavistock Publications).
— (1953): Transitional Objects and Transitional Phenomena: A Study of the First Not-Me Possession, Int. J. Psycho-Anal., 34, 89—97.
— (1955): Metapsychological and Clinical Aspect of Regression within the Psycho-Analytical Set-up, Int. J. Psycho-Anal., 36, 16—26.
— (1960): The Theory of the Parent-Infant Relationship, Int. J. Psycho-Anal., 41, 585—595.
Wulff, M. (1941): Über einen Fall von männlicher Homosexualität, Int. Z. Psychoanal., 26, 105—121.
— (1946): Fetishism and Object Choice in Early Childhood, Psychoanal. Quart., 15, 450—471.
Zetzel, E. R. (1953): Panel Report: The Traditional Psychoanalytic Technique and its Variations, J. Amer. Psychoanal. Assn., 1, 526—537.

NAMENREGISTER

SACHREGISTER